Axel Schnorbus / Rainer Hank

Studieren in Deutschland

Zulassungsbedingungen
Studiensituation
Karriereaussichten

Illustriert von Peter von Tresckow

Societäts-Verlag

2. aktualisierte und erweiterte Auflage 1991

Satz: Ebner Ulm
Herstellung: Clausen & Bosse, Leck
Printed in Germany 1991
ISBN 3-7973-0505-2

Inhalt

Vorwort

Der Weg in den Beruf war noch nie so beschwerlich wie heute. Der schnelle technische Wandel, veränderte Organisationsformen, neue Bedürfnisse, strukturelle Verschiebungen erschweren die Berufswahl und zwingen auch im Beruf zur Anpassung und Neuorientierung. Die Informationen sind vielfältiger und vielfach auch widersprüchlicher geworden. Das gilt nicht nur für jene Abiturienten, die gleich nach der Schule in den Beruf gehen, sondern auch für die in letzter Zeit wieder anschwellende Zahl jener, die – entgegen allen Prognosen – erst einmal studieren wollen. Zwar haben sie bereits eine Wahl getroffen. Doch oft ist das letzte Wort noch nicht gefallen. Auch während des Studiums kommen manchmal die Zweifel, ob denn das richtige Fach gewählt wurde, ob die Anforderungen erfüllt werden können. Die Hochschulen machen es den Anfängern dabei nicht gerade einfach. Das Gedränge in Hörsälen und Seminaren nimmt immer beängstigendere Formen an, und Informationen gibt es zwar zur Genüge, aber sie richtig zu ordnen und zu sichten, fällt immer schwerer, besonders dann, wenn die Studienberatung an den Hochschulen überlastet ist.

Unser Buch „Studieren in Deutschland“, das auf eine Serie zurückgeht, die jeden Samstag auf der Seite „Beruf und Chance“ der „Frankfurter Allgemeinen Zeitung“ erschienen ist, will kurz, prägnant, aber dennoch umfassend die Studiengänge an den deutschen Universitäten und Fachhochschulen beschreiben. „Studieren in Deutschland“ will eine Art „Standortbestimmung“ für die einzelnen Studienfächer geben. Für die vorliegende zweite Auflage wurden die Beiträge aktualisiert oder völlig neu verfaßt. Von der Afrikanistik bis zur Zahnmedizin erfährt der Leser, wie sich die einzelnen Disziplinen im Laufe der letzten Jahrzehnte entwickelt haben, wie heute in Deutschland studiert wird. Was sind die Voraussetzungen und was wird während des Studiums gefordert? Gibt es Beschränkungen, etwa einen Numerus clausus – und wo? An welchen Universitäten und Fachhochschulen haben sich Schwerpunkte herausgebildet? Und schließlich: Was kann der Hochschulabsolvent mit seiner Ausbildung nachher in der Praxis anfangen? Bereitet die Hochschule ausreichend auf den „Ernst des Lebens“ vor, oder ist in manchen Fächern der Praxisschock beinahe programmiert? In der erweiterten Auflage sind auch die Universitäten und

Fachhochschulen in den neuen Bundesländern berücksichtigt worden. Auch hier gibt es Schwerpunkte: Jena und Halle, Leipzig, Greifswald und Rostock haben eine lange Tradition. Die Bergakademie im sächsischen Freiberg ist die älteste montanistische Hochschule überhaupt.

Nicht nur Bildungspolitiker, auch namhafte Hochschullehrer weisen seit einiger Zeit auf die überlangen Studienzeiten hin. Man rät zur Begrenzung nicht zuletzt mit dem Blick auf das Ausland. Dort treten Jungakademiker drei bis vier, manchmal sogar fünf Jahre früher ins Berufsleben ein. Die geplante Liberalisierung des Gemeinsamen Marktes auf allen Gebieten bis zum Jahr 1993 hat auch die Hochschulpolitik der Bundesrepublik in Bewegung gebracht. Wirtschaft wie Bildungspolitik sind heute gleichermaßen besorgt, daß immer noch viel zu wenige deutsche Studenten im Ausland studieren. Mit Blick auf den europäischen Binnenmarkt wird das immer wichtiger. Die Angebote, im Ausland zu studieren, haben beträchtlich zugenommen, angefangen vom „Erasmus-Programm“ der Europäischen Gemeinschaft bis hin zu Kooperationsabkommen einzelner Hochschulen. Doch nur ein Bruchteil der Studenten nutzt diese Chance, obwohl sich Erfahrungen im Ausland nicht nur beruflich verwerten lassen, sondern auch den einzelnen bereichern können.

Freilich werden die vielen nützlichen Bemühungen, den Auslandsaufenthalt in das eigentliche Studium zu integrieren, häufig durch bürokratische Hürden behindert. Längst nicht alle Prüfungen, die zu Hause erworben wurden, werden im Ausland anerkannt, wie umgekehrt auch längst nicht alle Diplome und Zertifikate, die der Student aus dem Ausland mitbringt.

Die Autoren analysieren die Chancen der einzelnen Studiengänge. Die Möglichkeiten der Jungakademiker, selbst in den Geisteswissenschaften, Karriere zu machen, sind dabei nicht schlecht. Denn die Wirtschaft wächst, und in einer immer arbeitsteiliger, immer technischer werdenden Berufswelt sind Mitarbeiter, die gut ausgebildet sind, die vor allem gelernt haben, wissenschaftlich zu denken, gefragter denn je. Doch letztlich kommt es auf den einzelnen selbst an, was aus ihm wird.

„Studieren in Deutschland“ kann ihr oder ihm dabei helfen, über das richtige Studium in den Beruf zu kommen. Denn der Beruf ist mehr als nur ein Job, vielmehr entscheidet er maßgeblich über Lebenschancen und Lebensweise. Der Beruf füllt einen Großteil des Lebens aus. Im Beruf werden wichtige, häufig die wichtigsten Verbindungen und Kontakte geknüpft, hier versucht der einzelne, Persönlichkeit und Identität zu entfalten. Nur die Berufsarbeit sichert in der Regel auch den Anspruch, Anteil zu nehmen an der volkswirtschaftlichen Leistung und an den sozialen

Sicherungssystemen. Daher ist es für den jungen Menschen so wichtig, nicht nur einen Beruf zu erlernen, sondern ihn auch tatsächlich ausüben zu können.

Afrika-Studien

Für viele ist Afrika immer noch der „dunkle Erdteil“

Von János Riesz

Ein französischer Bericht über den Stand der Afrika-Studien in der Bundesrepublik kam unlängst zu dem Ergebnis, daß zwar jede deutsche Universität einen oder mehrere „Afrikanisten“ habe, daß es aber an kaum einer deutschen Hochschule möglich sei, ein umfassendes Afrika-Studium zu betreiben.

Dieses Urteil spiegelt sowohl gewisse Einseitigkeiten in der Entwicklung der deutschen Afrika-Studien, wie es andererseits deutlich macht, daß sich das Wissen über den afrikanischen Kontinent inzwischen auf eine Vielzahl akademischer Disziplinen verteilt.

Die „Afrikanistik“ im engeren Sinn ist Sprachwissenschaft, allerdings eine Sprachwissenschaft, die sich auch mit den gesellschaftlichen, kulturellen und historischen Aspekten der Sprachen Afrikas südlich der Sahara befaßt, „soweit sie in sprachlichen Zeugnissen ihren Niederschlag finden oder mit linguistischen oder sprachhistorischen Methoden erschlossen werden können“ (W. J. G. Möhlig). Diese als „Gesamt-Afrikanistik“ verstandene Sprachwissenschaft hat die Ausdifferenzierung der europäischen Philologien nach Sprach- und Literaturwissenschaft noch nicht mitvollzogen, obwohl seit der Mitte des letzten Jahrhunderts der deutsche Beitrag zur Sammlung, Aufzeichnung, Übersetzung und Veröffentlichung von Zeugnissen mündlicher afrikanischer „Literatur“ beachtlich ist.

Man kann natürlich auch der Meinung sein, daß eine sprachwissenschaftliche Afrikanistik mit der Erforschung der rund 1500 afrikanischen Sprachen vollauf beschäftigt sei und sich nicht auch noch um die literarischen Zeugnisse dieser Sprachen bemühen müsse.

Doch obwohl das Interesse an Afrika bei vielen Studenten groß ist, bringen die wenigsten die Sprachbegabung und das Stehvermögen auf, um schon im viersemestrigen Grundstudium gute Kenntnisse zweier afrikanischer Sprachen, einen allgemeinen Überblick über afrikanische Sprachstrukturen und Sprachengliederung sowie eine Übersicht über die Geschichte und Kulturen Afrikas südlich der Sahara zu erwerben. Außerdem wird meistens auch noch das Latinum verlangt; gute Englisch- und Französischkenntnisse als Voraussetzung zum Studium der Fachliteratur gelten heute als selbstverständlich.

Die Anstöße zur Überwindung des engen Fachverständnisses kamen von außerhalb der Universität: von dem akademischen Außenseiter Janheinz Jahn, der durch seine Publikations- und Übersetzertätigkeit die „neoafrikanischen“ (in europäischen Sprachen geschriebenen) Literaturen populär machte und durch Werke wie das 1958 erschienene (und in neun Sprachen übersetzte) „Muntu – Umrisse der neoafrikanischen Kultur“ auch zu einer Verbreiterung des wissenschaftlichen Diskurses über Afrika beitrug. Jahn ist es zu verdanken, daß sich Anglistik und Romanistik der afrikanischen Literaturen in englischer, französischer und portugiesischer Sprache annahmen und auf diesem Wege afrikanische Inhalte bis in den Fremdsprachenunterricht der gymnasialen Oberstufe gelangten. Die Zuerkennung des Friedenspreises des Deutschen Buchhandels an den damaligen senegalesischen Ministerpräsidenten Léopold Senghor 1968 und des Literatur-Nobelpreises an den Nigerianer Wole Soyinka 1986 markieren wichtige Etappen öffentlicher Anerkennung dieser Entwicklungen im nationalen und internationalen Kontext.

Doch trotz dieser Ausdehnung der Afrika-Studien in neue Fächer bilden Afrikanistik und Ethnologie (die auch oft zusammen studiert werden) im allgemeinen Verständnis immer noch den Kernbereich der deutschen Afrika-Wissenschaft. Deren Wurzeln liegen im 19. Jahrhundert. Wie die Fernreisenden sich erst allmählich vom Vorderen Orient über Ägypten und das christliche Äthiopien ins Innere des „dunklen Erdteils“ vorwagten, gehörte auch die Afrikanistik zunächst noch in den Bereich der Orientalistik.

Erst mit Beginn des Kolonialzeitalters seit der Berliner Kongo-Konferenz 1884/85 wurde es Ernst: Die Ethnologie als „Eingeborenen-Wissenschaft“ sollte ein besseres Verstehen und damit bessere Beherrschung der afrikanischen Völker ermöglichen; das Studium der afrikanischen Sprachen, das bereits die christlichen Missionen gefördert hatten, sollte jetzt auch die Kolonialbeamten auf ihre zukünftigen Aufgaben draußen in der Ferne vorbereiten.

Parallel zur militärischen Eroberung und „Befriedung“ der afrikanischen Kolonien ging eine wissenschaftliche Besitzergreifung von enzyklopädischem Ausmaß. Allein für das kleine Togo in Westafrika verzeichnet eine Bibliographie der Kolonialliteratur nach nur zehn Jahren deutscher Herrschaft über 500 Titel aller Wissensbereiche. 1887 wurde das Seminar für orientalische Sprachen an der Berliner Universität mit einer eigenen Abteilung für afrikanische Sprachen gegründet. 1908 erfolgte die Gründung des Kolonialinstituts in Hamburg mit einem Seminar für afrikanische Sprachen.

Mit Carl Meinhof (1857–1944) und Diedrich Westermann (1875–1956) erlangte die deutsche Afrikanistik Weltgeltung, die auch noch fortdauerte, als Deutschland im Versailler Vertrag seine Kolonien verlor. In mancher Hinsicht zehrt die deutsche Afrika-Wissenschaft auch heute noch von den Taten ihrer Pioniere aus der Frühzeit: Reisende, Wissenschaftler, Missionare und

Kolonialbeamte haben seit der Mitte des 19. Jahrhunderts ein umfangreiches ethnographisches, linguistisches, „naturkundliches“ Material erschlossen und aufgezeichnet, das auch heute noch Interesse verdient und an dem insbesondere auch afrikanische wisssenschaftliche Einrichtungen und Forscher Interesse haben.

Neben dieser historischen Orientierung haben die Afrika-Wissenschaften freilich auch ganz aktuelle Aufgaben. Das öffentliche Wissen über Afrika ist von den Bildern des Fernsehens geprägt, von Filmen wie „Jenseits von Afrika“ und Büchern wie „Mord am großen Fluß“. Auch in den Schulbüchern halten sich noch Relikte eines kolonialistischen Afrika-Bildes.

Einer Afrika-Wissenschaft fehlt es nicht an Aufgaben: Verbesserung des allgemeinen Wissensstandes über Afrika, Mitwirkung an Kooperationsprojekten in afrikanischen Ländern, die oft auch deswegen scheitern, weil das kulturelle Umfeld nicht genügend bekannt ist und berücksichtigt wird; Bemühungen um die Erhaltung des kulturellen Erbes der afrikanischen Länder, auch der kulturellen „Entwicklung“ etwa bei der Verschriftung bislang nur mündlich überlieferter Sprachen, bei der Alphabetisierung vor allem der Landbevölkerung.

Die Berufsperspektiven sind, wie in allen „exotischen“ Fächern, nicht besonders rosig: Die Mittler- und Drittwelt-Organisationen haben nur eine begrenzte Aufnahmefähigkeit. Die Stellen für den akademischen Nachwuchs sind rar, auch wenn an einigen Universitäten wie Köln, Hamburg, Frankfurt und Bayreuth drittmittelgeförderte Projekte der von der Deutschen Forschungsgemeinschaft finanzierten Sonderforschungsbereiche beträchtliche Kapazitäten binden.

In welcher Weise die Afrika-Forschung der ehemaligen DDR sich in das Spektrum der gesamtdeutschen und europäischen Afrika-Studien einfügen wird, ist derzeit noch nicht klar erkennbar. Vor allem die gutausgebaute ehemalige Sektion Afrika- und Nahostwissenschaften der Universität Leipzig böte eine Gelegenheit, das bisher im internationalen Vergleich stark eingeschränkte deutsche Fächer-Spektrum zu erweitern. Wenn es gelingt, die Hälfte der 100 Mitarbeiter der Sektion, die sich mit den Bereichen Ökonomie, politische Ökonomie und Politikwissenschaften befaßten, zu entideologisieren und an – am internationalen Standard gemessen – aktuelle wissenschaftliche Fragestellungen heranzuführen, dann könnte dies eine bedeutende Stärkung der deutschsprachigen Afrika-Forschung sein, die gerade im ökonomischen, sozial- und politikwissenschaftlichen Bereich ihre Defizite hat. Dies käme zweifellos auch einer Zusammenarbeit mit den bestehenden westeuropäischen Afrika-Forschungseinrichtungen (Bordeaux, London, Leiden, Uppsala u. a.) zugute.

Wünschenswert wäre vielleicht auch nicht so sehr der allseitige Afrika-

Spezialist, sondern Absolventen der verschiedensten akademischen Disziplinen, die in ihrem speziellen Fach auch eine Komponente Afrika-Studien integrieren: Historiker könnten hier Formen der Vergangenheits-Erschließung in schriftlosen Kulturen lernen, Literaturwissenschaftler etwas über die Bedeutung mündlich überlieferter Dichtungsformen, Soziologen den Reichtum afrikanischer Gesellschaftsformen studieren, Linguisten von den unseren abweichende Sprachstrukturen.

Das Wissen über Afrika sollte nicht auf die wenigen Spezialisten beschränkt bleiben, sondern Eingang in möglichst viele Bereiche des Wissens und der Wissenschaft finden. Erst damit würden wir dem uns historisch wie geographisch eng verbundenen Kontinent die Aufmerksamkeit schenken, die er in unserem und seinem Interesse verdient.

Agrarökonomie

Oft stehen sie im Wettbewerb mit Wirtschaftswissenschaftlern

Von Peter Michael Schmitz

Die agrarökonomische Ausbildung in Deutschland ist traditionell in den agrarwissenschaftlichen Fakultäten der Universitäten Bonn, Gießen, Göttingen, Kiel, München (Weihenstephan) und Stuttgart (Hohenheim) angesiedelt. Sie ist dort jeweils Bestandteil des Grundstudiums für alle Studenten der Agrarwissenschaften und, neben der Pflanzen- und Tierproduktion, eine von in der Regel drei vertiefenden Fachrichtungen im Hauptstudium. Nach erfolgreichem Abschluß des Studiums wird der Titel eines Diplom-Agraringenieurs mit der Fachrichtung Wirtschafts- und Sozialwissenschaften des Landbaues verliehen. Den Titel des Diplom-Agraringenieurs vergeben darüber hinaus auch der Fachbereich „Internationale Agrarentwicklung" der Technischen Universität Berlin, der allerdings im Hauptstudium eine integrierte Ausbildung (Pflanze, Tier, Wirtschaft) mit der Möglichkeit zur individuellen Schwerpunktbildung anbietet, sowie der Fachbereich Gartenbau der Universität Hannover, der aus einem Katalog von Prüfungsfächern die Auswahl von bis zu 50 Prozent gartenbauökonomischen Fächern im Hauptstudium ermöglicht.

Neben diesen traditionellen Studiengängen gibt es neuere Versuche der Kombination unterschiedlicher Fachrichtungen. So wird an den Universitäten Kiel und Stuttgart die Ausbildung zum Diplom-Agrarökonomen oder zum Diplom-Ökonomen mit der Vertiefungsrichtung Agrarökonomie angeboten, was zumindest in Kiel den erfolgreichen Abschluß des Grundstudiums im Fachbereich Wirtschaftswissenschaften und anschließend das Hauptstudium im Fachbereich Agrarwissenschaften (Studienrichtung Wirtschafts- und Sozialwissenschaften des Landbaues) voraussetzt. Eine ähnliche Konstruktion besteht an der Universität Gießen, wo die Fachbereiche Agrarwissenschaften sowie Ernährungs- und Haushaltswissenschaften gemeinsam eine Ausbildung zum Diplom-Ernährungsökonomen eingerichtet haben. Schließlich finden sich an den wirtschaftswissenschaftlichen Fakultäten einiger Universitäten Professuren mit Wahlfachangeboten aus dem Bereich der Agrarökonomie oder Agrarpolitik.

Neben der universitären Ausbildung zum Agrarökonomen existieren eine Reihe von Fach- oder Gesamthochschulen, die ebenfalls Studienelemente im Bereich der Wirtschafts- und Sozialwissenschaften des Landbaues integriert haben und den Titel Diplom-Agraringenieur (FH) oder Diplom-Ingenieur

(FH) der Fachrichtung Landbau verleihen. Hierzu gehören die Gesamthochschulen Kassel (Witzenhausen) und Paderborn (Soest) sowie die Fachhochschulen in Bingen, Nürtingen, Osnabrück, Rendsburg und Weihenstephan.

Die inhaltlichen Schwerpunkte des Hauptstudiums lassen sich in der Regel drei Gebieten zuordnen: landwirtschaftliche Betriebslehre, landwirtschaftliche Marktlehre und Agrarpolitik. Daneben gibt es ein reichhaltiges Angebot an Wahlpflichtfächern, das sich aus Teildisziplinen der Hauptgebiete, aber auch aus weiter gespannten Themenbereichen (Welternährung, Datenverarbeitung, Umwelt) zusammensetzt. Insgesamt kann das Studium als sehr verschult betrachtet werden. Über die gesamte Studiendauer regeln Stundenpläne das Fächerangebot, bieten damit allerdings gleichzeitig einen Leitfaden für ein zügiges Vorankommen. Das Praktikum in einem landwirtschaftlichen Betrieb ist dabei Pflichtbestandteil des Studiums.

Die Qualität des Studiums an den einzelnen Universitäten ist sehr stark von Personen, den Hochschullehrern und deren Mitarbeitern, abhängig, die je nach Zusammensetzung und Verweildauer eine unterschiedliche Gesamtleistung erbringen. Da beide Größen für den vier- bis fünfjährigen „Planungshorizont" eines Studiums aber nicht prognostizierbar sind und sich mitunter sehr schnell ändern können, ist die Wahl des Studienorts auf jeden Fall eine Entscheidung unter Unsicherheit. Zudem müssen die Lehr- und Forschungsleistungen der Wissenschaftler nicht immer positiv miteinander korrelieren. Eine Entscheidung für diesen oder jenen Studienort wird schließlich auch dadurch erschwert, daß ein weitgehend identisches Vorlesungsangebot bereitgehalten wird. In dieser Situation verbleibt dem Studenten die Suche nach Differenzierungsmerkmalen im wissenschaftlichen Umfeld des Studiums.

Für den Ausbildungsgang zum Diplom-Agraringenieur der Fachrichtung Wirtschafts- und Sozialwissenschaften des Landbaues mögen das zum Beispiel das Vorhandensein ausgezeichneter Fachbibliotheken, die Existenz von Sonderforschungsbereichen und sonstigen Forschungseinrichtungen privater und staatlicher Art, die Partnerschaften mit ausländischen Universitäten sowie nicht zuletzt die standortspezifischen Kontakte zwischen Universität und den potentiellen Abnehmern von Absolventen aus den Bereichen öffentlicher Dienst, Ernährungsindustrie und Verbände sein. Fehlen den Studienplatzbewerbern auch diese Informationen und suchen sie zunächst die geographische Nähe zum Heimatort, mag der Trost genügen, daß man nach dem Vordiplom den Studienort wechseln kann. Dies ist auch insofern ohne größere Friktionen möglich, als das agrarökonomische Studium überall identisch aufgebaut ist.

Seit etwa Mitte der siebziger Jahre sind die Agrarwisschenschaften ein Numerus-clausus-Fach. Insbesondere Anfang der achtziger Jahre gab es hohe

Bewerberzahlen, die aber seit 1985 rückläufig sind. 1987 war die Zahl der von den Universitäten angebotenen und von Bewerbern nachgefragten Studienplätze bereits etwa ausgeglichen, so daß zu Beginn des Wintersemesters 1988/89 der Numerus clausus fallen konnte. Interessenten können sich seitdem direkt bei den Universitäten um einen Studienplatz bewerben.

Gemessen am Bevölkerungsanteil oder am Sozialproduktanteil des Agrarbereichs, könnte man voreilig auf besonders schlechte Berufsaussichten schließen. Tatsächlich sieht es im engeren Berufsfeld (landwirtschaftliche Betriebsleiter, Ausbildung und Beratung) nicht sehr gut aus. Infolge des verstärkten Einsatzes von Agrarökonomen in vor- und nachgelagerten Produktions-, Handels- und Dienstleistungsbereichen (Düngemittel-, Pflanzenschutzmittel-, Futtermittel- und Landmaschinenindustrie, verarbeitendes Ernährungsgewerbe, Ernährungshandel, landwirtschaftliche Banken- und Versicherungsbereiche, Entwicklungshilfeeinrichtungen, Agrarjournalimus) ist jedoch die Lage auch nicht schlechter als in anderen akademischen Berufen. Im Gegenteil konkurrieren Agrarökonomen seit geraumer Zeit mit Erfolg gegen Absolventen der Wirtschaftswissenschaften. Ihre Stärke liegt insbesondere in der fruchtbaren Verknüpfung von naturwissenschaftlichem Grundlagenwissen und ökonomischen Fertigkeiten, und ihre Chancen sind dabei um so besser, je mehr Zusatzqualifikationen sie mitbringen.

Amerikanistik

Vom Literaturfach zur Kulturwissenschaft

Von Klaus Lubbers

Ein vom ZDF nach Colorado entsandter Sportreporter siedelte beim Versuch, den Heimatstaat einer alpinen Skiläuferin zu lokalisieren, nach kurzem Zögern Vermont irgendwo nördlich seines augenblicklichen Standorts, aber doch noch in den Rocky Mountains an. Miami und Los Angeles gehören zu den zahllosen Namen auf der Landkarte der Vereinigten Staaten, die unseren Fernsehsprechern eher falsch als richtig über die Lippen gehen. Ein deutscher Politiker soll vor amerikanischen Gästen von der Ivy League als der Elfenbeinliga gesprochen haben. Fehler unterlaufen uns allen; aber an den Schnitzern unserer Fernsehstars nehmen viele sich ein (oft falsches) Beispiel; und für den Politiker gibt es keine Entschuldigung. Wußte er nicht, wovon er redete, hätte er sich präparieren sollen; ein Amerikanist hätte ihm mehr genützt als sein Ghostwriter.

Mit dem eigenen Nachbarn über die Vereinigten Staaten zu reden frustriert, wenn er aus Dallas und Denver, Cannon und Kojak, Flamingo Road und Knight Rider bereits alles weiß. Schwieriger würde sich die Unterhaltung mit ihm gestalten, wenn ihm zudem der touristische Dreisprung New York – Grand Canyon – Disneyland gelungen wäre. Man stellte dann erstaunt fest, daß drei Wochen fasziniert wiewohl schwitzend erlebter transatlantischer Exotik bestehende Vorurteile eher erhärten als aufbrechen. Das erklärt sich daraus, daß der Nachbar sich stereotypkonform verhält, das heißt das von den Medien servierte Klischeekompott durch die eigene Ernte noch anreichert.

Aus all dem ergibt sich, daß die vielleicht ungünstigste Motivation für das Studium der Amerikanistik die touristische ist: Wer die einst Neue Welt auf einen Sprung besucht, kommt ihr kaum näher. Triftiger können im Englischunterricht gewonnene Erfahrungen sein, sofern der Lehrer nicht – was eher die Regel ist als die Ausnahme sein dürfte – ein bereits angestaubtes Amerikabild vermittelt. Allerdings bleibt erfahrungsgemäß die beste Grundlage für eine wissenschaftliche Auseinandersetzung mit der Kultur unseres wichtigsten transatlantischen Partnerlandes immer noch ein in den Vereinigten Staaten verbrachtes Schuljahr. Ein solches ist indes nur wenigen vergönnt.

Das Universitätsfach Amerikanistik ist nicht leicht zu skizzieren. Das liegt zum einen an der höchst unterschiedlichen Rolle der Amerikanistik an den einzelnen deutschen Hochschulen, vor allem aber auch daran, daß sich die

Disziplin selbst im Umbruch befindet. Zunächst und eigentlich ist Amerikanistik ein literatur- und sprachwissenschaftliches Fach (letzteres leider nur an verschwindend wenigen Universitäten). Sie ist also eine Philologie, der es um das englischsprachige Schrifttum Nordamerikas geht, und zwar nicht nur des 20. und 19. Jahrhunderts (das traditionell in den Lektürelisten der Studierenden, aber auch im Lehrangebot dominiert), sondern auch des 18. und 17. Daneben geht es um das amerikanische Englisch. Zwar stellt das amerikanische Englisch keine eigene Sprache dar (wie es etwa der Vermerk „Aus dem Amerikanischen" bei übersetzten Texten fälschlich suggeriert), wohl aber den weltweit wichtigsten Zweig am stattlichen Baum des Englischen.

Als Philologie (mit traditionell angehängter Landeskunde) ist die Amerikanistik meist ein fakultativer, manchmal aber auch ein verpflichtender Bestandteil des Studiums für das Schulfach Englisch. Darüber hinaus hat sich die Disziplin während der drei letzten Jahrzehnte zum interdisziplinären Fachverbund der Amerikastudien weiterentwickelt. Ihm stellen sich Fragen nach Zustandekommen und Entwicklung der polyethnischen amerikanischen Gesellschaft, nach der Rolle der Frau und der Minoritäten, nach dem Stellenwert von Literatur, Malerei und Musik im multikulturellen Amerika. In diesem Ensemble können sich Literatur- und Sprachwissenschaftler, Historiker und Soziologen, Kunst- und Musikgeschichtler gleichermaßen aufgehoben fühlen, wenn sie nur wollen. Viele der neuerdings im Mutterland diskutierten Probleme sind in Deutschland aufgegriffen und um europäische Perspektiven bereichert worden, und vieles von dem, was die Forschung bewegte, ist bereichernd in die Lehre eingesickert. Das heißt, je nach personeller Ausrichtung und sachlicher Ausstattung der amerikanischen Seminare in der Bundesrepublik läßt sich Amerikanistik traditionell philologisch (oder besser: literaturwissenschaftlich) oder interdisziplinär kulturwissenschaftlich studieren.

Die ideale Studentin der Amerikanistik (mehr Frauen als Männer studieren das Fach, und da es noch geraume Zeit währen wird, bis die deutsche Sprache geschlechtsneutral geworden ist, sei hier von den Frauen die Rede, die natürlich auch von den Männern gilt) bringt wie alle Philologinnen kritische Begeisterung für die Kultur mit, der sie sich zunächst im Studium, dann aber oft lebenslang widmet, dazu intellektuelle Offenheit, ferner die unerläßliche Energie, Englisch, diese unendlich schwierige Sprache, von der heute fast jeder meint, er könne sie sprechen, so gut wie möglich zu lernen, gegebenenfalls auch die Bereitschaft, für die Dauer des wünschenswerten Studienjahres in den Vereinigten Staaten auf die Präsenz des festen Partners zu verzichten.

Fast überall hierzulande wird die Amerikanistin als Studienanfängerin auf ein kaum gerechtfertigtes Quantum an Verschulung stoßen. Diese Hürde gilt

es mit Geduld und Eleganz und, wenn möglich, mit Humor zu überwinden. Gut Zweidrittel der derzeit Amerikanistik Studierenden wollen (in dieser Reihenfolge) Journalistin (Tendenz eher fallend) oder Studienrätin (Tendenz steigend) oder Verlagslektorin (was schwierig ist) oder Hochschullehrerin (wozu sich die Allerbesten durchaus ermutigt fühlen sollten) werden; andere denken an Funktionen in internationalen Organisationen (Tendenz deutlich steigend) oder in der Wirtschaft (ebenfalls) oder in der Erwachsenenbildung (geringe Aussichten) oder im Tourismus (warum eigentlich nicht?) oder in der Diplomatie (hier sollte man endlich die Kulturwissenschaftler den Juristen gleichstellen) oder wollen als Übersetzerin literarischer Texte arbeiten (ein hartes Brot). Gut 60% geben als Abschluß den Magister Artium (M. A.) an, gut 20% das Staatsexamen. Andere erstreben ein Diplom oder aber auch die Kombination von Staatsexamen und Magister.

Dieser Doppelabschluß sollte in den kommenden Jahren weit größere Beachtung finden als bisher, ist er doch bei frühzeitiger und geschickter Planung mit geringem Mehraufwand an Zeit und Mühe erreichbar. In einer Phase, da das Lehramt allmählich wieder ein realistisches Berufsziel wird, hält diese Zweifachqualifikation den Weg in die Schule offen, in jedem Fall bis zur zweiten Staatsprüfung, deren Absolvierung auch für Positionen in der Wirtschaft Vorteile bringen *kann.* Andererseits dürfte sich außerhalb der Schule der Magister als vorteilhafter erweisen. Viel zu selten wird gegenwärtig der Doktorgrad anvisiert. Die Promotion, der das Staatsexamen oder der Magister vorausgehen sollte, erlaubt der jungen Amerikanistin, in einem komplexen Gebiet an einem bestimmten Punkt unter einem besonderen Aspekt Neues zu erkennen. Zugleich ermöglicht sie ihr die Entwicklung und Übung analytischer Fähigkeiten, die ihr im Berufsleben möglicherweise entscheidend nützen. Bei den Fächerkombinationen dominiert – entsprechend der Notwendigkeit, zumeist ein Hauptfach und zwei Nebenfächer zu wählen – die Tendenz zum Drei-Fach-Studium. Unter den sogenannten Erstfächern rangiert die Anglistik vor der Amerikanistik, der Politikwissenschaft und der Geschichte. Als Zweitfach führt die Amerikanistik vor der Anglistik, der Geschichte und der Germanistik. Beliebte und in steigendem Maße erwägenswerte Drittfächer sind Russisch, Spanisch und Japanisch, Jura und Wirtschaftswissenschaften. An solchen originellen, früher ganz unüblichen, ja unmöglichen und auch heute noch von manchen Auguren bekämpften Fächerkombinationen läßt sich eine wachsende Offenheit für neue Berufsbilder ablesen, die aller Unterstützung durch die Universitäten wert sind. Unsere jungen Menschen treten in eine drastisch sich ändernde Lebens- und Arbeitswelt ein, und die Gralshüter sollten ihnen die Wege ebnen, anstatt Barrieren zu bauen.

Der Kandidatin für das Lehramt stellt sich das Problem, wo sie ihre beiden Schulfächer studiert, kaum, denn diese lassen sich an fast jeder Hochschule „belegen“. Wer ein breiteres Angebot sucht, wer sich fachlich profilieren will, sollte bereits im letzten Schuljahr, spätestens jedoch während des ersten Studienjahres die Fühler ausstrecken und sich umfassend orientieren: weniger bei Schullehrern, da diese sich in der vielgestaltigen Hochschullandschaft kaum noch auskennen dürften, als vielmehr – und in dieser Reihenfolge – beim studienberatenden Personal der Universität, bei Professoren und bei der studentischen Fachschaft. Gehen Sie doch bitte in die Sekretariate und verlangen Sie die Bochumer (früher Augsburger) Informationen und auch das Mitteilungsblatt der Deutschen Gesellschaft für Amerikastudien! Vertiefen Sie sich intensiv in beide Schriften, denn sie geben detailliert Auskunft über das bundesrepublikanische Lehrangebot im Fach Amerikanistik, über Schwer-, aber auch Schwachpunkte. Ein Ortswechsel ist immer dann anzuraten, wenn das Angebot anderswo den sich konkretisierenden Neigungen mehr entspricht als das zunächst vorgefundene, und zwar spätestens nach Abschluß des Grundstudiums, das heißt in der Regel nach vier Semestern.

Amerikanistik läßt sich an fast allen Hochschulen der alten Bundesländer studieren. (Die Situation in den neuen Bundesländern läßt sich derzeit kaum überblicken; allenfalls ist zu hoffen, daß bis zum Ende des Jahrtausends die ostdeutschen mit den westdeutschen gleichgezogen haben.) Solide Ausbildung bieten unter anderem die Universitäten Erlangen, Tübingen, Freiburg, Würzburg, Münster, Göttingen. Breitgefächert ist das Angebot in Mainz, Frankfurt und München. Vorrang gebührt dem John F. Kennedy-Institut für

Nordamerikastudien der Freien Universität Berlin dank seiner Fächervielfalt und seiner in Europa auf diesem Gebiet wohl einmaligen Forschungsbibliothek.

Alle Hauptfachstudentinnen der Amerikanistik sollten ein Studienjahr in den Vereinigten Staaten einplanen. Das ist möglich entweder über den Direktaustausch der Seminare oder Institute oder aber mit Hilfe anderer Stipendiengeber. (Hier ist in erster Linie der Deutsche Akademische Austauschdienst zu nennen, daneben das Fulbright-Programm. Auskunft erteilen die Auslandsämter der Universitäten.) Der berufliche, aber auch der persönliche und zwischenmenschliche Gewinn solcher Erfahrungen bleibt unwägbar. Auch verliert man, was viele befürchten, kaum Zeit, da bei entsprechendem Fleiß die transatlantisch erworbenen Meriten daheim weitgehend angerechnet werden können.

Was kann man mit der Amerikanistik später anfangen? Vielerlei. Die oben aufgeführten Berufswünsche beschreiben die Absichten derer, die bereits studieren. Studienanfängerinnen und -anfänger von heute und morgen sollten sich aber eher individuelle Ziele setzen, als kleinmütig auf Nischen in einer Bibliothek oder in einem Schulverlag zu hoffen. Sicherlich werden Lehrkräfte von Vater Staat in absehbarer Zeit wieder stärker rekrutiert. Und der Universität fehlen bereits heute höchstqualifizierte Führungskräfte. Darüber hinaus bleibt jedoch zu hoffen, daß es auch in der Bundesrepublik bei den für die Einstellung des Nachwuchses Verantwortlichen in Industrie, Wirtschaft und Bürokratie bald zu dämmern beginnt, daß neben Chemikern und Ingenieuren, Betriebswirten und Juristen Philologen und Kulturwissenschaftler keineswegs zweitrangig sind.

Anglistik

Amerikanische und schottische Akzente sind verpönt

Von Michael Groth

Das „kulturelle Bewußtsein", das ihre romantischen Kommilitonen pflegen, teilen sie nicht: Auf die Frage, warum sie das Fach Anglistik gewählt haben, antworten die Studenten vage und ausweichend. Eine „Vertrautheit" mit der Sprache wird genannt und die Hoffnung, auf bekannten Pfaden Angenehmes mit Nützlichem zu verbinden; auch der Freund in England oder in Amerika mag als Motivation für ein Anglistikstudium herhalten. Viele junge Menschen nutzen die Anglistik als „Parkstudium". Warum nicht an der Universität warten, bis die begehrte Lehrstelle an der Bank frei wird? Und warum nicht zugleich eine Fremdsprache perfektionieren? Es gibt hinreichend Studienplätze, die Bedingungen an den Instituten scheinen gut: Daß sich die Erwartungen in den seltensten Fällen mit der Realität decken, darf niemanden erstaunen.

Die Anglistik hat sich in den sechziger Jahren – im Gleichschritt mit anderen Geisteswissenschaften – verändert. Die gegen die akademische Tradition ihrer Väter protestierenden Studenten setzten neue Akzente. In der Literaturwissenschaft ging es in jenen Jahren des Umbruchs weniger um die Rezeption der Texte als um deren Einpassung in historische, politische und soziale Zusammenhänge. Das Interesse an den Quellen ließ nach, das Wissen um die Veränderungen, denen die englische Sprache im Laufe der Jahrhunderte unterzogen wurde, nahm ab. Anfang der siebziger Jahre dominierten das „politische Engagement" und die Suche nach dem „emanzipatorischen Potential" in der Literatur die Anglistik in der Bundesrepublik. Inzwischen haben sich zwar einige der „Emanzipatoren" akademisch oder professionell wohlbestallt in privatere Sphären zurückgezogen; die Politisierung bleibt gleichwohl ein Thema des Faches, nördlich des Mains stärker als südlich davon.

Die Anglistik gehört zu den Fächern, die schon in der Schule vorbereitet werden. Ein interessanter Englischunterricht kann indes dem möglichen Studenten auch Falsches vermitteln: Daß es im Universitätsfach Anglistik nicht nur um die Interpretation von Literatur, sondern auch um komplizierte linguistische Anforderungen geht, sollte eigentlich nicht erst im ersten Semester deutlich werden. Bei der Planung des Anglistikstudiums folgen die Anfänger nicht selten den Ratschlägen der Fachbereichs-Berater. Dabei scheinen viele der oft selbst noch jungen Mitarbeiter der Professoren gerade den Hinweis auf jenes Angebot zu vernachlässigen, das den Studenten einen umfassenden

Überblick über einen Teilbereich ihres Faches gewähren könnte: Die traditionelle Vorlesung ist nicht mehr gefragt. Kein Wunder, daß es an Überblickswissen fehlt.

Die geringe Nachfrage an Vorlesungen ist nicht ohne Wirkung auf das Angebot geblieben. Ringvorlesungen etwa über die Hauptepochen der englischen Literatur sind heute selten. Zwar empfehlen die Studienpläne Vorlesungen; sie verbinden diese Empfehlungen aber nicht mit Auflagen. Die Studenten sind überrascht, wenn sie sich in Prüfungen mit Fragen konfrontiert sehen, deren Beantwortung die Fähigkeit verlangt, Zusammenhänge zu knüpfen. Die Ungewißheit der ersten Semester hinterläßt bei den Studenten Zwiespältiges. Einerseits genießen sie die „große Freiheit", das Arbeiten mit minimalen Auflagen und die Diskussionen über Wordsworth und Yeats, die sich bis in den frühen Morgen ziehen. Andererseits klagen sie, es fehle der „rote Faden", der durch das Labyrinth der Studienordnung schließlich zu einem qualifizierten Abschluß führt. Zu lange studieren sie das Falsche, um dann kurz vor dem Examen ganz auf ihnen angenehme Seminare zu verzichten und gleichsam im Schnellverfahren die „prüfungsrelevanten" Themen zu pauken. Immerhin: Zumindest im Grundstudium müssen Anglistikstudenten an vielen Universitäten ihre Zeit etwa zu gleichen Teilen zwischen der Literaturwissenschaft und der Sprachwissenschaft teilen. Das war nicht immer so.

Ebenso wie andere Geisteswissenschaftler betrachtet auch die Mehrheit der Anglisten das Studium als „l'art pour l'art". Dies gilt auch für Lehramtsstudenten. Deren schon seit etwa zehn Jahren nahezu aussichtslose Situation spiegelt einen Wandel auf dem Berufsmarkt, dem sich nicht nur die Anglistikstudenten unterziehen müssen. In Baden-Württemberg werden heute wohl weniger als 10 Prozent der Absolventen des zweiten Staatsexamens in den Staatsdient übernommen. (Exakte Zahlen über arbeitslose Lehramtskandidaten seien von den verantwortlichen Ministerien der Länder nicht zu erhalten, heißt es an den Universitäten.) Das hat Folgen für den Studienabschluß. Anfang der siebziger Jahre strebten nur 3 bis 4 Prozent der etwa 1400 Anglistikstudenten an der Universität Freiburg einen Magister oder die Promotion an. Ende der siebziger Jahre, als sich die „Lehrerflut" andeutete, schlossen schon 10 Prozent der Freiburger Anglisten ihr Studium nicht mehr mit dem ersten Staatsexamen ab. Zehn Jahre später wird eine fast dramatische Umkehrung deutlich, beendeten nur noch etwa 30 Prozent der Studenten in Freiburg ihr Studium mit dem Ziel, Lehrer zu werden.

Dabei stehen die Chancen auf eine Anstellung nach dem Studium für Magister oder Doktoren nicht besser. Absolventen der Anglistik bewerben sich bei Privatschulen oder an Einrichtungen der Tertiärbildung, etwa Volkshochschulen. Bedarf scheint vor allem bei der Seniorenfortbildung sowie bei freien Trägern zu bestehen. Wer nicht auf dem Bildungsmarkt unterkommt, versucht sich umschulen zu lassen. So mancher Computerfachmann kommt aus den Geisteswissenschaften, wobei es vielen Arbeitgebern angenehm ist, die Straße in den Beruf mit vergleichsweise geringen Anfangsgehältern pflastern zu können. Auch der weiter steigende Anteil der Frauen, die Anglistik studieren, ist mit dem vergleichsweise niedrigen Gehaltsniveau sowie den beschränkten Karrieremöglichkeiten jener Berufe zu erklären. Beliebt sind auch „Sprachberufe", etwa in der Tourismusbranche; in Verlagen bewerben sich Anglisten, die hoffen, sich so weiter mit Literatur beschäftigen zu können. Das breite Spektrum wird durchaus als Chance gesehen: „Ich muß nur einen Arbeitgeber davon überzeugen, daß meine Kenntnisse und Fähigkeiten genau den Bedürfnissen seines Unternehmens entsprechen", sagt ein Student selbstbewußt.

Wer Anglistik studiert, soll mit der englischen (und deutschen) Sprache umgehen können. Das gilt für die Aussprache – Mischungen, etwa aus amerikanischen und schottischen Akzenten, sind nicht gern gesehen – wie für den Wortschatz. Diese selbstverständlich klingende Voraussetzung ist nicht immer erfüllt. Offenbar zieht es auch zunehmend weniger junge Leute ins Ausland. Lange nicht alle Angebote der akademischen Austauschdienste werden angenommen, wobei die Studenten kritisieren, daß ein Jahr in England oder Amerika ihnen im Studium nicht angerechnet werde und daß die Bürokratie vor einem Auslandsaufenthalt unnötig hohe Barrieren errichte.

Zwar gibt es Übersetzungsübungen, auch moderner Texte: doch das Studium dient nicht dazu, die englische Sprache zu lernen. Die Professoren klagen über mangelnde Kenntnisse der Erstsemester, sowohl im Ausdruck als auch in der Literatur. Syntaxanalyse und Wortbildungslehre lernen viele Studenten erst an der Universität kennen. Auch die Beherrschung der elementaren Arbeitstechniken der Geisteswissenschaften werden erwartet: Wer Anglistik studiert, muß lernen, wie er Bibliotheken, Nachschlagewerke und Wörterbücher benutzt, wie er exzerpiert und wie er Notizen anlegt. Wer sich während des Studiums nicht einen Überblick über die wichtigen Perioden der englischen Literatur verschafft, wird zum Beispiel in Freiburg bei der Abschlußprüfung eine Überraschung erleben. Gefordert werden Kenntnisse „von Beowulf bis Virginia Woolf", so ein Professor. Die Studenten müssen Fragen zum Mittelalter ebenso beantworten können wie Fragen zur Literatur der viktorianischen Zeit oder des zwanzigsten Jahrhunderts. Ein Anglistikstudium ohne Chaucer, Fielding und Sterne sollte nicht möglich sein, trotz der Neigung, „kulturkritischen" Modernismen zu folgen.

Die „Kulturkunde" – manche nennen sie „Landeskunde" oder „Civilization" – hat den Zugang zur Anglistik längst gefunden. Im Gegensatz zu den Amerikanisten, die sich an einigen Universitäten als „Kulturwissenschaftler" etabliert haben und in ihrem Eifer vergessen, daß die Kultur nicht isoliert von der Wirtschaft und der Politik eines Landes betrachtet werden kann, gehen die Anglisten behutsam vor. Vorsichtig werden Kontakte zu anderen Fächern geknüpft: Übungen, Vorlesungen und Seminare zu britischen Themen etwa in der Geschichte oder der Geographie sind erwünscht.

Archäologie

Die stille Sehnsucht nach der Antike kann trügen

Von Michael Siebler

Kein Zweifel: Die Archäologie segelt weiterhin im Wind des Interesses einer breiten Öffentlichkeit. Steigende Besucherzahlen in Ausstellungen und Museen belegen dies ebenso wie die einschlägigen Buchtitel, die alljährlich auf den Markt kommen, oder die ungebrochene Lust am Reisen zu den Wallfahrtsstätten der klassischen Antike rund ums Mittelmeer. Die Neugier an der eigenen Vor- und Frühgeschichte, an den antiken Wurzeln der abendländischen Kultur ist vorhanden.

Ungebrochen scheint die Faszination eines Heinrich Schliemann, des Ausgräbers von Troja und Mykene. Der abenteuerlich anmutende Lebenslauf dieses Mannes, dem das Finderglück auf den Burgen von Priamos und Agamemnon in ungeahntem Maße hold war, er regt auch heute die Phantasie an. Wer vor dem Parthenon auf der Akropolis von Athen steht oder über die Kaiserfora in Rom spaziert, ahnt zumindest etwas von der historischen Dimension innerhalb der Weltgeschichte, deren Zeugen diese Bauwerke sind.

So ist es auch nicht verwunderlich, wenn die archäologischen Seminare der Universitäten noch immer „Zuwachsraten" verzeichnen. Die Vorstellung von aufregenden Entdeckungen und Ausgrabungen oder die stille, unbewußte Sehnsucht nach der Alten Welt Griechenlands und Roms, die so weit von uns entfernt ist, daß sie trotz aller Unannehmlichkeiten und Greuel als „heile Welt" erscheinen mag, solche Vorstellungen haben schon manchen in die archäologischen Vorlesungen gezogen. Dieser rein emotional gesteuerten Studienwahl leistet auch die allgemeine schlechte Lage der Geisteswissenschaften insgesamt Vorschub: Die Berufsaussichten sind fast überall schlecht, warum also nicht eine „brotlose Kunst" studieren, die Spaß macht, eben Klassische Archäologie?

Nur, wer sich für dieses Studium entscheidet, muß wissen, daß die Realität an der Hochschule und später im Beruf sich erheblich von den Träumereien eines Schülers oder dem neugierigen Interesse eines Bildungsreisenden unterscheidet. Im deutschen Sprachgebrauch bezeichnet „Archäologie" allgemein die historische Wissenschaft, die sich mit den materiellen Hinterlassenschaften des Menschen beschäftigt (das kann ein rostiger Nagel oder eine goldene Totenmaske sein, ein Tongefäß ebenso wie ein marmorner Tempel, ein eisernes Schwert oder eine Statue aus Bronze). Entsprechend gibt es heute viele „Archäologien". Sie reichen von der Vorderasiatischen Archäologie und der Ägyptologie über die Christliche Archäologie und die europäische Vor- und Frühgeschichte bis hin zur Archäologie des Mittelalters oder derjenigen des industriellen Zeitalters.

In Abgrenzung zu den genannten archäologischen Wissenschaften läßt sich das Aufgabengebiet der Klassischen Archäologie eingrenzen auf die Erforschung der antiken Hochkulturen des Mittelmeerraums mit dem Schwerpunkt auf der griechischen und römischen Welt. Die Grenzen zu den Nachbar-Archäologien sind fließend. Wer sich mit den Ursprüngen griechischer Kunst oder den griechischen Kolonisationen beschäftigt, muß über die Minoer und Mykener ebenso Bescheid wissen wie über die Etrusker und die Völker Kleinasiens. Geschichte und Kunst der Ptolemäer in Ägypten nach dem Tod Alexanders des Großen sind ohne die Erkenntnisse der Ägyptologen nicht zu begreifen. Und wer über die Kaiserzeit in den römischen Provinzen an Rhein und Donau arbeitet, benötigt profundes Wissen in Vor- und Frühgeschichte.

Ein guter Überblick über die archäologischen Überreste dieser und anderer Nachbarkulturen gehört also zum Rüstzeug, das sich jeder erarbeiten muß; eine Hilfe sind die meist angebotenen Überblicksvorlesungen oder -übungen. Die Kenntnis der Denkmäler allein ermöglicht aber noch lange nicht, die Entwicklung der griechischen Bildhauerkunst inhaltlich und chronologisch zu erklären und zu verstehen oder die Wandlung, Bedeutung und Botschaft des antiken Porträts zu erkennen; ebensowenig lassen sich Phänomene wie Stadtentwicklung oder die Funktion von Heiligtümern mit ihren Tempeln und Weihegeschenken nur auf Grund des Studiums ihrer materiellen Überreste historisch einordnen.

Unerläßlich ist deshalb die Beschäftigung mit den unmittelbaren Nachbarwissenschaften wie Alter Geschichte und Altphilologie, zwei Fächern, die heute für die Archäologie als Bestandteile der Altertumswissenschaft genauso unentbehrlich sind wie umgekehrt die Archäologie für diese; daß die Kunstgeschichte nicht vernachlässigt werden darf, versteht sich von selbst. Fast automatisch wählt man deshalb meist aus den genannten Sparten seine für den Studienabschluß geforderten beiden Nebenfächer oder das zweite Hauptfach. Um die griechischen und lateinischen Schriftquellen – Literatur, Philosophie, Gesetzestexte und Urkunden – verstehen, interpretieren und für eigene Fragestellungen fruchtbar machen zu können, ist die Kenntnis der beiden Sprachen erforderlich und deshalb auch Grundvoraussetzung für das Studium der Klassischen Archäologie. Wer das Latinum und Graecum nicht von der Schule her mitbringt – dies ist heute leider die Regel –, muß sich die Kenntnis während der ersten Semester in Kursen auf der Universität aneignen.

Verlangt wird in jedem Fall Selbstdisziplin in Fragen der Methode und

Interpretation sowie Eigenverantwortung; das Wissen, das durch Zwischenprüfungen und Klausuren abgefragt wird, ist meist nur allgemeiner Art. Der Blick fürs Detail, Kombinationsgabe und Flexibilität im Denken sind notwendige Eigenschaften. In Hauptseminaren und Kolloquien muß bewiesen werden, ob man etwa neugefundene Skulpturen oder Vasenfragmente stilistisch beurteilen und chronologisch einordnen, ob man Zusammenhänge zwischen den am Pergamonaltar dargestellten Gigantenkämpfen und der politischen Situation im Staat Pergamon aufzeigen kann oder die politisch-historischen Aussagen eines römischen Kaiserporträts zu bestimmen vermag. Die theoretische Durchdringung der Denkmäler und ihres historischen Kontextes hat in Deutschland Tradition und gewinnt durch Einbeziehung anderer Wissenschaften wie Soziologie oder Ethnologie weiter an Bedeutung.

Während des Studiums ist eine umfassende Ausbildung in Theorie und Praxis unmöglich. Um aber ein breites Spektrum der Wissenschaft zu erhalten, ist wenigstens ein Studienortwechsel üblich und dringend anzuraten: Unterschiedliche Lehrer haben unterschiedliche Ansichten und Spezialgebiete; ein Auslandsaufenthalt mit Hilfe eines entsprechenden Stipendiums dient ebenfalls der Qualifikation für das spätere Berufsleben. Exkursionen und Museumsbesuche zur Erweiterung der Denkmälerkenntnis und zur Erarbeitung bestimmter Fragestellungen verstehen sich von selbst. Früh schon sollte man sich wegen einer Grabungsteilnahme an die einzelnen Landesdenkmalämter oder das Deutsche Archäologische Institut in Berlin (DAI) wenden. Der Umgang mit Ausgrabungsfunden – Zeichnen, Datieren, Restaurieren – ist ein unbedingtes Muß, denn eine Hauptaufgabe des Archäologen ist die Bewahrung und Untersuchung der Denkmäler, den so vehement gefährdeten Zeugen der eigenen Vergangenheit; ein Auftrag, der allein schon die Auffassung von der Archäologie als Orchideen-Fach konterkariert.

Sind Grund- und Hauptstudium absolviert, stellt sich die Frage nach dem Abschluß. Hier gibt es nur die Alternative Magister oder Promotion, wobei die Zulassung zu letzterer in der Regel den Magister vorschreibt. Die Erfahrung lehrt leider, daß die Aussichten eines Magister Artium auf Erfolg im Berufsleben gegen Null tendieren, da diesem eine große Zahl gut bis hervorragend qualifizierter Promovierter gegenübersteht, die bei Stellenbesetzungen vorgezogen werden (lediglich in der Museums-Pädagogik gibt es zur Zeit reelle Chancen). Aber auch der mit Auszeichnung verliehene Doktorhut garantiert keinesfalls eine Stelle innerhalb der akademischen Lehre, an einem Museum, einem Landesdenkmalamt oder einem der Institute des DAI im In- und Ausland.

Die Misere an den Hochschulen und auf dem Arbeitsmarkt ist unübersehbar: Wegen des Konkurrenzdrucks dauert das Studium zu lange, die Dissertationen arten in monumentale Abhandlungen aus, der Abschluß erfolgt

nicht selten erst mit dreißig Jahren, so daß es schwierig, wenn nicht gar unmöglich wird, sich rechtzeitig für eine Stelle im öffentlichen Dienst zu qualifizieren, die ein Höchstalter vorschreibt. Zwar gibt es innerhalb des DAI und des Deutschen Archäologen-Verbands Versuche, mit Empfehlungen für die Anlage und Länge einer Doktorarbeit oder mit Modifizierungen des Studienangebots diesem Dilemma entgegenzusteuern, aber bislang ist noch keine Lösung in Sicht.

Jeder, der Klassische Archäologie studieren möchte, muß sich darüber im klaren sein, daß seine Chancen auf eine Lebensstelle als Wissenschaftler sehr gering sind. Nur die Besten haben Aussicht auf Erfolg. Daher sollte man sich ohne falsche Scheu fragen, ob ein Forscherleben für die Archäologie das eigentliche Ziel sein muß oder ob es nicht auch andere Berufsfelder gibt, in denen die erworbenen Kenntnisse angewandt werden können und die ein Auskommen garantieren. Gewiß, die Beispiele erfolgreicher „Abwanderer" sind zu wenige, als daß diese Alternativen ein hoffnungsvolles Ventil darstellten. Aber immerhin bieten sich Betätigungsfelder im diplomatischen Dienst, im Journalismus, in der Öffentlichkeitsarbeit von Industrie und Banken oder im Bereich öffentlicher Kultur. Gerade heute bedarf es verstärkt einer soliden Vermittlung von Wissenschaft an ein Publikum, dessen Neugier in Interesse umgewandelt werden kann. Eine solche Wahl führt weg von der Forschung. Die Entscheidung dafür erfordert Mut, der Weg muß aber keine berufliche Sackgasse sein.

Architektur

Nach den Träumen vom Wolkenkratzer ein jäher Absturz in den Alltag

Von Mathias Schreiber

Kenntnisse in der „Sternkunde" und in philosophischer Ethik, wie sie einst der römische Baumeister Vitruv von seinen Kollegen gefordert hat, werden dem Architekturstudenten in der Bundesrepublik nicht ausdrücklich zugemutet. Dennoch greift heute noch jeder zu den Sternen, der das Architekturstudium wagt, und er braucht jene Weisheit des Philosophen, welche es schafft, Weltoffenheit mit Bescheidenheit zu verbinden. Rund siebzigtausend Architekten arbeiten zur Zeit in der Bundesrepublik; eine Zahl, die Studienanfänger entmutigen kann, erst recht, wenn sie sich vergegenwärtigen, daß mit ihnen noch rund 45 000 Studenten konkurrieren, von denen jedes Jahr knapp fünftausend die Architekturfakultäten verlassen. Als mögliche Konkurrenten kommen noch ein Teil der gut dreißigtausend Studenten des Bauingenieurwesens in Betracht, schließlich rund neuntausend „fertige" Architekten der ehemaligen DDR und – nach 1992 – etliche europäische Mitbewerber (die Zahl der jährlich ausscheidenden Architekten liegt ungefähr bei nur zweieinhalbtausend). Wer angesichts dieser astronomischen Zahlenverhältnisse sowie angesichts der zunehmenden Spezialisierung und Komplexität der Bauplanung, die ja längst auch Umweltplanung ist, nicht verzagt, muß in der Tat kühn sein wie Kopernikus und letzten Endes wohl philosophische Motive für die Wahl dieses Studienfachs haben.

Je intensiver die Ausbildung, desto größer die Berufschancen – gilt diese bewährte Relation noch, wenn die wachsende Menge der Kandidaten bei synchron schwindenden Berufsaussichten bloß noch das Bild einer gewaltigen Unübersichtlichkeit hergibt? Sind Karrieren da nicht überwiegend Zufallsprodukte? Bedenkt man die tatsächlichen Erfolgsaussichten eines durchschnittlichen Architekturstudenten, so wirkt es ziemlich aberwitzig, wenn zum Beispiel, wie es noch Ende der achtziger Jahre in der Architekturklasse von Peter Cook an der Frankfurter Städelschule geschah, unerschrocken „Wolkenkratzer für Frankfurt" gezeichnet werden. Oder wenn an der Architekturfakultät der TH Aachen, wie unlängst in der von Wolfgang Döring herausgegebenen Broschüre „projekte" belegt, Studenten wie abgebrühte Profis komplette Museen und „innerstädtische Wohnbebauungen" planen, jene Studenten, von denen die meisten später in irgendeiner Baugenehmigungsbehörde, Fertighausfirma oder Generalunternehmung landen dürften, konfrontiert mit der Überprüfung irgendeiner Tragwerksstatik oder der fleißigen

Fertigung von Fensterdetails im Rahmen der Ausführungsplanung. Unter den siebzigtausend praktizierenden Architekten erhält nur ein Bruchteil jemals die Chance, gelegentlich ein größeres Projekt selbständig planen und betreuen zu dürfen. Der Verdacht drängt sich auf: Die meisten Architekturstudenten lernen große Dinge, die sie niemals anzuwenden brauchen; andererseits versäumen sie, indem sie semesterlang von den Arbeitsdimensionen eines Le Corbusier oder Gropius träumen, das Erlernen jener spröden Kenntnisse und Kniffe, deren Anwendung später überwiegend von ihnen erwartet wird.

Hier liegt einer der Gründe dafür bereit, daß größere Architekturbüros – etwa das Stuttgarter Büro des „Olympia-Architekten" Günter Behnisch, das zur Zeit neunzig Mitarbeiter hat – nicht selten die handfester trainierten und bescheideneren Absolventen der Fachhochschulen bevorzugen und lieber auf einen „Mini-Gropius" von der Technischen Hochschule oder gar der Kunsthochschule verzichten. Andererseits dürfte klar sein: Wer nie vom Ganzen geträumt hat, wird auch bei der Detailarbeit versagen. Wie überall, so kommt es auch hier auf die bekömmliche Mischung der Perspektiven, Fächer und Fertigkeiten an. Das wissen die Hochschulen längst; nur so ist es zu erklären, daß etwa in Darmstadt auch die Fachhochschule ihre Kandidaten Kunstgeschichte und das Entwerfen jeglicher Art lehrt, andererseits die TH am selben Ort auch Tragwerkslehre, Industrialisiertes Bauen oder Statisches Entwerfen anbietet, also klassische Domänen des Bauingenieurs. Die herkömmlichen Unterschiede zwischen den technischen Anwendern und den eher künstlerischen Gestaltern sind gleichwohl geblieben. Die Darmstädter TH betont Bau- und Kunstgeschichte sowie das freie Gestalten und Zeichnen – bis hin zum Aktzeichnen – stärker als die Darmstädter Fachhochschule.

Einen Sonderweg geht – neben durchaus interessanten Experimenten einiger Gesamthochschulen wie Essen oder Kassel – die Universität Dortmund mit dem „Dortmunder Modell Bauwesen". Hier werden von Anfang an die zukünftigen Architekten und Bauingenieure gemeinsam ausgebildet, und zwar im Rahmen der konkreten Arbeit an bestimmten Bauprojekten. Geprüft wird nicht bloß zweimal, also nach dem viersemestrigen Grundstudium und dem Hauptstudium, sondern vom ersten Semester an kontinuierlich, was gleichzeitig der Konzentration dient und vom punktuell geballten Prüfungsdruck entlastet. Freilich zeigen auch die langjährigen Dortmunder Erfahrungen: So leicht läßt sich die konventionelle Arbeitsteilung zwischen den genau konstruierenden und kalkulierenden Ingenieuren einerseits und den großzügiger und selbständiger denkenden Entwerfern andererseits nicht überwinden. Ein Kenner des Dortmunder Modells schrieb unlängst: „Die Zusammenarbeit zwischen Architektur- und Bauingenieurstudenten geschieht nur unter dem Zwang der Prüfungsordnung". Die spätere Spartentrennung wird damit teilweise bloß vorweggenommen, nicht wirklich geändert.

Die größte Krise des Architekturstudiums in der Bundesrepublik liegt lange zurück: Ende der sechziger, Anfang der siebziger Jahre. Damals wurde der unwirkliche Städtebau, beispielhaft vertreten durch das monströse Märkische Viertel in Berlin, massiv kritisiert; einige Professoren, wie der seinerzeit in Berlin lehrende Stararchitekt Ungers, gaben daraufhin sogar ihren Lehrstuhl auf; die Studenten verlangten neue Studieninhalte, vor allem mehr „politisches Bewußtsein", wo sie besser nach mehr Handwerk und historischer Bildung gerufen hätten. Aus der richtigen Analyse wurden oft die falschen Schlüsse gezogen. Die Folgen sind noch heute spürbar: An der Darmstädter TH ist Kunst- und Baugeschichte nur im Grundstudium obligatorisch, später dann Wahlfach. An der Braunschweiger TH bleibt das Doppelfach Pflicht bis zum Hauptdiplom, allerdings genügt dann ein einziges Thema; das heißt: Der Kandidat kennt die Berliner Hufeisensiedlung von Martin Wagner Stein für Stein, zuckt aber bei dem Namen Palladio nur mit den Achseln. Immer noch hat sich nicht überall herumgesprochen, daß für die Bausünden der sechziger, siebziger Jahre nicht zuletzt ein Architekturstudium verantwortlich war, das im Namen einer hochfahrenden, primär technisch verstandenen Modernität, emphatisch verkündet etwa von dem Karlsruher Eiermann, jene humanen Maßstäbe vernachlässigt hat, die von der Baugeschichte überliefert werden. Große Architekten des 19. Jahrhunderts wie Semper oder Hittorff waren zugleich archäologische Entdecker auf den Spuren der griechisch-römischen Antike. Die klassische Archäologie führt im Stundenplan heutiger Architekturstudenten bloß ein Schattendasein (im Rahmen der ohnehin schwach vertretenen Baugeschichte).

Noch im frühen 19. Jahrhundert diente die Architektenausbildung überwiegend der „Vervollkommnung der Handwerker“, wie Marianne Zehnpfennig kürzlich in einem Aufsatz über die Kasseler Architekten-Akademie formuliert hat. Damals kam der Architekturstudent direkt von der Baustelle und konnte, wenn er begabt war, schon als Fünfzehnjähriger perspektivisch perfekt zeichnen und sensibel schattieren, was heute selbst Großmeister der Szene nur in Ausnahmefällen beherrschen. Gewiß fordern heute die Expansion der Allgemeinbildung und der Wissenschaften sowie die Entwicklung von Bautechnik und Bauindustrie ihre Tribute, was eine extrem frühe Praxis verhindert. Doch ist die Vorstellung so absurd, daß die Architekturzeichnung, bei der das räumliche Sehen elementar geschult wird, schon in der gymnasialen Oberstufe angeboten wird, und dies nicht nur als Sonderkurs im Rahmen der Kunstgeschichte? Abiturienten sind ja auch potentielle Bauherren. Wäre deren Geschmack besser entwickelt, sähen die deutschen Vorstädte gewiß weniger schematisch und trist aus. Räumliches Sehen ist also durchaus nicht nur für angehende Baumeister wichtig. Und wäre es wirklich falsch, wenn unsere Architekturstudenten mindestens ein Jahr Baustellenpraxis absolvieren müßten, ehe sie auf die Menschheit losgelassen werden? In Braunschweig genügen dreizehn Wochen Baustellenerfahrung, in Darmstadt sechs Monate – die Anforderungen wechseln je nach Bundesland. Die Folge ist etwas, das jeder Architekt beim abendlichen Schoppen zugibt: Ein Architekturstudent kann sich seinen Wahlfächer-Cocktail und seine spärlichen Baustellenpräsenzen so einrichten, daß er nach dem Hauptdiplom, also in der Regel nach etwa fünfzehn Semestern Studium, nicht in der Lage ist, ohne schmerzliche Pannen auch nur ein mittelgroßes Einfamilienhaus zu bauen – was übrigens aufgrund der geizigen Honorarordnung eine höchst unattraktive Bauaufgabe darstellt.

Es gibt auch Lichtblicke. Immerhin hat es vor einiger Zeit eine Darmstädter Examensarbeit geschafft, die Aufmerksamkeit der amtlichen Berliner Stadtplaner zu erregen: die Diplomarbeit „Grenze als städtebauliche Aufgabe: Berlin“, angefertigt von fünf Studenten 1989, vor der Öffnung der Mauer, am Lehrstuhl von Professor Sieverts. Darin fand man unter anderem das damals sehr aktuelle „Stadt-Modell Zusammenwachsstadt“. Nicht überall ignoriert das Studium die spätere Praxis. Überdies haben, auch das ist ein Trost, bedeutende Architekten wie Behrens oder Mies van der Rohe nie eine Hochschule von innen gesehen. Und noch etwas Positives: Die „Bauwelt“ vom 1. September 1991 enthielt elf Seiten Stellenangebote für Architekten.

Bauingenieur

Pioniere am Bau – Techniker und Manager zugleich

Von Lothar Julitz

Der Baubedarf ist riesig. Bauingenieure sind knapp, daher gesucht und – sie haben gute Berufschancen. Das Müncher Ifo-Institut hat allein für Westdeutschland, sofern „anerkannte gesellschaftliche und politische Ziele" berücksichtigt werden, bis zum Jahre 2000 einen Baubedarf von fast vier Billionen (4000 Milliarden) DM ermittelt. Das entspräche etwa dem Elffachen des Bauvolumens von 1991. Bei zunehmender internationaler Verflechtung kommen hinzu wachsende Bauaufgaben in Europa, wegen der politischen Umwälzungen vor allem in Osteuropa, in Deutschland, in der übrigen Welt besonders in den Schwellen- und Entwicklungsländern. Damit sind Bauwirtschaft, Behörden, Verwaltungen und Hochschulen vor neue Herausforderungen gestellt. Gefragt ist in zunehmendem Maße ein Bauingenieur, der den Blick nicht nur in übergreifende technische Disziplinen richtet, sondern seine Aufgaben gleichzeitig ökonomisch einzuordnen versteht. Zwar wird der „Spezialist" für bestimmte Einsatzbereiche nach wie vor gesucht sein. Die Chancen gehören indessen vor allem dem Bauingenieur, der Techniker und Manager zugleich ist.

Freude und Begeisterung am Beruf unterstellt der Vorstandsvorsitzende der Essener Hochtief AG, Enno Vocke, „Bauingenieur aus Berufung", als eher selbstverständlich. Verantwortliches Mitdenken, unternehmerische Initiative, das müsse dreimal unterstrichen werden. Wie weit das geht, erläutert Hermann Becker, Vorstandssprecher der Philipp Holzmann AG, Präsident des Hauptverbandes der Deutschen Bauindustrie: „Dem Bauen", sagt der Honorar-Professor an der Universität Karlsruhe, „haftet etwas Elementares an. Es muß immer wieder von Null angefangen werden. Hier ist Pioniergeist gefordert." Die Zukunft des Baugeschäfts gehöre dem Projektmanagement: Entwicklung, Planung, Finanzierung, Bau und Betreiben von schlüsselfertigen Anlagen wie zum Beispiel Kraftwerke, Müllverbrennungs- und Kläranlagen.

Die rund 100 000 Bauingenieure in der Bundesrepublik arbeiten in der bauausführenden Wirtschaft, freiberuflich als Beratende Ingenieure, in Architektur-, Ingenieur- und Planungsbüros, in Bauabteilungen von Industrie- und Wirtschaftsunternehmen, in der öffentlichen Verwaltung, im Hochschulbereich sowie auf Sondergebieten wie im Bergbau, im Verkehrswesen und in der Versicherungswirtschaft. In den Unternehmen des Bauhauptgewerbes,

die etwa ein Drittel der Bauingenieure beschäftigen, sind Absolventen wissenschaftlicher Hochschulen (TH, TU) eher in Großunternehmen zu finden. Demgegenüber liegt der Haupteinsatzbereich von Fachhochschulingenieuren mehr in mittelständischen und kleingewerblichen Unternehmen. Die Rangfolge der Tätigkeiten ist am ehesten mit Abwicklung und Überwachung beschrieben. Es folgen technische Bearbeitung eines Bauwerkes wie Entwurf, Statik und Konstruktion, sodann Aktivitäten in der Geschäftsführung, Entwicklung und Datenverarbeitung. Zeigt der Bauingenieur unternehmerische Qualitäten, hat er die Möglichkeit, in leitende Positionen aufzusteigen, bei Großfirmen als Niederlassungsleiter oder Vorstandsmitglied.

In freiberuflicher Tätigkeit gibt es für den Bauingenieur vielseitige Möglichkeiten, zum Beispiel als Beratender Ingenieur. Als unabhängiger Treuhänder der Bauherren hat dieser Bauwerke unterschiedlichster Art zu entwerfen und für die Bauausführung vorzubereiten. Während sich in Deutschland das Berufsbild des Beratenden Ingenieurs erst in der Nachkriegszeit entwickelt hat, gibt es demgegenüber diesen Beruf unter der Bezeichnung „Consulting Engineer" im Ausland schon sehr viel länger. Der Staatsdienst bietet dem Bauingenieur zum Teil eher Verwaltungstätigkeit, zum Teil aber auch eine Fülle dispositiver Aufgaben, in denen eine hohe Verantwortung für die Verwendung von Steuergeldern zu tragen ist.

Was ein Bauingenieur „verdienen" kann, ist – wie in anderen Berufen – nach Einsatz, Leistung, Erfahrung und Alter außerordentlich unterschiedlich. In der freien Wirtschaft kann ein Berufsanfänger zum Beispiel mit einem Diplom der Fachhochschule zwischen 60 000 und 70 000 DM im Jahr erreichen. Sein Kollege von der Technischen Universität wird es vermutlich auf etwa 10000 DM mehr bringen. Im Laufe des Berufslebens werden sich die Einkommen von Tätigkeit und Position zunehmend unterscheiden. Für den Staatsdienst kann als grober Richtwert angenommen werden, daß ein vierzig Jahre alter Diplom-Ingenieur in einfacher leitender Tätigkeit (Oberbaurat, verheiratet, zwei Kinder) 80000 bis 85000 DM im Jahr, als Amtsleiter in Straßenbauämtern 95000 DM erhält. Ein etwa gleichalter Ingenieur in Bauunternehmen könnte es in einem Großbetrieb als verantwortlicher Bauleiter auf 90000 bis 95000 DM bringen. Ist er Niederlassungsleiter, könnte das Gehalt 130000 DM erreichen; je nach Größe und Umsatz der Niederlassung können die Bezüge jedoch deutlich darüber liegen. Bei Vorstandsmitgliedern sind – je nach Größe und Ertragskraft des Unternehmens – der Phantasie kaum Grenzen gesetzt. Wer Geschäftsberichte von Großunternehmen liest, kann sich Durchschnittswerte von 800000 DM errechnen.

Da der Bestand an Bauingenieuren in Wirtschaft und Verwaltung weiter zu „überaltern" droht, da gleichsam täglich neue Aufgaben – nicht zuletzt mit der Entwicklung in den neuen Bundesländern und Osteuropa – auf die Bauwirtschaft zukommen, sind Bauingenieure auf Sicht gesucht und begehrt. So waren in der nordrheinwestfälischen Bauindustrie bereits etwa zur Mitte der achtziger Jahre fast ein Drittel aller Absolventen mit einem Fachhochschulabschluß über fünfzig Jahre alt, zwei Drittel waren über 40 Jahre alt. Allein aus Altersgründen scheiden in Westdeutschland jährlich mindestens 3000 Bauingenieure aus dem Arbeitsleben aus. Die Bauindustrie schätzt den derzeitigen Ersatz- und Zusatzbedarf allein für das Bauhauptgewerbe auf rund 1500 junge, gut ausgebildete Menschen. Wenn man davon ausgeht, daß im Bauhauptgewerbe rund ein Drittel der Bauingenieure eine Beschäftigung findet, könnte für Wirtschaft und Verwaltung der jährliche Gesamtbedarf mit rund 5000 allein in den alten Bundesländern nicht überschätzt sein. Zwar haben die Erstsemesterzahlen seit 1987/88 wieder zugenommen, jedoch bleibt sowohl in der Wirtschaft als auch in den Verwaltungen die Sorge, geeigneten technischen Nachwuchs in nicht genügender Zahl bekommen zu können.

„Alle Daten lassen erkennen, daß Bauingenieure gute Berufschancen haben", sagt der frühere Präsident des Hauptverbandes der Deutschen Bauindustrie (1979 bis 1989), Günther Herion. Gebraucht und gesucht werden sowohl Absolventen der wissenschaftlichen Hochschulen (Universitäten, TH, TU) als auch der Fachhochschulen (FH). Beide Ausbildungsgänge führen zum Abschluß mit dem Grad des Diplom-Ingenieurs. Er trägt bei einem wissenschaftlichen Studium den Zusatz TH, bei einem Fachhochschul-Abschluß den Zusatz FH. Universitäten, technische Universitäten und technische Hochschulen bilden den wissenschaftlich interessierten Ingenieur mit anwendungsbezogenen Kenntnissen aus. An der Fachhochschule erhält der Ingenieur eine anwendungsbezogene Ausbildung mit theoretischen Kenntnissen.

Voraussetzung für die Immatrikulation an den rund 40 Fachhochschulen ist in Westdeutschland das Abitur oder ein gleichwertiger Abschluß (Fachabitur). Erwünscht ist eine abgeschlossene Ausbildung in einem Lehrberuf des Bauhauptgewerbes oder als Bauzeichner. Die Ausbildung ist betont anwendungsbezogen; sie soll zugleich die dazu erforderlichen theoretischen Kenntnisse vermitteln. In einem Kernstudium werden zum Beispiel Ingenieurmathematik, Baukonstruktion, Baustoffkunde, Bodenmechanik, Baustatik, konstruktiver Ingenieurbau, Verkehrswesen und Wasserwirtschaft gelehrt. In einem ergänzenden Schwerpunktstudium sind Fächer des gewählten Studienschwerpunktes, Wahlpflichtfächer sowie Vorlesungen über Projekte des Bauingenieurwesens zu belegen. Zukünftig wird die Umwelttechnik einen weiteren Schwerpunkt bilden.

Für ein Bauingenieurstudium an einer der fünfzehn Universitäten, technischen Universitäten oder technischen Hochschulen ist in Westdeutschland Abitur und eine praktische Tätigkeit von einem halben Jahr Voraussetzung. In einer „Unterstufe" von vier Semestern hören die Studenten Grundlagenwissenschaften wie vor allem Mathematik, Physik, Mechanik, Baustoffkunde und Chemie. In der Regel mit Beginn des fünften Semesters folgt das Hauptstudium mit den Fächern konstruktiver Ingenieurbau (Baustatik, Massiv- und Stahlbau), Baubetriebslehre, Wasserbau und Verkehrswesen. Mit Beginn des siebten Semesters kann sich der Student mit einer „Vertiefungsrichtung" (konstruktiver Ingenieurbau, Wasserbau, Verkehrswesen) spezialisieren. Die Diplomarbeit soll zeigen, daß der Absolvent ein Bauwerk oder zumindest ein interessantes Teil eines Bauwerks selbständig entwerfen und ausführungsreif bearbeiten kann.

Es mehren sich die Klagen, daß besonders das wissenschaftliche Studium nicht nur stark theoriebezogen, sondern vor allem zu lang sei. Studienzeiten von zwölf bis vierzehn Semestern – ohne Promotion – sind heute eher die Regel als die Ausnahme: Die Hochschulabsolventen, heißt es, träten viel zu spät in das Berufsleben ein. Um einen Anreiz zur Verkürzung der Studiendauer zu geben, wird unter anderem vorgeschlagen, daß die Anfangsgehälter mit wachsendem Berufseintrittsalter abnehmen sollen. Das Studium insgesamt solle nicht nur praxisnäher, sondern auch mehr an wirtschaftlichen und unternehmerischen Grundzusammenhängen ausgerichtet sein. Der Statiker zum Beispiel müsse wissen, wie groß der Einfluß der Schalung oder die Wahl der Betongüte auf die Kosten sei. Gute Kenntnisse in zumindest einer Fremdsprache, die Fähigkeit zur computergestützten Bauplanung sind weitere Anforderungen an den Bauingenieur von morgen.

Bergbauingenieur

Wie die Geheimnisse dieser Erde zutage gefördert werden

Von Barbara Königs

Ohne Stein- und Braunkohle, Erdöl, Erdgas und Uran könnte der wachsende Energiebedarf der Industriegesellschaft nicht gedeckt werden. Ohne Erze und die aus ihnen gewonnenen Metalle gäbe es keine Raumfahrt und keine Großrechner. Ohne „Steine und Erden", Kalk, Sand und Kies fehlte es an Baustoffen. Diese Rohstoffvorkommen aufzuspüren, die Lagerstätten zu bewerten und abzubauen ist Aufgabe der Bergbauingenieure. Bergbauingenieur zu sein aber bedeutet mehr: Die Rohstoffe sind zu veredeln, um „marktfähig" zu werden. So werden zum Beispiel die aus der Erzgrube geförderten Erze mit nur geringem Kupfergehalt zu einem Kupferkonzentrat verhüttet. Die entstehenden Abfälle sind aufzubereiten und zu lagern, die vom Bergbau beanspruchten Flächen wieder nutzbar zu machen, zum Beispiel als Deponieraum. Schließlich ist der Bergbau-Ingenieur mehr als nur ein Techniker: Als Führungskraft ist er verantwortlich für Mitarbeiter über und unter Tage; er muß sich in der Betriebs- und Volkswirtschaft und im Berg-, Sozial- und Umweltrecht auskennen.

Die Schwierigkeiten im Steinkohlebergbau und der hierzulande auslaufende Erzbergbau haben die Attraktivität des Studiengangs zum Diplom-Bergbauingenieur negativ beeinflußt. Im vergangenen Jahr haben sich nur noch 84 Studenten an den sogenannten „ABC-Hochschulen" – der Rheinisch-Westfälischen Technischen Hochschule Aachen, der Technischen Universität Berlin und der Technischen Universität Clausthal – für diesen Studiengang immatrikuliert. Hinzu kommen im vereinten Deutschland 67 Neu-Immatrikulationen an der Bergakademie Freiberg. Die Tendenz ist weiter fallend, obwohl die Berufsaussichten gut sind. Allein den jährlichen Ersatzbedarf für die neunziger Jahre prognostiziert die Wirtschaftsvereinigung mit fünfzig bis sechzig Mitarbeitern in den klassischen Einsatzgebieten (dem Stein- und Braunkohlebergbau, dem Kali- und Salzbergbau, der Steine- und Erden-Industrie, dem Erdöl- und Erdgasbergbau sowie bei den Bergbaubehörden oder Verbänden und Organisationen). Hinzu kommen vielfältige Einsatzmöglichkeiten im Baugewerbe, bei der Wasser- und Energieversorgung, im Bereich Umwelt und Altlastensanierung, bei Berufsgenossenschaften oder geologischen Diensten. Auch im Ausland sind die jungen Ingenieure aus Deutschland gesucht, denn das Bergbaustudium an den deutschen Universitäten ist in der ganzen Welt anerkannt.

Vor der Immatrikulation an der Hochschule steht das Praktikum. Als „Bergbaubeflissener“, gemeint ist ein vom zuständigen Oberbergamt anerkannter Bewerber, lernt der zukünftige Student „unter Tage zu laufen“, wie die Bergleute sagen. 110 Schichten, also immerhin etwa fünf Monate, verbringt er unter Aufsicht der Bergbehörde im Steinkohlebergbau und in einem weiteren frei gewählten Bergbauzweig.

Für Frauen gibt es allerdings eine Sonderregelung: Eine Arbeitszeitverordnung aus dem Jahr 1938 verbietet weiblichen Arbeitnehmern, unter Tage zu arbeiten. Solange diese Verordnung noch gilt, müssen zukünftige Bergbau-Ingenieurinnen das Praktikum im Steinkohlebergbau im Ausland absolvieren. Auch im Studium arbeiten die Studenten in der Praxis. Die praktische Weiterbildung in den Semesterferien beginnt mit 30 Schichten in einem dritten Bergbauzweig; hinzu kommen 20 Schichten in den Tagesanlagen des Kohlen-, Erz- oder Salzbergbaus sowie 40 „Büroschichten“. Die Hürde über die Zentralstelle für die Vergabe von Studienplätzen (ZVS) brauchen die angehenden Bergbauingenieure nicht zu nehmen. Sie können sich direkt bei der Hochschule einschreiben, denn es gibt mehr Studienplätze als Bewerber. Unter überfüllten Hörsälen, Massenveranstaltungen und belegten Seminaren leiden die zukünftigen Bergbauingenieure nicht.

Für welche der möglichen Universitäten, Aachen, Berlin, Clausthal oder Freiberg, sich der Student nun entscheidet, überall stehen im Grundstudium naturwissenschaftliche Grundlagen – Mathematik, Physik, Chemie – und ingenieurwissenschaftliches Basiswissen – technische Wärmelehre, Elektrotechnik und Mechanik – auf dem Semsterstudienplan. Hinzu kommen, aber eher in geringem Umfang, Geo-, Rechts- und Wirtschaftswissenschaften.

Im Hauptstudium liegt die Stärke der Aachener Universität traditionell im Unter- und Übertagebergbau. Als Studienrichtungen werden „Bergbau“ und „Aufbereitung und Veredelung“ angeboten. Die Universität will die Studienrichtung Bergbau in Richtung Stein- und Erdenindustrie erweitern, dagegen soll die Lehre im Fach Untertagebergbau in Zukunft zurückgeschraubt werden. Die Studienrichtung „Aufbereitung und Veredelung“ hat sich inzwischen weit vom Bergbaustudium im engeren Sinn entfernt, sie stellt immer mehr Umweltthemen in den Mittelpunkt: Im klassischen Sinne lehrten die Professoren in den Vorlesungen zum Thema Aufbereitung, wie Stoffe (etwa Gold oder Kohle) von den „Bergen“, also vom Gestein, zu trennen sind. Das Wissen um solche Trennverfahren nutzen die Bergbauer aus Aachen heute, um Fragen der Mülltrennung zu erforschen. Ein weiterer Forschungsschwerpunkt zum Thema Müll ist zum Beispiel die thermische Verwertung von Müll.

Wie Rückstände, zum Beispiel Gips, aus der Rauchgasreinigung oder Schlacke aus den Müllverbrennungsanlagen verwertet werden können, ist hier eine typische Fragestellung. Neun Semester Regelstudienzeit sieht die Aachener Studienordnung vor, ein Semester weniger als in Berlin oder Clausthal. In der Praxis dauert es jedoch in allen drei Universitäten zwölf bis dreizehn Semester, bis die Diplomanden ihre Urkunde in den Händen halten. Die isolierte Lage Berlins führte dazu, daß die Studentenzahl hier immer sehr gering war. Es zeichnet sich ab, daß künftig eine enge Kooperation mit der Bergakademie Freiberg eingegangen wird.

Anders als die beiden Konkurrenten will die Berliner Hochschule ihre Studenten zu „Generalisten“ ausbilden. Im Hauptstudium ist es nicht möglich, sich zu spezialisieren. Betriebswirtschaftliche Fächer, Datenverarbeitung und Automatisierung, zugeschnitten auf den Bergbau, zielen im Hauptstudium darauf ab, eine breite Ausbildung zu vermitteln. Wer künftig vorhat, auf dem Meeresgrund abgelagerte Mineralien zu erschließen, dem bietet die Berliner Hochschule – einzig in der Bundesrepublik – eine Einführung in die Meerestechnik.

Erzbergbau hat es im Oberharz schon vor mehr als 1000 Jahren gegeben. Auf Initiative des Berghauptmanns Claus Friedrich wurde in Clausthal bereits im Jahr 1775 beschlossen, eine wissenschaftliche Ausbildungsstätte ins Leben zu rufen. Im Jahr 1810 wurde sie als Bergschule institutionalisiert und schließlich in den Rang einer Bergakademie erhoben. Erst im Jahr 1966 ist aus der Bergakademie die Technische Hochschule Clausthal geworden. Einmalig in der Bundesrepublik ist in Clausthal die Studienrichtung Erdöl- und Erdgasforschung mit Instituten für Erdölgeologie, Tiefbohrtechnik, Erdöl- und Erdgastechnik.

Die Bergakademie Freiberg wurde bereits 1765 im Zentrum des sächsischen Erzbergbaureviers als erste montanwissenschaftliche Lehr- und Forschungsstätte der Welt gegründet. Nach der Wiedervereinigung Deutschlands ist das Lehrangebot umstrukturiert worden, um mit den ABC-Hochschulen konkurrieren zu können. Die bisherigen Studienrichtungen, die auch weiterhin angeboten werden, sind der Unter- und Übertagebergbau, die Geotechnik, die Bohrtechnik und der Fluidbergbau. Die Bergakademie Freiberg will nicht zuletzt aufgrund der Umweltprobleme der neuen Länder einen Studienschwerpunkt Umwelt anbieten.

Nach bestandenem Diplom sind die Verdienstaussichten für die Bergbauingenieure durchaus attraktiv. Das Einstiegsgehalt eines Hochschulabsolventen im Steinkohlebergbau beziffert die Industriegewerkschaft Bergbau und Energie auf 5000 DM im Monat. In den ersten zwei bis drei Berufsjahren geht es mit der Gehaltskarriere unter Tage nicht gar so schnell bergauf: Als Schichtsteiger seien gut 5300 Mark im Monat, auf der nächsten Karrierestufe als Reviersteiger gut 5600 Mark im Monat zu verdienen, heißt es. Durchschnittlich nach etwa drei Berufsjahren schaffe der Ingenieur den Sprung zum außertariflich bezahlten Angestellten, sagt die Gewerkschaft. Das Jahresgehalt steige auf mindestens 85 000 bis 90 000 DM an.

Betriebswirtschaftslehre

Die Pragmatiker stürmen Hörsäle und Seminare

Von Bettina Schulz

Es ist still geworden an den Universitäten. Der politische Eifer, die hitzigen Debatten und die Aufruhrstimmung der sechziger Jahre sind Vergangenheit. Vereinzelt erzählten Professoren von den Revolten einer Generation, die heutige Studenten nur noch vom Hörensagen kennen. Was Studenten in den sechziger Jahren noch bewegte und mitunter auf die Straße trieb, regt heute nur noch zu gesitteter Empörung mit leicht kritischem Unterton an. Die Polit-Kultur an den Universitäten ist vorbei. Mit ihr – so scheint es – versinkt der Sinn für Reflexion. Viele Studenten wollen verschont bleiben von Fragen, auf die sie keine Antworten finden. Diskussionen philosophischen und politischen Inhalts sind selten geworden. Statt dessen konzentrieren sich immer mehr Studenten auf eher nüchterne und sachliche Fachrichtungen wie Medizin, Rechtswissenschaften oder Betriebswirtschaftslehre, die mit ihrer relativ kurzen Studiendauer und dem wenig theoretischen Lehrinhalt zügig abgeschlossen werden können. Die Furcht, die Orientierung zu verlieren, und der Blick auf den Arbeitsmarkt lassen viele Studenten Fachrichtungen wählen, die sie auf sicherem Weg in etablierte Berufe entlassen.

Haben die Studenten das Interesse an geisteswissenschaftlichen Fragen verloren, oder glauben sie, sich die zeitaufwendige und anstrengende Beschäftigung mit diesen Themen nicht mehr leisten zu können? Raubt ihnen der Wettlauf um einen möglichst schnellen und erfolgreichen Einstieg in das Berufsleben die notwendige Muße? Allein die Verlagerung des Interesses von der Volkswirtschaftslehre zeigt die zunehmende Gleichgültigkeit der Studenten gegenüber theoretischen Fragen. Viele Studenten versuchen ihr Studium möglichst effizient zu gestalten, um nach kurzer Zeit mit relativ guten Voraussetzungen eine Stelle zu finden.

Die Attraktivität des betriebswirtschaftlichen Studiums ist in der direkten Anknüpfung an das Arbeitsleben zu sehen. Selbst innerhalb der Betriebswirtschaftslehre verschiebt sich der Trend von den eher theoretischen Lehrinhalten zum Beispiel der Investitionstheorie zu mehr an der Praxis ausgerichteten Fächern. Die Universitäten folgen dieser Entwicklung. Die Bedeutung von Fächern wie Elektronische Datenverarbeitung, Steuer- und Bilanzwesen, Wirtschaftsprüfung und Marketing steigt. Die Betriebswirtschaftslehre bietet mit ihrem weiten Fächerkanon die Möglichkeit, sich gezielt auf bestimmte Wirtschaftszweige, wie die Industrie, das Kreditwesen, den Handel, das Genossenschafts- oder das Versicherungswesen, vorzubereiten. Oder es können funktionelle Fächer zur Planungs- und Organisationslehre, Steuer- und Finanzlehre, Absatzwissenschaft, Personalwesen und Datenverarbeitung sowie Marketing gewählt werden.

In manchen Universitäten werden über 30 Fachrichtungen (Spezielle Betriebswirtschaftslehre und Wahlfächer) angeboten. Dabei gelten Bonn und Karlsruhe als sehr mathematisch, Köln und München legen dagegen nach Angaben des Studienführers der wirtschaftswissenschaftlichen Fakultäten von Jörg E. Staufenbiehl mehr Wert auf Institutionenlehre und Verbalanalytik. Auch werden von immer mehr Hochschulen Auslandssemester in den Lehrplan aufgenommen. Kaum ein Fach entläßt die Studenten nach so kurzer Zeit – Durchschnittsstudienzeit elf Semester – so gezielt ausgebildet in den Beruf.

Gleichzeitig ist dieses Studium jedoch ein Sammelbecken für viele Unentschlossene, für all jene, die studieren wollen, sich aber nicht für eine Fachrichtung entscheiden können, die sich den Weg in die Wirtschaft offenhalten wollen, ohne Entscheidungen zu treffen. Denn während man sich einerseits in dem Studium der Betriebswirtschaftslehre spezialisieren kann, bleibt es einem andererseits auch unbenommen, eine eher breitgefächerte Ausbildung zu genießen und fast oberflächlich über die verschiedenen Fächer zu huschen.

So hat sich im letzten Jahrzehnt die Bewerberzahl für die mittlerweile 10 180 Studienplätze des Faches auf 20 100 erhöht und damit fast verdreifacht. Die 1977 in dem „Öffnungsbeschluß“ der Ministerpräsidenten der Länder mit 115 Prozent als zumutbar festgelegte Auslastungsgrenze wurde Ende der achtziger Jahre mit 170 Prozent weit überschritten. Viele Professoren klagten, sie würden der Lage nicht mehr Herr. Die Überlast der Studenten verstoße gegen das Recht auf eine ordnungsgemäße Ausbildung und das Grundrecht der Wissenschaftsfreiheit. Zum Sommersemester 1989 wurde dann erstmals ein Numerus clausus für das Fach Betriebswirtschaftslehre erlassen. Drei Semester dauerte dieser Zustand an. Gleichzeitig bauten die Länder in einem Sonderprogramm die Zahl der Studienplätze für Studienbeginner für das Fach Betriebswirtschaftlehre von 9000 auf gut 11 000 aus. Nachdem die Bewerbungen sogar wieder rückläufig waren, wurde im Wintersemester 1990/1991 auf einen Numerus clausus verzichtet. Doch dies währte nicht lang.

Im Oktober 1990 verkündete die Zentralstelle für Vergabe von Studienplätzen (ZVS), daß es im Sommersemester 1991 wieder einen Numerus clausus geben würde. Die Bundesländer, so die ZVS, hätten angesichts der zu erwartenden Überlast von 200 Prozent keine Möglichkeit mehr gesehen, das bisher praktizierte Verteilungsverfahren beizubehalten. Die Länder hatten nicht mit einem derartigen Anstieg der Bewerberzahlen für das Fach Betriebswirtschaftslehre gerechnet. Allein zum Wintersemester 1990/91 meldeten sich 26 500 Studieninteressenten, rund 10 000 mehr als im Jahr zuvor. Für das Wintersemester 1991/92 haben sich dagegen nur 20 100 Bewerber für 10 180 Plätze beworben.

Die Groß- und Mittelständische Industrie, Banken, Versicherungen, der Handel, Steuer- und Wirtschaftsberatende und -prüfende Unternehmen und sonstige Dienstleistungsbetriebe suchen kaufmännisch ausgebildeten, akademischen Nachwuchs. Die Hochschulabsolventen der Betriebswirtschaftslehre haben kaum Schwierigkeiten, einen Arbeitsplatz zu bekommen. So wurden in der F.A.Z. 1990 rund 1315 Anzeigen mit Stellenangeboten für Betriebswirte, 1705 für Diplom-Kaufleute, 356 für Volkswirte und 580 für Juristen veröffentlicht. Allein der Bedarf an Diplom-Kaufleuten wird langfristig auf rund 8000 Absolventen geschätzt.

Um sich den Einstieg in das Berufsleben zu sichern, schalten viele Studenten angesichts der großen Konkurrenz Gleichaltriger eine Lehre vor das Studium. Dies kommt dem Bedarf in der Wirtschaft entgegen, Universitätsabsolventen mit Berufserfahrung einzukaufen. Der um zwei bis drei Jahre verzögerte Zustrom dieser „Lehrlings-Studenten" an die Universitäten läßt die Studentenzahlen deutlicher wachsen, als dies nach der Zahl der Schulabgänger zu vermuten wäre. Rund ein Viertel der Betriebswirtschaftsstudenten, an manchen Universitäten sogar die Hälfte, haben bereits eine Ausbildung zum Bank- oder Industriekaufmann, Steuerfachgehilfen oder eine ähnliche Berufsausbildung abgeschlossen.

Auch während des Studiums suchen immer mehr Studenten den Kontakt zur Berufswelt – und dies nicht nur, um den Lebensunterhalt zu verdienen, sondern um Anschluß an die Praxis zu finden. Von den Professoren mißbilligt, von den Unternehmen bei der Einstellung begrüßt, jobbt ein großer Teil der Betriebswirtschaftsstudenten in der Industrie, im Handel, in Werbeagenturen oder in steuer- oder wirtschaftsberatenden Unternehmen. Dabei hilft die ehemals absolvierte Lehre. Mancher Student hält seine Kontakte zur Berufswelt während des gesamten Studiums und ist schon unter Vertrag, bevor er überhaupt sein Examen bestanden hat. Die Universität hat für immer mehr Studenten nur noch die Funktion, in möglichst effektiver Form auf den Beruf vorzubereiten. Das hat natürlich kaum noch etwas mit philosophischer und geisteswissenschaftlicher Lehre und Reflexion zu tun. Die Professoren sind irritiert – aber die Studenten wollen es nicht anders. Erst später beginnen sie – wenn überhaupt –, ihr vielfach übereiltes und manchmal auch unreflektiertes Studium zu bedauern.

Bibliothekswissenschaft

Lange Zeit galten sie nur als skurrile Bücherwürmer

Von Michael Knoche

„Information“ ist in unserer Gesellschaft eine Ressource von wachsender Bedeutung, und Bibliothekare sind Experten für die Beschaffung, Ordnung und Bereitstellung dieses Rohstoffs. Während früher das Buch der wichtigste physische Träger von Informationen war, stehen heute andere Publikationsformen im Vordergrund: Zeitschriftenbeiträge, Konferenzberichte, Patentschriften, audiovisuelle Medien – und vor allem: Daten in elektronischer Form. Die Zeiten sind vorbei, in denen Bibliothekare vor allem als skurrile Bücherwürmer galten.

Natürlich ist auch das Bild des dynamischen Informationsagenten einseitig. Es sieht ab von Eigenschaften, die je nach Arbeitsstelle von den Bibliothekaren gleichermaßen gefordert werden: An den Öffentlichen Bibliotheken der großen Städte zum Beispiel brauchen sie oft eher die Qualitäten von Kulturmanagern oder Sozialpädagogen, an den Universitätsbibliotheken etwas von Fachwissenschaftlern oder Verwaltungsleuten. Gefragt sind zur Zeit aber gerade die Bibliothekare in ihrer Rolle als Informationsspezialisten. Das kann man daran leicht erkennen, daß das Stellenangebot an den klassischen Bibliotheken in öffentlicher Trägerschaft stagniert, in der Privatwirtschaft jedoch zunimmt.

Findet dieser Wandel in den Ausbildungsordnungen der Fachhochschulen bereits seinen Niederschlag? Kritiker beklagen, daß die Ausbildung immer noch viel zu sehr an den „Laufbahnen“ in bestimmten Bibliothekstypen orientiert ist. Aber das Studium hat den großen Vorzug, daß es praxisnah angelegt ist und inhaltlich flexibel auf die neuen Anforderungen reagiert. So bieten die Fachhochschulen in Hannover, Köln und Stuttgart bereits integrierte Studiengänge mit der Nachbardisziplin Dokumentationswesen an.

Die Entwicklung geht dahin, die Fixierung auf bestimmte Sparten des Bibliotheks- und Informationswesens zu überwinden und aufgabenorientiert auszubilden: etwa für die Aufgabe, das verwirrend vielfältige Angebot von bibliographischen und Faktendatenbanken zu durchschauen und optimal zu nutzen – sei es im Rahmen einer Öffentlichen Bibliothek, einer Firmenbibliothek oder der Spezialbibliothek eines Universitätsinstituts. Eine andere Aufgabe, die die gewachsenen Grenzen in Frage stellt, ist zum Beispiel die Pressedokumentation in einem großen Medienkonzern. Eine Stelle dieser Art wird nur der ausfüllen können, der von Archiv-, Bibliotheks- und Dokumentationstätigkeit gleichermaßen etwas gelernt hat.

Achtzig Prozent der mehr als zweitausend Bibliothekstudenten in der Bundesrepublik Deutschland wollen „Diplom-Bibliothekar" werden. Sie alle müssen heutzutage noch vor Beginn der Ausbildung eine anachronistisch anmutende Grundentscheidung treffen: zwischen der Fachrichtung Öffentliches oder wissenschaftliches Bibliothekswesen. Abgesehen von der Frage, was einem persönlich erstrebenswerter erscheint – zum Beispiel die Benutzerberatung in einer Stadtteilbibliothek oder die Beschaffung ausländischer Wissenschaftsliteratur in einer Universtitätsbibliothek –, hat diese Wahl auch Konsequenzen für den Rechtsstatus während der Ausbildung. Im ersten Fall bewirbt man sich – allgemeine Hochschulreife vorausgesetzt – direkt bei einer der sechs Fachhochschulen für Bibliothekswesen. Studienorte können Hamburg, Berlin, Köln, Bonn, Stuttgart oder Leipzig sein. Sofern man den Numerus clausus überwindet (zur Zeit etwa bei 2,6) oder eine Wartefrist erfüllt hat, wird man als ordentlicher Student immatrikuliert und kann Vorlesungen besuchen. Die Zulassungsbedingungen sind zur Zeit an der Leipziger Fachschule für Bibliothekare und Buchhändler (Bertolt-Brecht-Straße 1, 0-7024 Leipzig, Telefon 0037/41/2311202) besonders günstig.

Anders ist die Lage für die Studierenden der Fachrichtung wissenschaftliche Bibliotheken. Ihre Ausbildung ist heute (außer in Hamburg, Hannover und Leipzig) nicht als freies Studium, sondern als Vorbereitungsdienst für eine Beamtenlaufbahn konzipiert. Die Zulassungskriterien sind von Land zu Land unterschiedlich. Manchmal kommt es hauptsächlich auf die Abiturnote an (sie sollte nicht schlechter als 2,1 sein), manchmal ist ein Probepraktikum an der künftigen Ausbildungsbibliothek entscheidend. Meistens erreichen nur zehn Prozent der Bewerber das Ziel und werden zu „Bibliotheksinspektor-Anwärtern" ernannt. Diese „verbeamteten Studenten" absolvieren in der Regel ein Jahr lang ein Praktikum an einer Universitätsbibliothek, bevor sie sich für zwei weitere Jahre an einer Fachhochschule theoretisch mit dem Tätigkeitsfeld beschäftigen. Unterrichtsfächer sind zum Beispiel Bibliographienkunde, Medienbeschaffung, Katalogisierung, Benutzungsdienste, elektronische Datenverarbeitung. Die Bewerbung ist in der Regel direkt an die nächstgelegene wissenschaftliche Bibliothek zu richten.

Der Vorteil des „freien" Studiums liegt auf der Hand: Es ist weniger verschult. Der Zugang ist leichter, aber der Übergang in den Beruf schwieriger. Wenn es Arbeitslose im Bibliotheksbereich gibt, dann vor allem Absolventen der Fachrichtung Öffentliches Bibliothekswesen. Auf diesem Sektor liegt die Arbeitslosenquote derzeit bei etwa zehn Prozent. Wer dagegen den Sprung ins wissenschaftliche Bibliothekswesen einmal geschafft hat, braucht sich in der Regel keine Sorgen um seine berufliche Zukunft zu machen. Allerdings bleibt den Bibliotheksinspektoren bei der ausgeprägten Beamtenhierarchie in den Traditionsbibliotheken der Aufstieg in Top-Stellen verwehrt. Da haben es wiederum die Bibliothekare an den Öffentlichen Bibliotheken besser: Sie sind – als Angestellte – nicht den starren Laufbahnvorschriften unterworfen und können durchaus auch mit Leitungsaufgaben betraut werden.

Der Königsweg zu einem Bibliotheksberuf führt jedoch nicht über einen Diplom-Studiengang, sondern ein Referendariat im Anschluß an ein Universitätsstudium. Auch dies ist eine verwaltungsinterne Ausbildung mit hohen Zulassungshürden. Bundesweit stehen pro Jahr kaum mehr als 30 Stellen zur Verfügung. (Diese Zahl wird sich in den kommenden Jahren leicht erhöhen). Hauptkriterium bei der Auswahl ist eine attraktive Studienkombination, möglichst mit Promotion abgeschlossen. Welches Fach gerade als besonders attraktiv gilt, hängt vom aktuellen Bedarf ab. Geisteswissenschaftler sind heute im Gegensatz zu früher nur noch zu etwa 40 Prozent unter den Auserwählten.

Die Ausbildung gliedert sich in ein einjähriges Praktikum und in ein einjähriges Studium an einer der drei Ausbildungsstätten in Köln, Frankfurt am Main oder München. Nach bestandenem Staatsexamen können die „Bibliotheksassessoren“ als Fachreferenten in wissenschaftlichen Bibliotheken tätig werden. Sie entscheiden dann über die Auswahl der anzuschaffenden Literatur, sind zuständig für ihre inhaltliche Erschließung und betreiben fachliche Informationsarbeit auf bestimmten Wissenschaftsgebieten. Das sind Aufgaben, die ohne Kenntnisse aus einem Universitätsstudium nicht auszufüllen sind. Den Beamten dieser Stufe sind auch die höheren Verwaltungsaufgaben – das heißt die Abteilungsleiter- oder Direktorenstellen in den Bibliotheken – vorbehalten.

Es ist eine deutsche Eigenart, daß im wissenschaftlichen Bibliothekswesen nur der etwas werden kann, der durch das Nadelöhr des Vorbereitungsdienstes für eine Beamtenlaufbahn gegangen ist. Die Versuche, über die Universitätsdiziplin Bibliothekswissenschaft den Beruf auch für andere qualifizierte Bewerber zu öffnen, sind bei uns immer wieder gescheitert. In den angelsächsischen und osteuropäischen Ländern ist das anders. Dort konnte sich das Fach „library science" oder „bibliotekovedenie" an den Universitäten erfolgreich etablieren. In den Vereinigten Staaten wird an mehr als zwei Dutzend Universitäten der Doktorgrad in Bibliothekswissenschaft verliehen. Das Institut für Bibliothekswissenschaft und Wissenschaftliche Information der Humboldt-Universität Berlin könnte eine solche Alternative anbieten, wenn sein Ausbildungskonzept von den politischen Gremien akzeptiert und dauerhaft abgesichert wird.

Denn ohne eine akademische Präsenz der Bibliothekswissenschaft klafft eine bedenkliche Lücke im Ausbildungssystem. Dem Fach fehlt sonst der universitäre „Überbau", über den die meisten anderen Fachhochschuldisziplinen – von der Betriebswirtschaftslehre bis zur Musik – mit guten Gründen verfügen. Es geht nicht nur um eine andere Art von Studium, wie sie an der Universität möglich ist, sondern auch um die fehlenden Forschungskapazitäten.

Bei der Dynamik, die den Bibliotheks- und Informationsbereich insgesamt erfaßt hat, erscheint diese Fehlentwicklung aber korrigierbar. So gehen neueste Überlegungen dahin, einen universitären Aufbaustudiengang einzurichten, der fortgeschrittene Studierende in Konkurrenz zu den Referendaren für den Einsatz in Bibliotheken vorbereitet. Wie dem auch sei, interessierte Studenten finden auf jeden Fall ein Feld vor, das in spannenden Entwicklungen begriffen ist und das zu bearbeiten sich lohnt.

Biologie

Heute bestimmen sie nicht mehr Pflanzen, sondern klonieren Gene

Von Annelies Furtmayr-Schuh

„Wer eine feste Vorstellung von seinem künftigen Arbeitsplatz hat, sollte Biologie nicht studieren", rät L. Horst Grimme von der Universität Bremen. Der Wissenschaftler und Generalsekretär des europäischen Biologenverbandes (E.C.B.A.) empfiehlt das Biologiestudium den Mutigen, denen, die Freude haben am Aufdröseln lebendiger Strukturen, aber es auch gleichzeitig ertragen können, einer ungewissen Zukunft entgegenzusehen. Denn niemand vermag heute zu sagen, wo Biologen in fünf Jahren tätig sein werden.

Die Biologie, die Wissenschaft von den Lebewesen, deren Lebensäußerungen und von den lebenden Systemen, hat in den letzten Jahren ihren größten Erkenntniszuwachs erzielt. Aus den klassischen biologischen Fächern Botanik, Zoologie und Mikrobiologie entwickelten sich etwa 50 verschiedene eigenständige Einzelwissenschaften – wie Biochemie, Entwicklungsbiologie, Gentechnologie, Molekularbiologie, Neurobiologie, Ökologie, Physiologie oder Verhaltensbiologie, um nur einige zu nennen. Gestützt auf das methodische Instrumentarium der Physik, Chemie und Mathematik wurde aus der beobachtenden und beschreibenden Biologie eine experimentell ausgerichtete Wissenschaft. Darüber hinaus finden biologische Erkenntnisse in vielfältigster Weise Anwendung in medizinischen und technischen Bereichen. Je nachdem, welche der „Biowissenschaften" an den 45 westdeutschen und den hinzugekommenen sechs ostdeutschen Hochschulen vertreten sind, an denen Biologie studiert werden kann, unterscheiden sich die Studienpläne.

Das Biologiestudium selbst befindet sich im Umbruch. Bis in die Mitte der 70er Jahre studierten vor allem angehende Gymnasiallehrer Biologie. Heute bilden die Hochschulen überwiegend Diplombiologen aus. Die Zahl der Diplomabschlüsse in der Biologie hat sich in der Zeit von 1975 bis 1988 von 643 auf 2423 vervierfacht. Demgegenüber haben im Fach Chemie 1988 nur doppelt so viele diplomiert wie 1975 – 2485 gegenüber 1230. Und die Zahl der Diplomphysiker stieg lediglich von 1234 auf 2106 im selben Zeitraum. Die Biologie ist somit innerhalb der naturwissenschaftlichen Fächer neben der Chemie das beliebteste Fach.

Das Biologiestudium für das Lehramt ist breit angelegt und umfaßte vor allem die Biologie der Organismen, also die klassischen biologischen Fächer. Nur eine Minderheit, etwa zwei Prozent, der Biologiestudenten schaute früher über den Zaun der eigenen Fakultät und studierte Fächer wie Biochemie, die damals nur bei den Chemikern oder Medizinern zu finden waren. Heute ist Biochemie neben Mikrobiologie und Molekulargenetik der Renner des modernen Biologiestudiums. Diplombiologen mit dieser Fächerkombination haben auch derzeit (noch) gute Chancen.

„Was soll ich mit dem Blümchen-Bestimmungskurs", fragt sich gelangweilt ein Biologiestudent in München, »schließlich will ich Molekulargenetiker werden." Und eine protein-chemisch arbeitende Doktorandin am renommierten Institut für Genetik der Universität Köln bedauert: „Ich finde es schade, daß wir modernen Biologen nicht einmal mehr die Pflanzen und Tiere am Wegesrand beim Namen kennen." Beide Aussagen sind Symptome des Umbruchs. Wer heute Biologie studieren will, muß sich für eine von zwei großen Richtungen entscheiden – die Zell- und Molekularbiologie oder die Organismenbiologie. „Die gesamte Biologie läßt sich in einer Studienzeit mit vernünftiger Länge nicht mehr lehren", erklärt Widmar Tanner, Pflanzenphysiologe an der Universität Regensburg. „Es sei denn, wir bilden Leute aus, die auf allen Gebieten nur mehr Bruchteile von Halbbildung aufweisen."

Ein auf die Chemie ausgerichtetes Biologiestudium bietet bereits seit den 60er Jahren die Technische Universität in München. Das Biologie-Diplom dieser vormaligen Ingenieurschule ist bundesweit bei den Firmen begehrt, wie eine Umfrage bei 100 Personalchefs erbrachte. Gleichermaßen schätzen die Unternehmen Biologie-Diplome der Universitäten Bonn, Erlangen, Heidelberg und Tübingen.

Im Norden, an der jungen Universität Bremen, wird der Fachbereich Biologie auf andere Weise dem wissenschaftlichen Fortschritt gerecht. Hier darf sich der Student nicht zu früh spezialisieren. Egal, ob er oder sie später Molekularbiologe(in), Ökologe(in) oder Zoologe(in) werden will, studiert er oder sie anfangs möglichst viele biologische Fächer, „damit er (sie) im Kern Biologe(in) bleibe".

Im Bereich der Zell- und Molekularbiologie bieten gute Studienmöglichkeiten alle jene Hochschulen, die sich in enger Nachbarschaft zu Max-Planck-Instituten befinden. Deren Forscher lehren meist auch an der Universität des Ortes. Die Fächer der klassischen Biologie hingegen sind hervorragend vertreten an den Universitäten, die auf eine lange Tradition etwa in Botanik und Zoologie zurückblicken. Die modernen Fächer fassen dort meist erst langsam Fuß.

Vor dem Zugang zum Biologiestudium – einem harten Numerus-clausus-Fach in Deutschland – sitzt der Computer der Zentralstelle für die Vergabe von Studienplätzen (ZVS) in Dortmund. Von 8897 Bewerbern im Wintersemester 1990/91 erhielten 4201 einen Studienplatz. Die Studienplätze für das Lehramt vergeben in den meisten Bundesländern noch die Hochschulen

selbst. 60 Prozent der Studienplätze verteilt der ZVS-Computer nach dem Notendurchschnitt im Abitur und 40 Prozent nach Wartezeiten. Jeder Studienbewerber steht somit auf zwei Ranglisten im Rechner eingespeichert.

Das Grundstudium wird an allen Universitäten für die angehenden Diplombiologen zur Stunde der Wahrheit. Physik, Chemie, Mathemathik müssen statt der erwarteten biologischen Fächer in erster Linie bewältigt werden, also naturwissenschaftliche Fächer, die der Student mit der Wahl des Biologiestudiums eigentlich „als zu abstrakt" umgehen wollte. Doch auch hier zeigt sich ein Wandel. Das Biologiestudium, bislang das „dünnste Brett" unter den experimentellen Naturwissenschaften, fasziniert zunehmend auch mathematisch begabte junge Leuten, zumal die Chemie an einem Imageverlust leidet. Immerhin gewinnen Chemieprofessoren bereits den Eindruck, daß die Intelligentesten nicht mehr Chemie, sondern Biologie studieren.

Doch was nützt alle Intelligenz, wenn Deutschlands Biologen beim Verlassen der Universität bereits zu alt sind? Wissenschaft ist für den Nobelpreisträger Niels K. Jerne eine Aktivität junger Leute. Und die Nobelpreise für Medizin und Physiologie der letzten vier Jahre geben dem Gründungsdirektor des Instituts für Immunologie in Basel recht. An Wissenschaftler dieses Forschungsdorados für Biologen, das der Chemiekonzern F. Hoffmann La-Roche AG mäzenatisch unterhält, gingen drei der begehrten Preise, zwei davon an sehr junge Forscher. So entdeckt der deutsche Biologe Georges Köhler mit 28 Jahren die monoklonalen Antikörper, und der japanische Molekularbiologe Susumu Tonegawa war Anfang Dreißig, als er in Basel das Rätsel der Antikörpervielfalt löste.

Doch der promovierte deutsche Biologe steht erst mit 30 Jahren auf eigenen wissenschaftlichen Füßen. Seine englischen und amerikanischen Kollegen sind vier Jahre jünger, wenn sie den Doktorhut erhalten.

Damit deutsche Forscher im internationalen Wettbewerb nicht auf den zweiten oder dritten Rang abrutschen, ist im Wintersemester 1989/90 an der Universität Regensburg ein achtsemestriger Modellstudiengang angelaufen. An der dortigen Fakultät Biologie kann das Diplom in Biochemie nebst Diplomarbeit innerhalb von acht Semestern erworben werden. Mit äußerst skeptischen Blicken verfolgen die 22 biologischen Fachgesellschaften den ostbayerischen Versuch der Studienzeitverkürzung. Derzeit verweilen deutsche Biologiestudenten durchschnittlich 12,4 Semester an ihrer Alma mater.

Wen wundert's. Ist doch ein Charakteristikum des bundesdeutschen Biologiestudiums der Massenandrang in den experimentellen Fächern – die Schlacht um die Praktikumsplätze. Am angesehenen Kölner Institut für Genetik, das in den 60er Jahren Max Delbrück, der Vater der deutschen Molekularbiologie, gründete, schafft es heute kein Student, nach dem Vordiplom einen Platz im Großpraktikum zu ergattern. Ein Semester muß jeder warten, viele warten sogar zwei. Der mit 48 Plätzen ausgestattete Großpraktikums-Saal in Köln muß über 100 Studenten aufnehmen. Andere Universtitäten nennen ähnliche Zahlen. So werden alternierende Wochenschichten „gefahren" und aus Zeitgründen die Experimente, die sich jeder Student selbst erarbeiten sollte, zu Kochrezepten verkürzt. Daß darunter die Qualität der späteren Forscher leidet, steht außer Frage.

Die Verpflichtung der Hochschullehrer, Studentenmassen durch die Universität zu schleusen, verhindert zudem, daß besonders interessierte Studenten bei einem Forscher ihrer Wahl diplomieren können. So klagt Klaus Rajewsky von der Kölner Genetik: „Wenn höchst motivierte junge Leute extra nach Köln kommen, weil sie hier ihre Diplomarbeit machen wollen, und ich muß immer wieder sagen, daß kein Platz frei ist, so ist das eine äußerst traurige Situation."

Chemie

Von der Lust am Experiment mit der Natur der Stoffe

Von Rainer Flöhl

Die Chemie ist wie eh und je eine faszinierende Wissenschaft, doch das Studium, das sich im Umbruch befindet, vermag dies kaum zu vermitteln. Da, von örtlichen Ausnahmen abgesehen, für das Fach Chemie kein Numerus clausus besteht, ist die Zahl der Anfänger 1989 mit über 6000 weiterhin sehr hoch. Allerdings werden sich längst nicht alle in diesen Studiengang gesetzten Hoffnungen erfüllen. Nach wie vor geben bis zu 50 Prozent der Anfänger in den ersten Semestern auf. Die Anforderungen sind hoch, und zudem ist gerade für dieses Fach von Anfang an auch ein gewisses Talent zum Experimentieren erforderlich – Neigung und Neugier allein reichen nicht aus. Hinzu kommt die vergleichsweise lange Studiendauer, die viele abschreckt. Für eine Position in forschungsintensiven oder forschungsorientierten Bereichen ist nach wie vor die Promotion erforderlich. Allerdings geht die Bereitschaft, größere Belastungen auf sich zu nehmen, mehr und mehr zurück. Promovierten einst über 95 Prozent der Diplom-Chemiker, so ist dieser Anteil inzwischen auf 83 Prozent gesunken (während er bei den Physikern steigt).

Wer allerdings als einer von den mittlerweile über 1500 Chemikern jährlich die Hürde der Promotion genommen hat, dem eröffnen sich vielfältige Chancen in der Forschung, in der Anwendungstechnik, in Vertrieb und Organisation, in der Dokumentation oder in der Wissenschaftspublizistik. Rund die Hälfte der Chemiker geht in die chemische Industrie, die übrigen bleiben an den Hochschulen oder wechseln zu Forschungsinstituten, Behörden oder in andere Wirtschaftzweige sowie ins Ausland über. Die Möglichkeiten der Chemie haben sich in den letzten zehn Jahren erheblich erweitert. Zu den klassischen Zweigen der Chemie, der anorganischen, der organischen, der physikalischen und der technischen Chemie, sind inzwischen zahllose in die Physik oder in die Biologie hineinreichende Gebiete hinzugekommen: physikalische Analytik, Werkstoff- und Materialforschung, Polymer- und Kolloidchemie, Elektrochemie, Umweltschutz und Rohstoffversorgung, Biochemie und supramolekulare Chemie, Biotechnologie und Gentechnik. Mehr und mehr dringen schließlich komplizierte analytische Verfahren und die Computer in die Chemie ein, was zusätzliche Arbeitsfelder erschließt.

Diese Vielfalt erschwert aber zunehmend die Ausbildung. Die Anforderungen steigen, die Studentenzahlen nehmen zu, gleichzeitig stagnieren die finanziellen und personellen Ressourcen, wenn sie sich nicht gar verschlechtern. Der Gerätepark veraltet, neue Methoden können nicht zügig genug eingeführt werden. Die Qualität des Studiums muß – ebenso wie die der Forschung – zwangsläufig darunter leiden.

Doch auch das klassische Konzept der Ausbildung gerät zunehmend in Bedrängnis. Beschwörend forderten die Präsidenten der Gesellschaft Deutscher Chemiker (GDCh) in der letzten Zeit ein neues Bild und Selbstverständnis des Chemikers. Er müsse eine größere Sachkunde in rechtlichen und toxikologischen Fragen erwerben, in chemischen Dingen aber gleichzeitig seine überragende Kompetenz beibehalten, was eine zusätzliche Ausweitung der Ausbildung erfordert. Dennoch, so meinen führende Chemiker, müsse – von der technischen Chemie, die meist zum Diplom-Ingenieur führt – die Einheit des Studienganges beibehalten werden. „Einheit in der Vielfalt" heißt deshalb die Devise. Ob das auf Dauer gelingen wird, ist fraglich. Die Biochemie hat sich an einigen Hochschulen bereits selbständig gemacht. An vier Universitäten gibt es schon einen eigenen, zum Diplom-Biochemiker führenden Studiengang. Andere Hochschulen wollen folgen, denn der Andrang zu dieser Variante des Chemiestudiums ist so groß, daß ein Numerus clausus besteht. Allerdings wird vielfach bezweifelt, ob dieser Weg eine allgemein brauchbare Lösung ist. Daß einer der jüngsten Nobelpreisträger, der je diese Auszeichnung erhielt, Hartmut Michel, in Tübingen das Biochemie-Diplom gemacht hat, entkräftet diesen Einwand nicht. Die Befürchtung, daß mehr Biochemiker ausgebildet als benötigt werden, kommt nicht von ungefähr. Zudem zeichnete sich die Chemieausbildung in Deutschland lange dadurch aus, daß die Absolventen in der Chemie – und darüber hinaus – geradezu universell verwendbar waren. Die anhaltende Auffächerung der Chemie macht dieses Prinzip zwar zunehmend fragwürdig, das bedeutet aber noch nicht, daß der einheitliche Studiengang aufgegeben werden müßte. Mit Recht wird daher ein stärkerer Wettbewerb zwischen den Hochschulen gefordert. Sie sollen Schwerpunkte bilden und ihr Unterrichtsangebot differenzieren. Diese Bestrebungen laufen darauf hinaus, das weitgehend verschulte und standardisierte Grundstudium bis zum Vordiplom zu intensivieren. Es soll, wie bisher, in vier Semestern die grundlegenden Kenntnisse und Fähigkeiten vermitteln, für die Chemie ebenso wie für die Physik, die an Bedeutung eher noch zunehmen wird. Dieser Abschnitt endet mit der Vordiplomprüfung. Daran schließt sich das Hauptstudium an, das mit der mündlichen Diplomprüfung und der Diplomarbeit endet. Dieses Hauptstudium, das traditionell der Einübung des organisch-chemischen präparativen Handwerks diente, also zur Kunst der Synthese führen sollte, wird sich zunehmend ausfächern. Je nach den lokalen Gegebenheiten, vor allem aber den Bemühungen der einzelnen Hochschullehrer entsprechend, werden sich neue fachliche Schwerpunkte herausbilden, die um die Studenten konkurrieren. Vorteile

werden dabei solche Arbeitsgruppen haben, die interdisziplinär ausgerichtet sind.

Ein Beispiel dafür ist das Frankfurter Modell. Es gilt heute bereits als richtungweisendes Konzept für Forschung und Lehre in der organischen Chemie, die sich hier zur Biologie öffnet. Ziel ist der interdisziplinär denkende Chemiker, der biologische Wirkstrukturen erkennen, optimieren und – chemisch oder biologisch – zugänglich machen kann. Es handelt sich um eine Kombination von organischer, biologischer und medizinischer Chemie mit Kristallographie, Computertechnologie und kernmagnetischer Resonanzspektroskopie (oder Röntgenstrukturanalyse). Solche Einrichtungen setzen allerdings voraus, daß die Hochschullehrer selbst mobiler werden. Nicht von ungefähr wird davon gesprochen, daß man heute „Ausbildung von morgen mit den Mitteln von gestern" betreibe: Gewiß, es fehlt häufig an Mitteln und Personal, es mangelt aber weithin auch an Initiative und Zivilcourage.

Auf die Dauer des Chemiestudiums sollten sich die anstehenden Reformen eher günstig auswirken. Je früher der Student sich für eines der Gebiete der Chemie entscheiden kann, um so intensiver dürfte er sein Studium betreiben. Vielleicht fördert diese unerläßliche stärkere Differenzierung auch den Hochschulwechsel. Gute Studenten sollten sich auch gute Lehrer suchen, zumal dies die Karriere befördert. Nach wie vor bevorzugten die Chemieunternehmen Doktoranden, die aus bestimmten Arbeitskreisen kommen. So gesehen, sagt die durchschnittliche Studiendauer an einer Hochschule wenig über deren Niveau aus. Insgesamt gilt aber, daß die „schnelleren" auch eher die

„besseren" Hochschulen sind, wobei die kleineren Universitäten und Neugründungen wie Bayreuth oder Regensburg gut im Rennen liegen. Die Studiendauer lag 1989 – auf alle 45 Hochschulen bezogen – bis zum Diplom bei knapp unter 13 Semestern, bis zur Promotion bei 20 Semestern. Allerdings gibt es Hochschulen mit Studenten, die nur 8 bis 10 Semester bis zum Diplom brauchen.

Die Berufsaussichten der jungen Chemiker sind günstig, in der Industrie und auch an den Hochschulen wird der Bedarf eher zunehmen, zumindest solange die Konjunktur anhält. Die jährlichen Mindestbezüge für Anfänger mit Promotion liegen in der chemischen Industrie derzeit bei 75 000 DM.

Die Entscheidung zum Chemiestudium sollte jedoch nur bedingt von solchen wirtschaftlichen Überlegungen abhängen. Gute, einfallsreiche Chemiker sind zu allen Zeiten gefragt. Ihr Angebot läßt sich nicht beliebig vergrößern. Das Studium erfordert eine Kombination von Eigenschaften, die zwangsläufig den Kreis der Erfolgreichen begrenzen. Da sich die Chemie mit der Natur der Stoffe und ihrer Umwandlung befaßt, ist ein Hang zum Experimentieren unerläßlich. Da sich chemische Aufgaben oft lange der Lösung widersetzen, sind Ausdauer und Belastbarkeit, also Zähigkeit, gefordert. Das Studium setzt daher Leistungsfähigkeit und Leistungsbereitschaft voraus. Wichtig sind außerdem eine Begabung zum räumlichen Denken und ein geschultes Gedächtnis.

Zuallererst bedarf es einer aufgeschlossenen inneren Haltung zur Chemie. Wer die Chemie nur als den großen Verderber sieht, wird sie kaum erfolgreich betreiben können. Dies bedeutet nicht, sich unkritisch mit allem abzufinden, was die Chemie treibt. Die Sensibilität für die Folgen ihres Tuns ist in der letzten Zeit bei Chemikern in Hochschule und Industrie zwar gewachsen, aber es ist noch viel zu tun, um das Vertrauen der Öffentlichkeit zurückzugewinnen. Ein selbstkritischer, ohne Scheuklappen ausgebildeter Nachwuchs könnte viel dazu beitragen, die mißliche Situation zu verbessern.

Elektrotechnik

Die Elektronik erschließt dem Ingenieur ganz neue Wege

Von Doris Larmann/Gotthard Graß

In jedem Wintersemester nehmen einige tausend junge Leute ein Studium der Elektrotechnik auf. Eines haben sie gemeinsam: ein ausgeprägtes Interesse an Mathematik und Physik. Dabei kommt es nicht so sehr darauf an, ob jemand bereits in der Schule die einschlägigen Leistungskurse belegt hat; vielmehr muß die Bereitschaft vorhanden sein, sich intensiv mit diesen Fächern auseinanderzusetzen und bei Studienbeginn – wenn nötig – auch schulische Lücken aufzuarbeiten. Die meisten Universitäten bieten Vorkurse an, in denen vorhandenes Wissen in Mathematik aufgefrischt oder Defizite behoben werden können.

Je nach Schulabschluß kann man Elektrotechnik an technischen Hochschulen, einer Universität oder einer Fachhochschule studieren. Die beiden ersten Einrichtungen setzen das Abitur voraus. Das theoretisch-wissenschaftlich geprägte Studium zum Diplom-Ingenieur ist dort auf zehn Semester angelegt, davon vier Semester Grundstudium, vier Semester Fachstudium und je ein Semester für Prüfungen und Diplomarbeit. 25 Semesterwochenstunden sind die Regel. Eine anschließende wissenschaftliche Arbeit mit Promotion zum Dr.-Ing. verbessert zwar die Karrierechancen in bestimmten Aufgabengebieten, dauert aber noch einmal einige Jahre.

Schneller in den Beruf kommen Absolventen einer Fachhochschule, bei denen die Regelstudienzeit sechs Semester beträgt. In Bayern und Baden-Württemberg kommen zu diesen sechs Semestern noch zwei sogenannte Industriesemester hinzu. Auch in den fünf neuen Ländern wird es in Zukunft sowohl Fachhochschulen als auch Universitäten geben, die Elektroingenieure ausbilden.

Neben diesen traditionellen Wegen zum Elektroingenieur gibt es seit einigen Jahren auch die Möglichkeit, sich an einer Berufsakademie zum Diplom-Ingenieur (BA) ausbilden zu lassen. Die insgesamt dreijährige Ausbildung, zu der die allgemeine oder fachgebundene Hochschulreife Voraussetzung ist, wird je zur Hälfte an der Berufsakademie und in einem Ausbildungsbetrieb vorgenommen. Diese Möglichkeit ist bisher jedoch nur auf wenige Bundesländer beschränkt.

An allen Universitäten und Fachhochschulen wird ein Praktikum verlangt. Allerdings gibt es, was die Anforderungen an dieses Industriepraktikum betrifft, teilweise erhebliche Unterschiede. Die Universitäten verlangen

26 Wochen Praktikum, das zum Teil vor Beginn des Studiums abzuleisten ist. Auf jeden Fall sollte sich der Interessent rechtzeitig bei der Hochschule seiner Wahl erkundigen, welche Bestimmungen für das Praktikum gelten. Die praktische Ausbildung der Fachhochschulingenieure dauert im allgemeinen ein Jahr. Je nach Bundesland kann diese Zeit im Rahmen der schulischen Vorbildung nach der Schule als Betriebspraktikum oder auch – wie in Bayern und Baden-Württemberg – integriert in das Studium als Praxissemester absolviert werden.

Vor Beginn des Studiums sollte bei der ausgewählten Hochschule nach den Anforderungen für das Praktikum und danach, welcher Nachweis anerkannt wird, gefragt werden. Dort kann man auch erfahren, unter welchen Voraussetzungen und in welchem Umfang die Bundeswehrzeit auf das Praktikum angerechnet wird. Die Praktikantenstelle muß sich – abgesehen von den Fachhochschulen mit Industriesemester – jeder rechtzeitig selbst besorgen. Vor dem Studium kann man beispielsweise beim Arbeitsamt oder bei der Industrie- und Handelskammer nach Betrieben fragen, die Praktika anbieten. Während des Studiums ist der Fachberater an der Hochschule der richtige Ansprechpartner.

Die Studienpläne der Elektrotechnik an den technischen Hochschulen und Universitäten sind im Grundstudium, das heißt in den ersten vier Semestern, recht ähnlich. Wesentliche Inhalte des Grundstudiums sind Mathematik, Grundlagen der Elektrotechnik, Elektronik, Technische Mechanik, Konstruktionslehre, Werkstoffkunde und Informatik. Ähnlich ist daher in vielen Fällen auch das Vorexamen, mit dem das Grundstudium abschließt, so daß dieses in der Regel wechselseitig anerkannt ist. Damit ist ein Studienortwechsel nach dem Vorexamen ziemlich problemlos möglich. Das Fachstudium erlaubt ein individuelles Studium mit bestimmter inhaltlicher Ausrichtung, beispielsweise auf die elektrische Informationstechnik (Nachrichtentechnik), elektrische Energietechnik, Automation und Datenverarbeitungstechnik. Die Zahl und Art der Vertiefungsrichtungen sind sehr unterschiedlich. Selbstverständlich kann man aber auch auf eine Spezialisierung verzichten und „Allgemeine Elektrotechnik" studieren. Dieses Fachstudium bietet eine breite Ausbildung und eröffnet vielfältigere Möglichkeiten zum Berufseinstieg.

Das Studium der Elektrotechnik unterliegt gerade auf diesem Gebiet einer ständigen Aktualisierung. Elektronik, Mikroelektronik, Digitaltechnik und Informatik durchsetzen alle Bereiche und stellen heute wesentliche Bestandteile des Studiums dar. Die früher vor allem „hardwaremäßige" Ausrichtung der Elektrotechnik wird immer stärker durch „Software-Komponenten" ergänzt. Die starke Verknüpfung der Fragestellungen der modernen Elektrotechnik und die gemeinsamen Techniken sorgen dafür, daß die Teilbereiche inhaltlich fest zusammengehalten werden.

An den Fachhochschulen sind die Verhältnisse ähnlich. Ein Vorexamen findet nach dem kürzeren Grundstudium nach zwei oder drei Semestern statt. Die Vorexamen sind allerdings unterschiedlicher, so daß ein Hochschulwechsel etwas schwieriger ist und auch seltener vorkommt. Sehr oft ist das Studium von vornherein auf eine bestimmte Vertiefungsrichtung angelegt, hat also nicht den breiten gemeinsamen Sockel wie die Ausbildung an einer technischen Hochschule oder Universität.

Ein Wechsel von diesen Institutionen zur Fachhochschule oder umgekehrt ist möglich. Mit einem Vorexamen von der Fachhochschule kann der Student beispielsweise fachgebunden an der Universität das Studium beginnen, aus dem Studium an der Universität kann man in die Fachhochschule überwechseln. Dabei wird in der Regel für den Einzelfall festgestellt, was vom bisherigen Studium am neuen Studienort als gleichwertig angerechnet wird. Wer nach der Abschlußprüfung an der Fachhochschule promovieren möchte, muß allerdings zuvor an einer wissenschaftlichen Hochschule die Abschlußdiplomprüfung abgelegt haben – je nach Hochschule unter Umständen mit bestimmten Mindestnoten.

Auffallend gering ist der Anteil der Frauen unter den Elektroingenieuren. Immerhin ist der Beruf der Elektroingenieurin bei uns eine seit über 80 Jahren mögliche Berufschance für Frauen, die aber bis heute wenig wahrgenommen wird. Unter hundert Studierenden der Elektrotechnik sind heute kaum mehr als zwei weiblichen Geschlechts. Allerdings entschieden sich in den letzten Jahren immerhin rund vier Prozent aller Studienanfängerinnen für ein Studium der Elektrotechnik an einer Universität. Es ist damit zu rechnen, daß sich diese Entwicklung fortsetzt und junge Frauen weiter vom traditionellen

Muster im Studium und Berufsverhalten abrücken. Gerade in den von der Softwareentwicklung geprägten Bereichen eröffnen sich in naher Zukunft interessante und aussichtsreiche Tätigkeiten, die mit der klassischen Vorstellung vom „Männerberuf“ Ingenieur nichts mehr gemein haben.

Elektrotechnikingenieure sind knapp, daher gesucht und haben gute Berufschancen. So wird heute mit einer Steigerung des Gesamtbedarfs von 4 bis 6 Prozent jährlich gerechnet. Bezogen auf den heutigen Bestand von rund 180 000 ergibt dies unter Berücksichtigung des Ersatzbedarfs von 2 bis 4 Prozent einen jährlichen Bedarf an „neuen“ Elektroingenieuren von rund 14 000. Diesem Bedarf steht die von der Kultusministerkonferenz prognostizierte Absolventenzahl von ca. 10 000 Elektroingenieuren pro Jahr in den alten Berufsländern gegenüber.

In den neuen Bundesländern schließen – legt man die Zahlen für die ehemalige DDR aus dem Jahr 1989 zugrunde – jährlich knapp 4000 Elektroingenieure ihr Studium ab. Abschätzungen des zukünftigen Bedarfs sind hier zur Zeit sehr schwierig. Der Aufbau einer modernen Telekommunikations- und Energieversorgungsinfrastruktur wird jedoch auch in den neuen Ländern überdurchschnittlich gute Berufschancen für Elektroingenieure mit sich bringen. Auch die Fachvermittlung der Arbeitsämter für besonders qualifizierte Fach- und Führungskräfte bestätigt, daß Elektroingenieure gute Chancen auf dem Arbeitsmarkt haben. Insbesondere kleine und mittlere Unternehmen sowie öffentliche Arbeitgeber suchten im Jahr 1990 Elektroingenieure.

Besonders gut sieht es für Spezialisten in den informations-, kommunikations-, automatisierungs- und meßtechnischen Bereichen aus. Vor allem in diesen Gebieten hat die Anwendung der Mikroelektronik zu kräftig steigender Nachfrage und einem produktiven strukturellen Wandel geführt. Diese Entwicklung wird sich auf breiter Basis fortsetzen, da die Einsatzmöglichkeiten der Mikroelektronik noch lange nicht ausgeschöpft sind.

Elektroingenieuren winken nicht nur gute Startpositionen, sondern meist auch Aussichten auf einen weiteren Aufstieg. Jüngsten Unternehmensbefragungen zufolge besetzen Ingenieure gerade auf der mittleren Führungsebene souverän den ersten Rang. Auf der Ebene der Geschäftsführer mit einer akademischen Ausbildung sind rund 40 Prozent Ingenieure.

Ethnologie

Die Völkerkunde auf der Suche nach der Unternehmenskultur

Von Johann Michael Möller

Die Völkerkunde ist eine moderne Wissenschaft. Man vergißt das gerne, weil sie es mit Phänomenen zu tun hat, die uralt erscheinen. Schon der erste Steinzeitmensch, der am Lagerfeuer „von den komischen und unglaublichen Sitten der Nachbarhorde erzählte", galt manchen Ethnologen als der Urvater ihrer Disziplin. Doch auch ohne ihn wäre die Ahnengalerie eindrucksvoll geworden, auf die das Fach mittlerweile verweisen kann. Der griechische Gelehrte Herodot gehört dazu und der arabische Weltreisende Ibn Khaldun, der flämische Franziskanerpater Wilhelm von Rubruk und der deutsche Aufklärer Georg Forster. All diese Namen ändern jedoch nichts an der Tatsache, daß die wissenschaftliche Beschäftigung mit fremden Sitten und Gebräuchen erst am Ende des Entdeckungszeitalters begann, genauer gesagt: in der zweiten Hälfte des 18. Jahrhunderts. Die Frage nach dem Naturzustand des Menschen, die sich die Aufklärung stellte, lenkte den Blick weit über die Grenzen Europas hinaus auf die wilden Gesellschaften am Rande der bekannten Welt. Damals begann man, die Forschungsreisenden mit exakten Instruktionen auszurüsten, in denen sich viele Fragen wiederfinden, mit denen es die Wissenschaft noch heute zu tun hat.

Die ersten Anfänge einer vergleichenden Völkerkunde gingen freilich mit dem Erstarken der romantischen Nationalbewegungen in Europa wieder verloren, als sich die wissenschaftliche Neugier vor allem auf das eigene Volk zu richten begann. Es sollte noch einige Jahrzehnte dauern, bis sich die ethnologische Wissenschaft in der zweiten Hälfte des 19. Jahrhunderts an den Universitäten endgültig durchsetzen konnte, eine Entwicklung, die in Deutschland in erster Linie mit dem Mediziner Adolf Bastian verbunden war, dem ersten ordentlichen Hochschullehrer der jungen Disziplin.

Dieser zweite Aufschwung der Völkerkunde stand deutlich im Zeichen der kolonialen Expansion Europas und hat dem Fach später den Vorwuf eingebracht, ein Kind des Imperialismus zu sein. Unbestritten ist natürlich, daß die evolutionistisch ausgerichtete Ethnologie entscheidend dazu beigetragen hat, die Überlegenheit Europas und der westlichen Kultur zu sanktionieren. Ihre praktische Bedeutung für den Kolonialismus aber wurde weit überschätzt. Erst das offenkundige Desaster in der Verwaltung der Kolonien gab ihr seit der Jahrhundertwende die Möglichkeit, sich als angewandte Kolonialwissenschaft ins Spiel zu bringen.

In Deutschland war das nur eine kurze Episode. Der Verlust der überseeischen „Schutzgebiete" im Ersten Weltkrieg hat die deutschsprachige Ethnologie sehr früh schon zu einer historischen Kulturwissenschaft werden lassen, die an der internationalen Entwicklung des Fachs kaum noch Anteil nahm. So konnte sich gerade die an den praktischen Aufgaben der Kolonialverwaltung orientierte funktionalistische Richtung der britischen Sozialanthropologie in Deutschland nicht gegenüber der kulturhistorischen Schule durchsetzen, deren Denken in Kulturkreisen mehr den Ordnungsvorstellungen der Völkerkundemuseen entsprach und die lebenden Völker nach und nach aus dem Blick verlor.

Ihr musealer Charakter bewahrte die Ethnologie in Deutschland freilich keineswegs davor, in die politischen Auseinandersetzungen hineinzugeraten, doch ist ihre schillernde Rolle, die sie während der dreißiger Jahre zwischen Volks- und Rassenkunde gespielt hat, noch immer nicht genügend erforscht. Manche ihrer bedeutenden Vertreter, wie Julius Lips, mußten damals emigrieren, andere paßten sich an oder suchten ihre Chance in so abstrusen Plänen wie der völkischen Neuordnung Afrikas. Der Wiederaufbau des Faches nach dem Krieg war entsprechend mühsam. Viele Sammlungen waren zerstört. Die Faszinationskraft der großen Schulhäupter wie Leo Frobenius oder Pater Wilhelm Schmidt begann nachzulassen. Möglichkeiten zur Feldforschung standen kaum zur Verfügung. Damals wurde die deutsche Ethnologie zu einem Orchideenfach, dem es an öffentlicher Beachtung genauso fehlte wie an eigener Perspektive.

Davon hat sie sich bis heute nicht erholt, trotz der heftigen Richtungskämpfe im Gefolge von 1968 und trotz der unverhofften Euphorie, die in den letzten Jahren über das Fach hereingebrochen ist. Der akademische Lehrbetrieb wurde weder mit der sprunghaft anwachsenden Zahl von Studenten fertig, noch konnte er auf das theoretische Interesse reagieren, das andere Fächer wie die Geschichte plötzlich an der Ethnologie zeigten.

Während sie zur neuen Leitwissenschaft der achtziger Jahre erhoben wurde, mußte man im Fach selbst um den Fortbestand der eigenen Zeitschrift fürchten, einer der ältesten und traditionsreichsten überhaupt. Und während sich die Schar arbeitsloser Ethnologen ständig vergrößert, haben die wissenschaftlichen Einrichtungen mittlerweile sogar Nachwuchssorgen. Nach einer Umfrage vor wenigen Jahren halten nur knapp fünf Prozent der Studienanfänger überhaupt bis zum ersten Examen durch und verfügen hernach selten über eine Ausbildung, die sie für eine berufliche Tätigkeit außerhalb der Universitäten qualifizierte. Selbst in den Institutionen des Kulturaustauschs und Wissenschaftstransfers bekommen Ethnologen kaum eine Chance, und auch dem wachsenden Interesse großer Unternehmen an sogenannten Betriebsethnologen können die wenigsten Absolventen gerecht werden, obwohl die Jahre der Fundamentalopposition gegen die eigene Gesellschaft inzwischen vorbei sind, als Völkerkunde vor allem als Flucht in die vermeintlich heile dritte Welt verstanden wurde und viele Studenten ihre Seminare mit den Reden des Südseehäuptlings Tuavii bestritten.

Trotzdem: Wer heute Ethnologie studieren will, läßt sich wie in kaum einem anderen Fach auf ein Experiment mit ungewissem Ausgang ein. Er nimmt nicht nur miserable Berufsaussichten, sondern eine noch immer weitgehend ungeregelte Ausbildung in Kauf. Darin liegt der besondere Reiz, aber auch die Gefahr dieses Studiums. Denn schon theoretisch steht das Fach auf schwachen Füßen. Die Konjunktur des Strukturalismus ist vorüber, und sie hatte im übrigen nie sehr viel mit der Forschungspraxis zu tun, war also mehr eine intellektuelle Debatte als ein allgemeingültiger Erklärungsrahmen.

Gravierender aber sind die gewaltigen Auflösungserscheinungen unter den letzten Stammesgesellschaften, die das traditionelle Selbstverständnis der Völkerkunde als Wissenschaft von den schriftlosen Kulturen nachhaltig erschüttert haben, ohne daß bis heute eine grundsätzliche Neuorientierung erkennbar wäre. Die Öffnung gegenüber der Soziologie in den sechziger und siebziger Jahren blieb ebenso partiell wie die Umwandlung zur reinen Geschichtswissenschaft, wie sie die ethnohistorische Schule derzeit in Wien betreibt. Auch fehlen die schon handwerklichen Voraussetzungen dafür. Kaum ein Ethnologe hat quantifizierend arbeiten gelernt, und mit der historischen Quellenkritik sind ebenfalls nur wenige vertraut.

Doch selbst bei der angestammten Feldforschung, die immer noch als unerläßliche Qualifikation gilt, überwiegt meist die bloße Intuition, und es ist kaum verwunderlich, daß viele der klassischen Stammesmonographien heute vor allem literarisch gesehen werden. Andererseits gehört der Umgang mit fremden Menschen und deren Alltagssituationen zur Grunderfahrung des Ethnologen, die in vielen Bereichen unserer sich rasch wandelnden Lebenswelt von großer Bedeutung wäre.

Aber auf die entsprechenden Fragen, die neuerdings aus dem Bereich der Wirtschaft an das Fach gerichtet werden, gibt es kaum verbindliche Antworten. So stammt der spannende Versuch, den neuen Begriff der Unternehmenskultur auf seine ethnologische Stichhaltigkeit zu untersuchen, nicht etwa von Völkerkundlern, sondern von Organisationspsychologen der Universität Regensburg. Nur ganz allmählich beginnen sich die ethnologischen Seminare für berufsbezogene Übungen zu öffnen, versucht man auf die praktischen Anforderungen der eigenen Gesellschaft zu reagieren. So interessiert sich die Völkerkunde neuerdings auch für ästhetische Fragen, kümmert sich um Alltagskunst und Lebensstile und versteht modernes Design fast schon als eine Art nonverbaler Ethnologie.

Daß eine Gesellschaft, die sich gerade anschickt, in ein neues technologisches Zeitalter einzutreten, sich ihrer kulturellen Ressourcen versichern will, ist kaum mehr zu übersehen. Daß darin aber auch die große Chance für die Ethnologen läge, beginnt in dieser Wissenschaft erst wenigen zu dämmern.

Evangelische Theologie

In der Bibel für sich selbst die Wahrheit suchen

Von Karl-Alfred Odin

Der Pfarrer hat sein Leben lang mit Menschen zu tun. Das Amt des evangelischen Pfarrers ist, ihnen im Auftrag der Kirche das Evangelium öffentlich zu verkündigen und die Sakramente zu verwalten. Der Pfarrer ist gebunden allein an die Glaubenswahrheit, wie sie in der Bibel und zusammengefaßt in den Bekenntnissen der Kirche ausgesprochen ist. In allem anderen ist er frei, geleitet nur von der Vernunft und von dem an die Heilige Schrift gebundenen Gewissen. Materiell ist das Leben des Pfarrers durch die Kirche in einer Weise gesichert, wie sonst nur noch bei Beamten. Der darin liegenden Gefahr eines Lebens jenseits der Existenz der anderen begegnet der Pfarrer nur dadurch, daß er sich der Kehrseite seiner mit kaum einem anderen Beruf vergleichbaren Freiheit bewußt ist: der Pflicht, alles zum Nutzen der anderen Menschen zu tun.

Pfarrdienst ist ein faszinierender Beruf, aber einer, der an die Grenze des Scheiterns führen kann. Denn wie kaum sonst wird vom Pfarrer verlangt, daß sein Beruf und sein Leben in Einklang miteinander stehen. Der Pfarrer lebt im Glashaus. In dem, was er sagt und tut, stellt sich die Wahrheit als Frage, nicht nur für die anderen, sondern auch für den Theologen selbst. Darum kann er sich guten Gewissens kaum von der Routine treiben lassen. Wer das nicht erträgt oder für sich eine Trennung zwischen Arbeit und Freizeit verlangt, wird sich eher für andere Berufe eignen.

Vor dem Studium der evangelischen Theologie steht als Hürde das Lernen der Sprachen. Der Theologiestudent muß sich in erster Linie mit Texten auseinandersetzen, Texten zu einem erheblichen Teil geschrieben in Hebräisch, Griechisch, Latein. Weil viele Gymnasiasten nur moderne Sprachen lernen, machen vielen Anfängern beim Theologiestudium die Sprachen mehr zu schaffen als früheren Generationen. Trotz Hilfen moderner Lernmethoden bleibt ein gehöriger Teil Pauken nötig. Aber das bringt Gewinn über die Voraussetzungen zum Verstehen der Theologie hinaus dann, wenn sich der Lernende nicht mit dem Radebrechen begnügt, sondern sich durch die Sprache den Geist der fremden Kultur erschließt. Dabei lernt schon der Anfänger den Reiz der Theologie kennen, daß sich von ihr Verbindungslinien zu fast allen Gebieten der Wissenschaft ziehen.

Wer noch keine der alten Sprachen gelernt hat, findet im westlichen Teil Deutschlands wahrscheinlich am leichtesten den Zugang zu ihnen durch die

Sprachkurse an einer der vier Kirchlichen Hochschulen in West-Berlin, Bethel, Neuendettelsau und Wuppertal, zumal diese dort auch während der vorlesungsfreien Zeit gehalten werden. Kurse gibt es aber an jeder der dreizehn westdeutschen und sechs ostdeutschen evangelischen Theologischen Fakultäten. Auch das Kirchenamt der Evangelischen Kirche in Deutschland gibt zum Selbststudium des Hebräischen einen Fernkurs heraus, mit gutem Ergebnis in den Prüfungen.

Die Hauptgebiete bei jedem Studium evangelischer Theologie sind Altes Testament, Neues Testament, Kirchengeschichte, Systematik (Prinzipienlehre, Dogmatik, Ethik) und Praktische Theologie. Der Theologiestudent darf den Gang seines Studiums frei wählen. Die Verlockung ist, wegen des Schwergewichtes theoretischen Stoffs, sich schon am Anfang mit den Fächern Seelsorge oder Predigtlehre abzugeben, damit man merkt, wozu das ganze Studium nützt. Solche Neugier schadet nicht, aber die Vernunft gebietet zunächst im Studium der Bibel und der Geschichte des Christentums und seiner Lehren das kennenzulernen, was für die Anwendung im Beruf dient. Die erste Aufgabe ist zu sehen, was in der Bibel steht. Der Theologe muß die Bibel nicht nur kennen und begreifen, was sie sagt, sondern er muß sich auch klar darüber werden, ob das für ihn selber die Wahrheit ist und ob er sie weitergeben und öffentlich vertreten kann.

Ohne Anwendung der historisch-kritischen Methoden moderner Bibelwissenschaft geht das nicht. Aber das ist lediglich der erste Teil, der ohne die eigene Auseinandersetzung mit der Wahrheit des Bibelworts nicht Theologie wäre. Das Bibelstudium zwingt am Anfang jeden, sich zu fragen, ob die eigenen Glaubensvorstellungen vor dem Text der Bibel standhalten. Sich durch das Wort korrigieren zu lassen, kann in Erschütterungen hineinführen. Theologiestudium ist nicht Selbstbestätigung, keine glatt fließende Beschäftigung, sondern ein Ringen mit dem Stoff und mit sich selbst. Wer sich diese Krisen ersparen will und etwa dogmatische oder ethische Systeme entwirft, ohne den Grund der Bibelkenntnis gelegt zu haben, wird aus dem geschlossenen Kreis der vorgefaßten eigenen Gedanken nicht ausbrechen können. Luther hat auf eine Frage geantwortet, daß die Kunst des Unterscheidens den Theologen macht. Dazu gehört, den Unterschied zu finden zwischen dem, was man selber will, und dem Wort Gottes.

Dem Abschluß des Studiums der Grundlagen, frühestens wohl nach dem vierten sprachfreien Semester mit der Zwischenprüfung des Kolloquiums und einem mehrwöchigen Praktikum, folgt das Hauptstudium. Es führt tiefer in die Bibelwissenschaft und die Geschichte der Kirche und der Glaubenslehren ein, macht mit der Systematischen und Praktischen Theologie bekannt und schlägt die Verbindung zu den außertheologischen Wissensgebieten. Im Hauptstudium sollte man zusehen, wenigstens einige Semester an einer Universität mit Instituten für Spezialgebiete zu lernen. Das reicht von Ökumenik, auch in Verbindung mit katholischen Fakultäten, oder Missionswissenschaft über Einzelgebiete der Kirchengeschichte oder die Judaistik bis zur neutestamentlichen Textforschung.

In den letzten Jahrzehnten ist es in Westdeutschland zu einer Ausdehnung des Theologiestudiums gekommen. Während noch nach dem Krieg in der Regel sechs sprachfreie Semester bis zum Ersten Examen ausreichten, beträgt heute die gesamte Studiendauer etwas über 13 Semster, die Verweildauer an der Universität wegen der Examina sogar 15,2 Semester. Ein Grund sind die heutigen Schwierigkeiten mit den alten Sprachen, ein anderer die Überfüllung der Seminare, die oft ausschließt, daß der Student an eigenen Beiträgen Erfahrung im wissenschaftlichen Arbeiten gewinnen kann. Mit spielt auch, daß die Ferien weniger zum Selbststudium genützt werden. Verbreitet ist aber auch der Wunsch von Studenten, durch längeres Studium sowohl in der Theologie heimisch zu werden, als auch zu sich selber zu finden. Die dauernde Verlängerung des Studiums ist schädlich. Die Studenten werden viel zu lange am Theoretischen festgehalten und finden in einem zu späten Alter den Übergang zur Praxis nur schwer. Wegen des überlangen Studiums schwellen die Studentenzahlen unnötig an.

Im Wintersemester 1988/89 gab es im alten Bundesgebiet 12 369 evangelische Theologiestudenten (ohne Studenten für Religionslehre) gegenüber 4138 im Wintersemester 1973/74. Die Zahl hatte sich danach vervielfacht, sinkt aber seit 1985 Jahr für Jahr etwas. 1986/87 gab es noch 13 306 evangelische Theologiestudenten. Insgesamt standen am 1. Januar 1989 im aktiven Dienst 18 209 evangelische Pfarrer, 660 mehr als zwei Jahre zuvor. Durch Schaffung zusätzlicher Pfarrstellen ist es den Landeskirchen auch dank Geldgaben der Pfarrerschaft gelungen, bis heute nahezu alle Theologen einzustellen. Dadurch erreichte man, daß jetzt im Durchschnitt weniger als 2000 Kirchenmitglieder auf einen Gemeindepfarrer kommen. 1975 waren das noch je 2300 Gemeindemitglieder gewesen.

1973/74 hatten 0,55 Prozent aller Studenten evangelische Theologie studiert. 1983/84 war ihr Anteil auf 1,05 Prozent gestiegen, seitdem ist er gesunken, auf 0,84 Prozent 1988/89. Unter den evangelischen Theologiestudenten machten 1988/89 Studentinnen 39,1 Prozent aus. Bei den Ersten Theologischen Examen stellten 1987 die Frauen 37,9 Prozent der erfolgreichen Kandidaten. Die Zeit ist lange vorbei, in der ein Mitglied der Hessen-Nassauischen Synode in der Debatte über Zulassung von Frauen als gleichberechtigte Pfarrer erbittert rief: „Heiratet sie doch weg, das Zeugs!“ Als letzte überlegt jetzt die Evangelisch-Lutherische Landeskirche Schaumburg-Lippe, Frauen ins Pfarramt aufzunehmen.

Mit der deutschen Vereinigung hat sich die Zahl der theologischen Ausbildungsstätten erhöht: Im Osten bestehen sechs evangelische Theologische Fakultäten an Universitäten und zwei Kirchliche Hochschulen. Zusätzlich gibt es in Berlin und Erfurt zwei Predigerschulen, die auf dem zweiten Bildungsweg ins Pfarramt führen, allerdings nur für die östlichen Landeskirchen. Nach der Maueröffnung ist in den neuen Bundesländern die Zahl der Theologiestudenten zurückgegangen. Sie scheint sich jetzt auf niedrigerem Niveau zu stabilisieren. An jeder Fakultät gibt es Theologieprofessoren, die in ihrem Fach hohes Ansehen genießen, und wegen der kleinen Zahl ist der Kontakt zwischen Lehrenden und Lernenden eng. Für Anfänger und zur Vorbereitung aufs Examen ist das Studium dort optimal, weil wegen der kürzeren Studiendauer der Stoff weithin auf das Unerläßliche beschränkt, aber intensiv durchgearbeitet wird. Der Austausch an Theologiestudenten zwischen West- und Ostdeutschland ist noch minimal, zu Unrecht. Wer aus dem Westen die schwierigen Lebensumstände nicht scheut, kann im Osten mit Gewinn evangelische Theologie studieren.

Forstwissenschaft

Die Lieder über den deutschen Wald werden garstiger

Von Wolfgang Koehler

Von uns Deutschen heißt es, wir hätten ein besonderes Verhältnis zum Wald. Von ihm weiß fast jedes Kind, vielen von ihnen ist er früh vertraut, viel besungen, oft idealisiert. In jüngster Zeit wurden die Lieder etwas garstiger: Orkanschäden ungewöhnlichen Ausmaßes und Baumerkrankungen führen der Öffentlichkeit vor Augen, wie gefährdet unser Wald ist und was das ökologisch und wirtschaftlich bedeutet. Das gilt besonders für die östlichen Bundesländer, in denen – bei regionalen Unterschieden – etwa 36 Prozent der Waldfläche ernstlich geschädigt sind.

Im geeinten Deutschland sind 10,7 Mio. Hektar oder knapp 30 Prozent bewaldet; etwa neun Zehntel davon werden bewirtschaftet. In den Küstenländern sind es 10–20, in den Mittelgebirgen und Alpen bis zu 41 Prozent der Landesfläche. Die Eigentumsverhältnisse sind von Land zu Land verschieden. Insgesamt sind 30 Prozent Staatswald, 25 Prozent Kommunalwald. Der Rest gilt als Privatwald. Nach Klärung der Eigentumsverhältnisse in den neuen Ländern dürfte sich eine ähnliche Aufteilung wie vor 1945 ergeben. In der ehemaligen DDR galten 70 Prozent als „volkseigener“ Wald.

Eigentümer des Privatwaldes sind juristische oder natürliche Personen, darunter jeder zweite landwirtschaftliche Betrieb, über 500 000 insgesamt. Der entscheidende Strukturmangel beim Privatwald ist die geringe Größe des Einzelbetriebes. In den alten Ländern gehören 660 000 Hektar Wald unter 5 Hektar über 435 000 Betrieben. Eine solche Zersplitterung schließt forstwirtschaftliche Bewirtschaftung aus, der Wald ergänzt aber den bäuerlichen Betrieb. Einige hundert Betriebe bewirtschaften 2000 Hektar und mehr, viele davon Musterbetriebe. Sie bieten etwa 400 Diplomforstwirten eine Lebensaufgabe. Ihre Arbeitgeber erwarten, daß mindestens kostendeckend gewirtschaftet wird.

Wie Land- und Wasserwirtschaft ist Forstwirtschaft Ländersache. Zuständig sind in der Regel die Landwirtschaftsminister. Land- und Forstwirte haben es mit nachwachsenden Produkten des Bodens zu tun. Der Unterschied: Im Wald liegen zwischen Saat und Ernte Jahrzehnte, auch Jahrhunderte: Furniereichen 250 Jahre, Nadelbaumholz 100 bis 120 Jahre. Kein Forstwirt kann ernten, was er pflanzte. Er muß daher in längeren Zeiträumen als andere denken. Nachhaltigkeit heißt die Grundregel seiner Arbeit, also zu ernten nur, was laufend zuwächst. Das zu ermitteln, ist Grundlage forstlicher

Planung. Es leuchtet ein, daß eine so langfristig angelegte Produktion optimal nur auf größeren Flächen möglich ist. Im Staatswald ist das stets, im Körperschaftswald weitgehend der Fall. Kleinwaldbesitzer schlossen sich örtlich schon früh zusammen. Bekanntes Beispiel der Murgschifferschaftswald in Baden, seit 600 Jahren Gemeinschaftsbesitz der Murgschiffer, deren Wirtschaftsziel Schiffsmaste hieß.

Heute gehört es zum allgemeinen Waldverständnis, neben dem wirtschaftlichen Nutzen auch die immateriellen Beiträge des Waldes zu Ökologie und Gesellschaft zu würdigen. Sie monetär zu bewerten, ist allerdings kaum möglich. Es geht dabei um Fragen des Boden- und Wasserschutzes, um Klimaeinflüsse und Immissionen, um Biotop- und Artenschutz. Mit zunehmendem Freizeitanteil der arbeitenden Menschen wird die Erholungsfunktion des Waldes immer wichtiger, was vorbeugende Investitionen nach sich zieht. Teile des Wirtschaftswaldes werden nur noch extensiv zu nutzen sein. Das Forstpersonal wird sich also auf neuartige Anforderungen einstellen müssen.

Das sind, grob skizziert, die Rahmenbedingungen, innerhalb derer sich die berufliche Tätigkeit eines diplomierten Forstwirts heute bewegt. Sie lassen eine vielseitige Tätigkeit ahnen, bei der es neben Fachkenntnissen auf Phantasie und Aufgeschlossenheit auch für unerwartete Anliegen ankommt. Forstwirtschaft ist kein Massenstudium. Das Angebot an Arbeitsplätzen bewegt sich um etwa 3200 Stellen, 90 Prozent davon im öffentlichen Dienst des Bundes, der Länder, bei Städten und wenigen Landkreisen, Stiftungen und Kommunalverbänden. Neben den eigentlichen Verwaltungsaufgaben benötigen die größeren Forstverwaltungen Personal für Planung und Forschung, wie zum Beispiel das niedersächsische Forstplanungsamt in Wolfenbüttel, und forstliche Versuchsanstalten, die die unentbehrlichen Versuchsflächen betreuen.

Studienanfänger bedürfen der Allgemeinen Hochschulreife. Vor dem Studium ist, am 1. 10. beginnend, ein Praktikum von sechs Monaten abzuleisten, vorzugsweise in einem Forstamt, aber auch in anderen Forstbetrieben, sofern von einem Diplomforstwirt geleitet. Die Zahl der Studienplätze ist begrenzt. Bewerbungsschluß: 15. Juli im Jahr vor Studienbeginn; Studienplätze teilt die Zentrale zur Vergabe von Studienplätzen (ZVS) in Dortmund zu. Liegen mehr Bewerbungen als verfügbare Studienplätze vor, entscheiden die Ergebnisse eines Auswahlverfahrens. Der Anteil von Foststudentinnen ist seit Jahren mit 15 Prozent nahezu unverändert.

Da die überwiegende Zahl der Planstellen vom öffentlichen Dienst angeboten werden, ist es ratsam, vor Studienbeginn ein amtsärztliches Zeugnis über die Forstdiensttauglichkeit einzuholen.

Die Regelstudienzeit beträgt 9 Semester für Grund- und Hauptstudium. Im Grundstudium werden im wesentlichen die naturwissenschaftlichen Fächer wie Chemie, Biologie, Botanik, Zoologie, Geologie, Bodenkunde, Forstschutz, Meteorologie, Vermessung, Luftbildwesen, Waldschutz, Jagdkunde, Forstgeschichte angeboten, zusammen 16 Prüfungsfächer. Im Hauptstudium folgen 14 weitere Fächer wie Rechts- und Verwaltungslehre und die spezifisch forstlichen Disziplinen wie Waldbau, Forsteinrichtung, Forstpolitik, Forstverwaltung, Forstnutzung, Betriebswirtschaftslehre, Holzmarktkunde, Jagdkunde, forstliche Arbeitslehre. In einem Schwerpunktstudium können Spezialkenntnisse auf einem Gebiet des persönlichen Interesses erworben werden. Die Pflichtveranstaltungen im Fachbereich Forstwissenschaft in Göttingen erreichen 22,5 Wochenstunden je Semester. An den Fakultäten in Freiburg und München ist das Angebot vergleichbar, die standörtlichen Besonderheiten im Norden und Süden verlangen allerdings etwas unterschiedliche Schwerpunkte. Die forstliche Fakultät der Technischen Universität Dresden in Tharandt wird sich im Lehrplan den genannten angleichen. Dort werden dann, wie früher, etwa 60 Studenten jährlich ihr Studium abschließen.

Zur Diplomprüfung gehört eine Diplomarbeit. Neben der mündlichen Prüfung gibt es die Waldprüfung, traditionell Herzstück der forstlichen Abschlußprüfung „am Objekt", Dauer ein Tag. Die Fakultäten bieten daneben Zusatzstudien an, Göttingen etwa „Forstwirtschaft in den Tropen und Subtropen" (4 Semester). Alle Fakultäten haben das Promotionsrecht. Wissenschaftlich interessierten Diplomforstwirten bieten sie, meist befristete, Fortbildungsmöglichkeiten an.

Für die Anstellung im höheren Forstdienste des Bundes, der Länder oder Kommunen ist nach bestandener Diplomprüfung eine zweijährige Referendarausbildung und die Ernennung zum Forstassessor Voraussetzung. Die Länder bieten Bewerbern befristete Planstellen als Beamte a. W. an. Die fünf östlichen Länder werden ebenso verfahren. Für die Übergangszeit haben alle Bundesländer – wie z. B. Hessen für Thüringen – „Patenschaften" übernommen, um personelle Engpässe zu vermeiden. Erwartet wird, daß Bewerber die Jägerprüfung abgelegt haben, denn jagdliche Erfahrungen gehören zum Beruf, auch wenn sich der Stellenwert der Jagd im Berufsbild des Forstbeamten gewandelt hat.

Die Referendarzeit besteht aus mehreren praxisbezogenen Stationen und endet mit dem zweiten Staatsexamen und der Ernennung zum Assessor. In den Landes- oder Bundesdienst kann nur eine geringe Zahl von Assessoren mit gutem Examen übernommen werden. Auf sie warten Stellen im Außendienst oder an Mittel- und Oberbehörden.

Welche Chancen haben die anderen? Die Forstwirtschaft, traditionsbewußt wie alles, was mit Wald und Jagd zusammenhängt, ist in einem Anpassungsprozeß an die Anforderungen und Möglichkeiten der Gegenwart. Wer sich früh spezialisiert, promoviert ist, Sprachkenntnisse und Auslandserfahrung hat, findet seine Marktlücke leichter. Allgemein gilt heute wie früher: Der Forstberuf sollte zugleich Berufung sein. Fragt ein junger Mensch, ob er diesen Beruf ergreifen soll, frage zurück, ob er sich andere Berufe vorstellen könne. Nennt er welche, rate ihm ab. Verneint er, rede ihm zu, denn er wird seinen Weg machen.

Freie bildende Kunst

Die Ausbildung zum Künstler ist keinen Regeln unterworfen

Von Rainer Hank

Vergangene Generationen hatten es allemal besser. Es gab einen Kanon anerkannter Techniken, die jeder Künstler beherrschen mußte. Es gab Materialien, in deren Umgang und Bearbeitung er ausgebildet wurde. Manche haben diese Regeln immer schon als Akademismus verspottet; – aber wer den Spott hat, braucht sich um seine Identität weniger Sorgen zu machen. Wer lernen will, ist Schüler, und es ist das Recht des Schülers, sich gegen den Professor zu wehren.

Heute ist dies alles schwerer geworden. Der Konsens über die Frage, was Kunst sei, ist zerbrochen. Nur folgerichtig hat sich auch die Ausbildung zum Künstler von den Ansprüchen, Aktzeichnen und Perspektive zu lernen, emanzipiert. An den elf staatlichen Hochschulen der Bundesrepublik, an denen ein Studiengang Freie bildende Kunst (Malerei und Bildhauerei) angeboten wird, ist derzeit alles möglich. Wo normative Beschränkungen fallen, kann auch die Ausbildung zum Künstler keinem Kanon mehr folgen, der definiert, was können muß, wer Künstler sich nennen will. Um so erstaunlicher ist freilich, daß dieser Prozeß einer Abkehr von überkommenen Ausbildungsordnungen weder in das Chaos noch in die Beliebigkeit geführt hat. Im Gegenteil: Am hohen Anspruch, der an künstlerische Begabung gestellt wird, wird an allen Hochschulen festgehalten.

Dies zeigt sich bereits am Auswahlverfahren. Keine Hochschule, an der jemand zugelassen wird, nur weil er ein vermeintlich künstlerisches Selbstbewußtsein und den festen Willen, Skulpturist zu werden, mitbringt. Eine Mappe mit mindestens 20, höchstens 30 selbstgefertigten künstlerischen Arbeiten fordert etwa die Hochschule der Künste in Berlin von den Bewerbern. Damit wird der angehende Künstler aber lediglich zur Vorauswahl zugelassen. Wer diese Hürde passiert hat, kann sich der Zugangsprüfung stellen: Eine Klausur soll die Motivation und Interessenlage des Bewerbers herausfinden. Eine mehrtägige künstlerische Prüfung, bei der verschiedene gestalterische Aufgaben zu lösen sind, und ein abschließendes Gespräch über die eingereichten Arbeiten entscheiden dann über die Aufnahme. Etwa fünf Prozent, 20 bis maximal 50, aus einer Gruppe von regelmäßig um 400 Bewerber schaffen dies jährlich. Man achtet darauf, daß die Jury immer von Hochschullehrern mit kontroversen Interessen besetzt sei, sagt Robert Kudielka, der in Berlin Ästhetik und Theorie der Kunst unterrichtet. In der Hoffnung, daß wirklich gut ist, wer vor diesem mehrfach kritischen Blick bestehen kann.

Anders jedoch, als man nach dieser Zahlenrelation erwarten könnte, beklagt der Kunstwissenschaftler, daß es zuwenig gute Kandidaten gäbe. Vor der Qual der Wahl fürchtet er sich nicht: „Wir sind mit einem visuellen Analphabetismus konfrontiert, der potenziert wird durch hypertrophe Vorstellungen vom eigenen Vermögen: durch den Glauben an die Unbefleckte Empfängnis und an eine Originalität, die aus der Zimperlichkeit erwachsen soll."

Die Hochschulreife wird für die freie Kunst, anders als bei den Kunsterziehern für das Lehramt an Gymnasien, an vielen Kunstakademien nicht verlangt. Statt dessen spricht man überall von „besonderer künstlerischer Begabung". Hilfreich sei auch, so sagen viele Studenten, eine handwerkliche Lehre. Das heißt aber nicht, daß intellektuelle Fähigkeiten von Nachteil sind. Man sieht eben nur, was man weiß. Als Franz Erhard Walther, Kunstprofessor an der Hamburger Akademie, von einem Bewerber aufgrund seiner Skizzen und Entwürfe wissen will, warum er sich in seiner künstlerischen Arbeit gerade an Frank Stella orientiere, muß dieser bekennen, er habe diesen Namen noch nie gehört. Dies ist durchaus plausibel: Muster von Form und Farbe kennen auch unbewußte Wege der Durchsetzung. Mit ihnen umgehen und zum eigenen Ausdruck kommen kann aber nur, wer die Wege der Kunst – gerade auch der Gegenwartskunst – bewußt zur Kenntnis nimmt.

Der Studienverlauf wird möglichst wenig reglementiert. Wer erwartet, daß er irgendeine Art von Stundenplan bekommt, sieht sich getäuscht. Welcher Lehrer der „Richtige" ist, welches Material zu einem paßt, all dies herauszufinden ist bereits Inhalt des Studiums selbst und wird nicht von außen vorgegeben. Die Düsseldorfer Akademie, die für viele immer noch den ersten Platz unter den Deutschen Kunsthochschulen einnimmt, sieht in den ersten beiden Semestern ein Orientierungsstudium vor; ähnliches gilt für Hamburg. In dieser Zeit arbeiten die „Anfänger" zusammen in einem Raum unter der Anleitung eines Lehrers. Anschließend empfehlen die Hochschulen, sich der Klasse eines Lehrers anzuschließen. Aber auch dies ist längst nicht mehr an allen Akademien Pflicht.

Den Umgang mit dem Material können die Studenten in den Werkstätten erlernen. Holz-, Textil-, Keramik-, Gips-, Metall- und Siebdruckwerkstätten gibt es fast überall. Die knappe finanzielle Ausstattung der Akademien führe aber dazu, daß auch wichtige „Rohstoffe" oft nicht in ausreichendem Maße vorhanden seien, bemängeln die Studenten. Findige junge Künstler haben deshalb längst herausgefunden, daß sie besser beraten sind, wenn sie zur Unterstützung ihrer Arbeit ortsansässige Unternehmen um solche Naturalien anbetteln. Im besten Fall bekommen sie dann auch die Erlaubnis, deren technische Einrichtungen zu nutzen, die allemal besser sind als die der Hochschule. Dies kann aber nichts daran ändern, daß auch die finanziellen Aufwendungen während eines Kunststudiums nicht gering sind, falls einer nicht von Anfang an weiß, daß er ausschließlich mit Tusche und Wasserfarben arbeiten will. Die meisten Studenten sind gezwungen, ihr Studium durch begleitende Jobs zu finanzieren. Zumal ihre Eltern häufig einer Ausbildung für den brotlosen Beruf skeptisch oder ablehnend gegenüberstehen.

Es ist alles andere als gleichgültig, an welcher Hochschule der junge Künstler studiert. Zwischen der künstlerischen Ausbildung in München und in Düsseldorf liegen Welten. Wissenschaft zielt ab auf das Verstehen, Kunst auf Behauptung und Ausdruck. Lehren kann nur der, der sie auch selber macht – diesen Anspruch vertreten alle Hochschulen. So liest sich etwa die Liste der Professoren an der Düsseldorfer Akademie wie der Katalog einer Retrospektive zur Gegenwartskunst. Übrigens: Was aus den Kunsthochschulen der neuen Länder wird, ist noch offen (Herbst 1991). Ob die Akademie in Dresden, Halle, Berlin-Weißensee und die Hochschule für Grafik und Buchkunst in Leipzig alle Bestand haben werden, erscheint zweifelhaft.

Dieses System ist häufig schon kritisiert worden: Es sei zu bezweifeln, so heißt es, ob einer, dem von den Museen und der Kritik als Künstler Anerkennung gezollt wird, auch als Lehrer in der Vermittlung tauge. Anders als die Wissenschaft, die immer mit Sprache zu tun hat, setzt die bildende Kunst dieses Verständigungsmedium nicht voraus. Gibt es aber eine Lehre ohne Sprache? Gewichtiger noch wiegt der Einwand, das deutsche Berufsbeamtentum sei auf die Kreativität der Kunst nicht zu übertragen. Alle Lehrer an den

Hochschulen sind Professoren. Sie bleiben dies auch, wenn die Zeit ihrer künstlerischen Produktivität längst vorüber ist. Umgekehrt gilt, daß, wer weiterhin im künstlerischen Diskurs präsent bleiben will, häufig kaum Zeit findet zum Gespräch mit den Schülern. Denn ein Pflichtdeputat gibt es trotz des Beamtenstatus nirgends. Klagen der Studenten sind deshalb auch zahlreich, man habe zwar gehört, daß ihr Professor gerade eine wichtige Ausstellung in New York habe, an der Hochschule sei er aber seit Jahr und Tag nicht mehr aufgetaucht. Kein Wunder, daß viele Studenten sich allein gelassen fühlen.

Im Rahmen der Anpassung der künstlerischen an die universitäre Ausbildung wurde auch für die freien Künste ein Diplom-Abschluß eingeführt. Man wollte dadurch etwas mehr Sicherheit in einem unsicheren Beruf gewinnen. Viel erreicht wurde nicht: Außer dem Titel selbst sagt diese Qualifikation gar nichts. Gerade der Übergang vom Studium in die nun wirklich freie künstlerische Tätigkeit gilt als die schwierigste Zeit. Wer einmal in den Galerien Anerkennung gefunden hat, braucht auf die Sammler nicht zu warten. Zwar gibt es eine Reihe von Unterstützungsmöglichkeiten für die Übergangszeit, doch werden auch diese nur dazu nützen, die größten Sorgen abzufangen. Ansätze, den Kunststudenten auch etwas von der Logik dieser Welt – den Umgang mit Museen und Galerien – während des Studiums zu vermitteln, gibt es zwar. Sie werden aber an der Härte des Zwangs zum künstlerischen Erwachsenwerden nichts Grundsätzliches ändern.

Gentechnik

Konstrukteure im Reservat der belebten Natur

Von Barbara Hobom

Die Gentechnik gilt bei vielen als eine Entwicklung mit großer wirtschaftlicher Bedeutung. Sie hat die Schwelle zur Anwendung schon lange überschritten und einen festen Platz in der Biotechnik eingenommen. 1972 hatte der spätere Nobelpreisträger Paul Berg von der amerikanischen Stanford-Universität entdeckt, daß man Gene, also definierte Stücke Erbmaterial, von einem Organismus in den anderen verpflanzen kann und auf diese Weise Organismen mit neuen Eigenschaften gewinnt. Inzwischen gehen die Forscher mit den Genen schon wie versierte Jongleure um. Sie verpflanzen Gene vom Menschen in Bakterien, vom Mais in Petunien und von der Ratte in die Maus. Sie lassen von Bakterien Hormone des Menschen synthetisieren, um diese als Arzneimittel zu nutzen, konstruieren Pflanzen, die ein bakterielles Gen vor Insektenfraß schützt, und züchten transgene Tiere, die eine vorteilhafte Eigenschaft haben, die zuvor eine ganz andere Tierart besaß. Aber vergeblich sucht man nach einem Studienfach „Gentechnik“, in dem man die Kunst, Gene nach Wunsch zu kombinieren, erlernen könnte.

Wer heute in Forschung und Industrie einen Namen als Gentechniker hat, hat meist Chemie, Medizin, Biologie oder auch Physik studiert. In der zweiten und jetzt der dritten Generation der Gentechniker ist der Anteil der Biologen (Molekularbiologen, Mikrobiologen und Genetiker mit eingeschlossen) immer größer geworden. Außerdem kommen die Studenten auch häufig aus der Biochemie. Nach Ansicht von Professor Ernst-Ludwig Winnacker vom Genzentrum München ist der Weg über ein Biochemiestudium besonders geeignet, um in die Gentechnologie einzusteigen.

Bislang kann man Biochemie jedoch erst an fünf deutschen Universitäten als Hauptfach studieren: in Tübingen, Berlin, Hannover, Bayreuth und Regensburg. Mehrere andere Universitäten bemühen sich zur Zeit, ebenfalls einen Studiengang „Biochemie“ einzuführen. Wem es nicht glückt, einen der raren Biochemie-Studienplätze zu ergattern, ist aber auch gut beraten, wenn er ein Studium der Biologie oder Chemie absolviert. Der eigentliche Einstieg in die Gentechnik erfolgt ohnehin typischerweise erst mit der Diplomarbeit. Es kommt deshalb darauf an, diese Arbeit nach Möglichkeit in einem international angesehenen Forschungslaboratorium auszuführen.

Die Gentechnik ist ein besonderer Zweig der Molekularbiologie. Man lernt den Umgang mit den Genen daher in molekularbiologisch orientierten

Forschungslaboratorien. In der Bundesrepublik gibt es vier hervorragende Zentren für Molekularbiologie: in Köln, Heidelberg, München und Berlin. Darüber hinaus bieten inzwischen viele Institute anderer Universitäten ebenfalls sehr gute Möglichkeiten, sich im Rahmen einer Diplom- und Doktorarbeit in die Gentechnik einzuarbeiten. Die Diplomarbeit, die meistens etwa ein Dreivierteljahr beansprucht, vermittelt jedoch nur einen ersten Einblick in einige grundlegende Techniken im Umgang mit den Genen. Den tieferen Einstieg in die besondere Denkweise der Molekularbiologen und Gentechniker und in die Vielfalt der Methoden auf diesem Gebiet vermittelt erst die Doktorarbeit.

Wer sein Studium „nur" mit einem Diplom abschließen und anschließend in Forschung oder Industrie gentechnologisch weiterarbeiten möchte, ist schlecht beraten. Ihm fehlt die Beweglichkeit im praktischen und theoretischen Umgang mit den Genen, die für ein selbständiges Arbeiten, zumal auf einem sich so schnell entwickelnden Gebiet, unerläßlich ist. Wer in einem naturwissenschaftlichen Fach eine solide Basis geschaffen hat, viel Phantasie hat, gerne kombiniert, ein ebenso kritischer wie geduldiger Experimentator ist und zudem den Fragen um die Folgen gentechnischer Experimente nicht ausweicht, der dürfte für eine Doktorarbeit auf dem Gebiet der Gentechnologie gut geeignet sein. Für diese Arbeit sind nochmals durchschnittlich drei bis vier Jahre einzuplanen.

Wohl dem, der ein Faible für den Computer mitbringt; ihm wird es um so leichter fallen, die oft gewaltige Datenfülle von Gen- und Protein-Sequenzen beim Auswerten eigener Experimente zu bewältigen. Manche Professoren haben es sich zur Regel gemacht, bei der Studentin oder dem Studenten noch vor Antritt der Doktorarbeit auch ethische Aspekte dieses besonderen Arbeitsgebietes zur Sprache zu bringen. Dies soll den angehenden Gentechnikern helfen, sich leichter darüber klarzuwerden, ob sie zu ihrem Forschungsprojekt auch innerlich stehen und es auch in der Öffentlichkeit vertreten können. Bereits vor der Wahl des engeren Gebietes für die Doktorarbeit sollte sich nach Ansicht von Dr. Ernst Truscheit, Leiter der Forschungskommission Biotechnologie der Bayer AG, der Studierende außerdem überlegen, ob er vorhat, möglicherweise später in einem industriellen und damit anwendungsorientierten Forschungslaboratorium zu arbeiten. Dann sei es vorteilhaft, für die Doktorarbeit eine nahegelegene Thematik auszuwählen. Es mache wenig Sinn, sich detaillierte Kenntnisse etwa im Umgang mit pflanzlichen Genen zu erwerben, wenn man später vorhabe, in der Pharmaindustrie an der Herstellung menschlicher Proteine als Arzneimittel mitzuwirken.

Nach der Promotion gehen viele Jungwissenschaftler zunächst für einige Jahre als sogenannte „postdocs" in weitere Forschungslabors, um neue Fragestellungen und vor allem noch mehr Techniken kennenzulernen. Zusätzli-

chen Gewinn, als Mensch und als Forscher, kann man aus dieser Zeit ziehen, wenn man die Lehr- und Wanderjahre im Ausland verbringt. Auch um sich im Englischen zu perfektionieren, ist ein solcher Aufenthalt sehr vorteilhaft, denn das Englische beherrscht die gesamte Literatur, die meisten Kongresse und sogar so manches Labor hierzulande, in dem es wie am Europäischen Molekularbiologischen Laboratorium in Heidelberg (EMBL) viele ausländische Forscher gibt. Viele Hochschullehrer beklagen aber die zunehmende Immobilität der Nachwuchsforscher, die das Risiko der Arbeitsplatzsuche nach der Rückkehr aus dem Ausland scheuen oder sich durch den festen Arbeitsplatz des Freundes oder der Freundin gebunden fühlen. Ende Zwanzig sind die meisten Gentechniker, wenn sie nach der Promotion ihre erste Stelle suchen. Eine erste „postdoc"-Stelle zu finden ist nicht allzu schwer, auch die zweite oder dritte findet sich meist noch. Bei der Suche nach einer Dauerstellung wird das Nadelöhr hingegen sehr eng. Eine ganze Reihe Gentechniker finden heute einen Arbeitsplatz in der Grundlagenforschung – an einer Universität oder einer Großforschungseinrichtung wie der Max-Planck-Gesellschaft, dem Deutschen Krebsforschungszentrum oder anderen Institutionen. Vereinzelt kommen jetzt auch Möglichkeiten bei der Polizei hinzu. Diese hat begonnen, Laboratorien einzurichten, in denen zur Spurensicherung auch moderne gentechnische Verfahren, etwa der sogenannte genetische Fingerabdruck, angewandt werden sollen. Auch in Anwaltskanzleien wird man einige Gentechniker brauchen, denn schon jetzt zeichnet sich ab, daß Patentstreitigkeiten keine Seltenheit sind. Andere Gentechniker finden einen Arbeitsplatz bei einer der jungen Biotechnologiefirmen, in einer Molkerei oder auch – weil das Arbeitsplatz-Angebot jedoch knapp ist, greifen immer mehr junge Gentechniker zu, sobald sich ihnen ein Arbeitsplatz bietet – in einer Firma, die Impfkulturen für Brauereien herstellt, als Dozent(in) in einer Molkereifachschule oder in der Graphik-Abteilung eines Pharma-Büros.

In der Großindustrie sind die Chancen für Gentechniker in der Bundesrepublik derzeit gering. Pharmafirmen wie Bayer, Hoechst, Boehringer Ingelheim und andere haben erste Forschungsabteilungen beziehungsweise Produktionsanlagen für Gentechnik-Produkte aufgebaut; die entsprechenden Arbeitsplätze sind jedoch vorerst besetzt, wie Dr. Waldemar Wetekam vom gentechnischen Forschungslabor der Hoechst AG die Situation schildert. Die schlechte Akzeptanz der Gentechnik in der Bundesrepublik habe dazu beigetragen, daß man sich mit weiteren Entwicklungen hierzulande zurückhalte und die Aktivitäten in Forschung und Produktion eher in die Vereinigten Staaten verlegt habe. Gefragt sind in der Bundesrepublik nach Ansicht von Truscheit derzeit eher Verfahrenstechniker und Proteinchemiker, die den biotechnologischen Produktionsablauf, vor allem die aufwendigen Reinigungsverfahren bei der Herstellung gentechnischer Produkte, noch verbessern und damit wirtschaftlicher gestalten könnten.

In den Vereinigten Staaten haben viele Gentechniker eigene kleine Unternehmen gegründet; etwa 300 gibt es davon derzeit, besonders für medizinische Diagnostika und Therapeutika. Auch in der Bundesrepublik haben sich einzelne Gentechniker selbständig gemacht, jedoch dürfte in dem viel weniger wagemutigen Wirtschaftsklima hierzulande kein vergleichbarer Boom an privaten Biotechnologieunternehmen zu erwarten sein, auch wenn sich durch die Schaffung eines Gentechnik-Gesetzes im Juli 1990 die Lage der Gentechnik in der Bundesrepublik etwas entspannt hat.

Trotz der derzeitigen, vor allem politisch begründeten Stagnation der Gentechnik in der Bundesrepublik sehen die großen Firmen für die längere Zukunft einen bedeutenden Einfluß dieser modernen Form der Biotechnologie auf weite Bereiche der Wirtschaft voraus, für die Agrarwirtschaft ebenso wie für die Arzneimittel-Herstellung und sogar für die Synthese chemischer Produkte.

Geographie

Vom Stadt-Land-Fluß-Spiel zur Landschaftsplanung

Von Peter Pez

Wenn von Geographen die Rede ist, denkt ein Personalchef meist an Erdkundelehrer. Dabei hat sich in den letzten drei Jahrzehnten in zunehmendem Maße ein Ausbildungsweg durchgesetzt, der mit dem Lehramt nichts zu tun hat: der Diplomstudiengang Geographie. Erstmals wurde diese Richtung 1958 an der Freien Universität Berlin eingeführt, in zwei regelrechten „Gründungswellen" Mitte der sechziger, und in der zweiten Hälfte der siebziger Jahre folgten weitere Universitäten. Insgesamt kann man heute in den „alten Ländern" der Bundesrepublik in 34 Städten Geographie mit dem Ziel des Diplomabschlusses studieren.

Neben der formalen Struktur der Bildungswege hat sich auch das zahlenmäßige Verhältnis zu den Lehramtsstudiengängen grundlegend gewandelt. Konnte man in den siebziger Jahren noch davon ausgehen, daß neun von zehn Geographiestudenten an einer Universität den Lehrerberuf anstrebten, so ist die Relation zu den „Diplomern" heute in etwa ausgeglichen. Bei den jüngeren Semestern machen letztere sogar 70 bis 80 Prozent aus.

Was ist das Ziel der noch relativ neuen geographischen Ausbildung? Mit Sicherheit ist es nicht das Leitbild des „Länderkundlers", der nach Art des „Stadt-Land-Fluß"-Spieles topographische Einzelheiten auswendig lernt. Auch wenn die Vermittlung regionalwissenschaftlicher Kenntnisse nach wie vor einen nicht zu vernachlässigenden Teil der geographischen Lehre darstellt, liegt das Schwergewicht doch auf den grundlegenden wissenschaftlichen, methodischen und politisch-planerischen Inhalten aller „raumrelevanten" Themenfelder. Dies sind auf der physisch-geographischen Seite Geologie, Bodenkunde, Agrargeographie, Klimatologie, Pflanzen- und Gewässerkunde, Ökologie/Umweltschutz sowie auf der sozialgeographischen Standortplanung, Tourismus, Stadt- und Verkehrsplanung, Bevölkerungswissenschaften, Landesplanung sowie regionale Wirtschaftspolitik und Entwicklungspolitik. Statistik, Kartographie und Luftbildauswertung kommen ergänzend hinzu.

In all diesen Bereichen müssen die Studenten Grundkenntnisse erwerben. Vorrangiges Ziel ist es dabei, das viel – und wohl nicht ganz zu Unrecht – beklagte „Fachidiotentum" zu vermeiden. Der Geograph lernt systematisch die Denk-, Betrachtungs- und Arbeitsweisen verschiedener Wissenschaftsdisziplinen kennen. Dem dient auch die Auflage, neben dem Hauptfach zwei weitere Nebenfächer zu studieren: Betriebs- und Volkswirtschaftslehre, Jura, Geschichte, Sprachen, Politik, Soziologie, Informatik, Mathematik, Agrarwissenschaften, Landschaftspflege, Botanik, Zoologie, Geologie, Geophysik und Meteorologie sind mögliche Kombinationen. Viele Studenten beschränken sich übrigens mittlerweile nicht mehr auf das Pflichtprogramm, sondern wählen freiwillig ein drittes Nebenfach oder suchen sich zumindest in anderen Instituten gezielt Lehrveranstaltungen aus, die zum Studienschwerpunkt passen.

Was kann man werden? Arbeitsmöglichkeiten bestehen im Bereich des Natur- und Umweltschutzes; beratende und planende Funktionen in Stadt-, Landes- oder Fachplanungsämtern, in der Politik, in Verbänden und Instituten, Aufgaben in Sozial- und Marktforschungsunternehmen, betriebliche Standortplanung, Berufe im Fremdenverkehrswesen, die Jugend- und Erwachsenenbildung sowie das gesamte Verlags-, Bibliotheks- und Pressewesen (Zeitungen, Hörfunk, Fernsehen). Die Stadt-, Regional- und Landesplanung ist dabei der begehrteste Bereich, er wird von zwei Dritteln der Studenten favorisiert. Allerdings gelingt es nicht mehr als 10 bis 20 Prozent, diesen Traum zu verwirklichen.

Überhaupt täuscht die Länge dieser Aufzählung über die wahren Chancen auf dem Arbeitsmarkt. So verzeichnete die Bundesanstalt für Arbeit im Dezember 1990 knapp 1500 arbeitssuchende Geographen (Tendenz steigend), konnte aber nur ganze 39 Stellen offerieren. Berücksichtigt man, daß insgesamt erst etwa 3300 Geographen im Nicht-Schul- oder Nicht-Hochschulbereich einen Arbeitsplatz gefunden haben, errechnet sich daraus eine Arbeitslosenquote von über 30 Prozent. Auf dem „freien Stellenmarkt" sieht es keineswegs besser aus. Spezielle Ausschreibungen für Geographen gibt es eigentlich nur im wissenschaftlichen Bereich, und das Angebot ist extrem niedrig. Die Konkurrenz, insbesondere von Ingenieuren, Wirtschafts- und anderen Naturwissenschaftlern, ist dagegen erheblich. Vor allem bei diesem Wettbewerb leiden Geographen darunter, daß es ihrem Berufsstand in der Bundesrepublik Deutschland – im Gegensatz etwa zu den Kollegen in Großbritannien, der Schweiz und den skandinavischen Ländern – bis heute nicht gelungen ist, ein eigenständiges Image aufzubauen. Jeder Personalchef hat recht klare Vorstellungen davon, was er von einem Volks- oder Betriebwirt, einem Juristen oder Geologen zu erwarten hat. Bei einem Diplom-Geographen hat er jedoch nur vage Feld-Wald-Wiesen-Vorstellungen. Aufgrund dieser Fehleinschätzung als „Nur-Länderkundler" kommt es in aller Regel gar nicht erst zu einem Vorstellungsgespräch und damit der Chance, das Bild vom Geographen zu korrigieren. Absolventen anderer universitärer oder betrieblicher Ausbildungsgänge behalten deshalb beim Berufseinstieg die Nase vorn, selbst wenn der konkurrierende Geograph objektiv die geeignetere Qualifikation mitbringt.

Mit einer Änderung dieser Situation ist auch auf längere Sicht wohl nicht zu rechnen. Das mag auch daran liegen, daß die Zahl derjenigen, die ihr Geographiestudium abgeschlossen haben, im Vergleich zu anderen Wissenschaftsdiziplinen bislang recht klein geblieben ist: In den alten Bundesländern waren es vor 1980 nicht einmal 100 im Jahr. Erst seit 1982 (147) ist ein kontinuierlicher Anstieg zu verzeichnen (1987:487), der sich in Zukunft fortsetzen wird. Daraus ergibt sich ein Teufelskreis: Die wenigen Geographen, die bisher den Einstieg in ein dem Studium entsprechendes Arbeitsverhältnis schafften, reichen zur Gestaltung eines positiven Berufsimages nicht aus – Stellenangebote für Geographen oder zumindest deren Berücksichtigung bei Ausschreibungen bleiben deshalb Einzelfälle – die steigende Zahl der Absolventen findet keinen Arbeitsplatz – Geographen bleiben weiterhin eine Randgruppe.

Für die meisten der zur Zeit rund 16000 Geographiestudenten wird deshalb die an das Studium anschließende Umschulung – meist auf einen Datenverarbeitungsberuf – die einzige Konsequenz bleiben. Wirtschaft, Politik und Verwaltung könnten zwar sicherlich von einem stärkeren Einsatz dieser Akademikergruppe profitieren: Allein die Aussichten sind derzeit noch sehr schlecht.

Geologie

Den Schätzen dieser Erde auf der Spur

Von Axel Schnorbus

Peter Packer ist Engländer, der seine Heimat schon als junger Mensch verlassen hat. Als Geologe ist er inzwischen überall gewesen. Seine Frau hat er vor bald einem Menschenalter in Chile als junger Betriebsassistent einer Kupfermine kennengelernt. Jetzt ist er wiederum in einer Kupfermine tätig, als Manager und diesmal an der türkischen Schwarzmeerküste, unweit von Cayeli. „Cayeli“ heißt „Teeland“, doch den idyllischen Ausblick vom Balkon seines Hauses auf Bananenstauden, Aprikosen, Schwarzerlen, Haselnußsträucher und dunkelgrüne Teeplantagen kann er sich nur selten leisten. Die Wirklichkeit dieses einsamen Fleckens, ganz hinten in der Türkei, ist rauh. Sie verlangt von ihm täglich Improvisation, Anpassungsfähigkeit und eine robuste Gesundheit.

Geologen müssen geländegängig sein. Stock und Stein darf sie nicht hemmen, ebensowenig die Welt unter Tage beklemmen, die ja nur auf Besucher faszinierend wirkt. Zudem ist es über Tage längst nicht überall so mild wie an der Schwarzmeerküste. Auf der Suche nach kostbaren Rohstoffen werden die Grenzen des Unerforschten, noch nicht Ausgeschöpften ständig weiter vorgeschoben. Das Leben unter extremen Witterungsbedingungen, im Hochgebirge, in der Tundra, der Arktis oder der Wüste ist für Geologen daher eher die Regel. Gleichsam zu seinem Rüstzeug gehören auch Orientierungssinn und Beobachtungsgabe. Dietmar Weißer, Chefgeologe der Frankfurter Metallgesellschaft, vergleicht seine explorierenden Berufskollegen sogar mit Detektiven, nur daß für jene der Aufschluß im Gebirge der Tatort ist, wo Spuren zum begehrten Rohstoffvorkommen gesucht, gesichert, gesammelt und ausgewertet werden. Ein Geologe braucht außerdem räumliches Vorstellungsvermögen. Wie sollte er sonst das Volumen einer Lagerstätte oder den Verlauf eines Wasserhorizontes richtig einschätzen können? Sie gäben sich zwar gern als Einzelkämpfer, meint Weißer zum Verhalten mancher Berufskollegen, aber heute, wo die einzelnen Naturwissenschaften immer enger zusammenrücken, sei Teamgeist, Zusammenarbeit, mehr denn je gefragt.

Geologen befassen sich mit der Entwicklung und dem Aufbau der festen Erdkruste, sie untersuchen die physikalischen und chemischen Veränderungen an der Oberfläche und die thermischen und mechanischen Einwirkungen in der irdischen Gesteinshülle, die im Laufe der Erdgeschichte zu großen Veränderungen geführt haben. Geologie ist eher eine sehr alte Wissenschaft.

Aus dem Streben der Menschen, die Schätze dieser Erde auszubeuten, zog sie ebenso Erkenntnisse wie aus der Beobachtung von Veränderungen auf oder innerhalb der Erde, etwa durch die Wirkungen von Flut, Erdbeben oder Vulkanausbrüchen. Die ersten geologischen Karten stammen aus dem alten Ägypten. Fast jedes Zeitalter hat sich sein eigenes Bild von der Erde gemacht. Seit Ende des 18. Jahrhunderts wird die Geologie zu einer „lehrbaren" Wissenschaft. Doch bis weit in dieses Jahrhundert hinein war sie im wesentlichen eine beschreibende, weniger dagegen analysierende Wissenschaft. Durch Geophysik, Geochemie, besonders jedoch durch die Fortschritte auf dem Gebiet der Seismik, der Magnetik und moderner Meßverfahren sowie durch den Einsatz der Datenverarbeitung ist sie den exakten Wissenschaften nähergerückt. „Die oft blumige, beschreibende Sprache des Geologen", sagt Weißer, „ist einer nüchternen Bilanzierung gewichen." So bilden heute auch solide naturwissenschaftliche Kenntnisse die Voraussetzung für ein Studium der Geologie. Wer in Chemie, Physik oder Mathematik nur Durchschnittliches leistet, sollte daher „die Finger von der Geologie lassen".

Geowissenschaften – dazu gehören neben der Geologie unter anderem auch die Mineralogie, die Paläontologie oder die Lagerstättenkunde – wurden in Deutschland zunächst nur an den Bergakademien in Freiberg (Sachsen) und Clausthal gelehrt. An den Universitäten und Technischen Hochschulen sind Lehrstühle erst in der zweiten Hälfte des 19. Jahrhunderts entstanden. Heute bieten in Deutschland 31 Hochschulen Geologie als Studienfach an, darunter drei Universitäten in den neuen Bundesländern, Freiberg in Sachsen und Greifswald, seit zwei Monaten verfügt auch die Universität Halle über ein geologisches Institut. Geophysik konnte an dieser Universität schon immer studiert werden. Einen generellen Numerus clausus gibt es für dieses Studienfach in Deutschland nicht. Etwa die Hälfte der Institute nimmt jedoch nur begrenzt Studienanfänger auf. Daher ist es ratsam, sich beim zuständigen Fachstudienberater oder beim Studentensekretariat der betreffenden Hochschule nach Aufnahmebeschränkungen zu erkundigen. Voraussetzung für das Studium ist im allgemeinen die Hochschulreife. Der Nachweis einer praktischen Tätigkeit vor dem Studium wird nicht verlangt, aber empfohlen. Wer zur Diplomprüfung zugelassen werden will, muß jedoch eine mindestens zweimonatige praktische Tätigkeit außerhalb der Hochschule nachweisen.

Das Studium soll nach der gültigen Studien- und Prüfungsordnung „höchstens" neun Semester betragen. Nach Angaben des Bundesverbandes Deutscher Geologen liegt die durchschnittliche Studiendauer derzeit aber bei 13,8 Semestern, woran sich oft noch weitere sechs Semester bis zur Promotion anschließen. Kritiker der heutigen Studienbedingungen bemängeln vor allem die Praxisferne. Nicht überall erhalten die Studenten offenbar eine solide Ausbildung „im Gelände". Viel zuwenig machen angehende Geologen auch von der Möglichkeit Gebrauch, während der Semesterferien an Projekten der Industrie mitzuwirken. Das Studium wird als viel zu lang empfunden, und die Studieninhalte entsprächen längst nicht mehr den Anforderungen der Praxis, müßten daher, so meint der Verband, verstärkt auf Themen wie Umweltschutz, Ressourcensicherung, Katastrophenvorsorge eingehen und neue Formen interdisziplinärer Zusammenarbeit, vor allem mit den Wirtschafts- und Ingenieurwissenschaften, entwickeln.

Dies ist um so notwendiger, weil längst nicht alle Hochschulabsolventen eine Anfangsstellung finden. An den deutschen Universitäten studieren derzeit etwa 9000 Studenten (einschließlich Doktoranden) im Hauptfach Geologie/Paläontologie, davon etwa ein Viertel Frauen. Die Zahl der Studienanfänger stagniert; sie liegt derzeit bei rund 1000. In letzter Zeit wurden jährlich etwa 500 Diplomprüfungen abgelegt und gut 150 Geologen promoviert. Dahinter verbirgt sich eine respektable Abbrecherquote. Auf der anderen Seite sind in Deutschland 6000 Akademiker als Geologen tätig, davon zwischen 1500 und 1800 im öffentlichen Dienst, bei den geologischen Landesämtern, bei der Bundesanstalt für Geologie und Rohstoffe in Hannover (hier allein 150 Geologen), an den Hochschulen, Museen und in den Kommunen. Größter industrieller Arbeitgeber ist die Erdölindustrie (300 Geologen). Auch der Bergbau, die Steine-Erden-Industrie und der Tiefbau beschäftigen Geologen in nennenswerter Zahl. Weitere 500 Geologen arbeiten in Ingenieurbüros, als Angestellte oder Freiberufler.

Doch die Behörden als größter Arbeitgeber decken schon seit Jahren nur noch den Ersatzbedarf. Erz-Bergbau wird in Deutschland kaum noch betrieben, und die Explorationstätigkeit von Erdgas- und Erdölindustrie hat, da der Ölpreis stark gesunken ist, nachgelassen, während neue Aufgabengebiete, etwa im Umweltschutz oder im Rahmen der sogenannten Kommunalgeologie (Altlasten, Grundwasserschutz, Deponiestandorterkundung), noch keinen nennenswerten Ausgleich bringen. So müssen viele Hochschulabsolventen versuchen, anderweitig, gleichsam „branchenfremd" unterzukommen. Jahr für Jahr steigt zudem die Zahl der als arbeitslos gemeldeten Geologen. 1982 waren es rund 500, jetzt sind es nach Angaben des Verbandes schon 1500.

Die Aussichten sind also nicht besonders günstig. Wer Geologie studieren will, sollte solide naturwissenschaftliche Kenntnisse mitbringen und sich während des Studiums nicht zu sehr auf das „klassische" Studienangebot beschränken. Betriebswirtschaft, Datenverarbeitung sowie Ingenieurwissenschaften werden für den Geologen immer wichtiger. Viele Positionen, vor allem im Bergbau, werden ohnehin nur noch im Ausland angeboten. Gute Sprachkenntnisse, besonders im Englischen, sind daher unabdingbar. Empfehlenswert ist es auch, bei Studienbeginn oder bei Wechsel des Studienortes – soweit es denn möglich ist – die Schwerpunkte, die „Spezialitäten" der einzelnen Institute zu berücksichtigen. Wer sich als Geologe relativ früh für den Rohstoffbereich entscheidet, ist gut beraten, in Aachen, Berlin, Clausthal oder Freiberg zu studieren. Die Erdölgeologie ist besonders in Heidelberg, aber auch in Claustahl, in Bochum und Bonn vertreten. Der Schwerpunkt Darmstadts, Aachens und Bochums ist die Ingenieurgeologie, die Baugrunderkundung im Tiefbau, der Tunnelbau, der Deponie- und Dammbau. Münchens Spezialität ist die Lagerstättenkunde und die Luftbildgeologie, jene von Hamburg und Kiel die Meeresgeologie, die von Frankfurt die Antarktisforschung, jene von Erlangen die Umweltgeologie, während in Gießen und Göttingen führende Experten der Geodynamik lehren.

Germanistik

Beschäftigung mit Sprache und Literatur – ein Wachstumsmarkt

Von Reinhard Olt

„Germanistik – eine deutsche Wissenschaft". Der Titel eines Buches, das erstmals 1967 aufgelegt wurde und seither in vielen Auflagen erschienen ist, gehörte Anfang der siebziger Jahre wohl zur Standard-Lektüre eines jeden Studierenden dieses Faches. Das Buch war aus einer „Bewegung" gegen das Fach heraus entstanden und hatte Bewegung in die Reihen seiner Vertreter gebracht. Aus der zwanzig Jahre nach Kriegsende einsetzenden Auseinandersetzung mit den einst gültigen Lehrinhalten und Schulmeinungen, vor allem aber mit den Verstrickungen prominenter Fachvertreter in die Wirrnisse des „tausendjährigen Reiches", war es hervorgegangen.

Es faßte die auf dem Germanistentag 1966 vorgetragenen grundsätzlichen Positionen gegen Form und Inhalt einer seit (damals) hundertfünfzig Jahren institutionalisierten philologischen Fachwissenschaft zusammen, die sich im nationalistischen Überschwang nach der Reichsgründung als universitäre Leitwissenschaft gesehen hatte, und drückte das Unbehagen junger Lehrender (die Fronde der Assistenten gegen die Herrschaft der Ordinarien) und Lernender (die vom Sog der „Achtundsechziger" mitgerissenen Opponenten gegen Staat und Gesellschaft) aus: Der Titel des Buches war Anklage und Gegenprogramm zugleich.

Germanistik, eine deutsche Wissenschaft? Ja, bis 1970 vor allem an deutschen Universitäten eine national-philologische Spitzenleistungen hervorbringende, produktive Disziplin. Das Fach verdankte seine Existenz den Neigungen und dem Eifer der Brüder Jacob und Wilhelm Grimm. Die wurden einst vom Marburger Rechtsgelehrten von Savigny in das römische Recht eingeführt. Ihr Bestreben war es, den Rechtsverhältnissen in Germanien nachzuspüren. Sie suchten nach entsprechenden Quellen und begannen damit, diese zu publizieren.

Ihre Schüler und Nachfolger führten das fort; daraus entwickelte sich die Germanische Philologie, indem sich die Vertreter dieser Richtung mehr und mehr zu Meistern der kritischen Textedition entwickelt hatten. Bis zur Schwelle des 20. Jahrhunderts vertraten die Ordinarien der Germanischen Philologie das Fach in seiner ganzen Breite – eingeschlossen waren auch Anglistik, Nordistik, Niederlandistik und Afrikaans. Erst nach 1900 sind dafür eigene Lehrstühle eingerichtet worden. Und in den zwanziger Jahren spaltete sich das Fach Germanistik in einen sprachwissenschaftlichen und einen literaturwissenschaftlichen Teil; daneben wurde die Volkskunde zu einer eigenständigen Disziplin.

In den 20 Jahren seit 1970 hat sich das Studium des Faches stark verändert. Was inhaltlich einstmals als unverrückbar deklariert worden war, war im Zuge der „Demokratisierung der Hochschulen" in ein politisches Diskussionsfach umfunktioniert worden. Damals galten als Maxime (verkürzt) etwa zwei Topoi: 1. Literatur und wissenschaftliche Beschäftigung damit seien nur „gesellschaftlich relevant", sofern sie die Gegenwart, höchstens noch die unmittelbar vorhergehende Vergangenheit, zum Gegenstand hätten; „wahre, nützliche Literatur" konnte nur jene „progressive", auf gesellschaftliche Veränderung zielende nach 1848 sein. 2. Sprache und wissenschaftliche Beschäftigung damit sollte auf alles Normative verzichten. Die Muttersprache war als „Herrschaftsinstrument gesellschaftlich führender Schichten" zu dekuvrieren.

Den anstürmenden Studentenmassen nach 1969 war das universitäre Lehrpersonal nicht gewachsen. Um die „Lehrer-Lerner-Relation" erträglich zu halten, mußten mehr Professoren neuen Typs her: Man holte sie aus dem Kreis der Assistenten, der Unfertigen also. Deren Verträge wurden „umgewandelt", oder sie durchliefen ein formelles Berufungsverfahren und wurden zu Professoren auf Lebenszeit ernannt. Die „Ordinarien-Struktur" wich „Kollegialorganen", „Betriebseinheiten", „Institutsräten". Nur in Bayern, Baden-Württemberg und Rheinland-Pfalz widersetzte man sich dem „kulturrevolutionären Spuk" oder milderte ihn – wie im Saarland, in Schleswig-Holstein oder an alten Universitäten Nordrhein-Westfalens (Köln, Bonn, Münster) – ab.

Das Germanistikstudium mußte „transparent", für jeden durchschaubar sein. Was war zu tun? Die Studien- und Prüfungsordnungen ändern. In ungezählten Sitzungsstunden ist das Fach umgestaltet und mit Teildisziplinen, die man bald „Bindestrich-Fächer" nannte, aufgebläht worden. Nicht der Überblick über ein Fach mit einem verbindlichen Kanon literatur- und sprachwissenschaftlicher, am historisch-chronologischen Prinzip orientierter Lehrinhalte wurde mehr geboten. An seine Stelle trat das mittels „Scheinen" nachgewiesene „Häppchen- und Portiönchen-Fach". Das Studium der Sprach- und Literaturgeschichte wurde auf ein gerade noch Alibi-Funktion erfüllendes Maß reduziert. An seine Stelle traten Fächer wie beispielsweise „Literatursoziologie" oder „Rezeptionstheorie". In den Seminaren stand das Sekundäre, der Methodenstreit, nicht das Primäre, die Arbeit an und mit den Quellen, im Vordergrund. Die Beschäftigung mit den Medien trat hinzu.

Wie ist die Lage gegenwärtig? Schon vor dem Zusammenbruch der kommunistischen Gesellschaftsordnung im Osten, etwa seit Mitte der achtziger Jahre, hatte sich gezeigt, daß das Fach mehr und mehr zurückfand zu seinen traditionellen Grundlagen. Die einsetzende Entideologisierung ist zudem durch die Vereinigung der beiden Teile Deutschlands beschleunigt worden. Sie findet ihren stärksten Ausdruck darin, daß nunmehr auch die Spaltung der Fachwissenschaft überwunden wird und die zum Teil einführenden Germanistischen Institute an ostdeutschen Hochschulen – von der Last der marxistischen Verirrung befreit – nach einem Prozeß der „Selbstreinigung" (wobei westliche Forscher und Lehrer als „Katalysatoren" wirken) ihren alten Rang zurückgewinnen können: Leipzig, Berlin, Rostock, Greifswald. Das wird auch hinsichtlich der Lehrerbildung – die Germanistik war immer zuvorderst eine vornehmlich „Schulmeister" heranbildende Disziplin – Folgen zeitigen, da in den neuen Bundesländern der Bedarf an „Neu-Lehrern" immens ist. Auch an fähigem wissenschaftlichem Personal wird bis etwa eineinhalb Jahrzehnte nach der Jahrtausendwende der Ersatz- und Neueinstellungsbedarf wieder von Bedeutung sein. Da ob solcher veränderter „Rahmenbedingungen" die Beschäftigungsaussichten von Germanisten zweifellos besser geworden sind, haben sich auch die Seminare wieder gefüllt. Mit der Rückbesinnung auf die „Ganzheit des Faches", mit der Ausrichtung der abermals veränderten Studien- und Prüfungsordnungen – weg von der „Spezialisierung", hin zur Vermittlung eines breiten Grundlagenwissens – ist überdies im Neuzuschnitt des philologischen Studiums die Qualifizierung und Qualität der Absolventen merklich gestiegen.

Es wird wieder viel Wert auf historische Ausbildung gelegt. Und: Die Moderne, der Computer, hat Einzug gehalten, ohne das Althergebrachte, den philologisch geschulten Umgang mit den Quellentexten, zu verdrängen. Auch dort, wo der Computer zum Einsatz kommt, kann auf die Kunst der Interpretation nicht verzichtet werden. Wahrgenommen wird heute aber auch wieder, daß die Literatur der Deutschen und ihre Zeugnisse mit dem 7. Jahrhundert nach Christus einsetzen; die germanistische Mediaevistik, die Erforschung der Literatur des Mittelalters, erlebt derzeit einen großen Aufschwung. Daß dazu Kenntnisse älterer Sprachstufen des Deutschen notwendig sind, versteht sich von selbst.

Ohne Murren der Studierenden wird heute wieder ins Alt- und Mittelhochdeutsche eingeführt, und es soll sogar mancherorts eine Handvoll Interessierter geben, die es danach gelüstet, die Bibel des Bischofs Wulfila im Originaltext, in Gotisch, lesen zu können. Zudem: Je mehr unsere Gesellschaft zur „Kommunikationsgesellschaft" wird, desto mehr sind Menschen vonnöten, die im Umgang mit Texten, seien es mündliche oder schriftliche, akustisch oder optisch wahrnehmbare, geschult sind. Die „Sprach- und Sprechfähigkeit", damit aber auch die Schreibfähigkeit der Menschen nimmt mit zunehmender Elektronisierung der Medien immer mehr ab. Dem kann die Schule allein nicht mehr gegensteuern. Die sprachliche und literarische Begleitung des Menschen wird sich künftig über das ganze Berufsleben an modernen Textverarbeitungs-Arbeitsplätzen erstrecken müssen. Gut ausgebildete Germanisten werden daher in Deutschlands Wirtschaft, Verkehr, öffentlicher und privater Verwaltung eine zunehmend größere Rolle spielen und ihr Unter- und Auskommen finden.

Geschichte

Man sucht wieder nach den Quellen

Von Johann Michael Möller

Daß eine Gesellschaft, die inmitten einer tiefgreifenden technischen Umwälzung steht, sich ihrer traditionellen Lebenswelten zu versichern sucht und dafür Geisteswissenschaften braucht, läßt sich nicht leugnen. Daß dies jedoch an der katastrophalen Berufssituation in diesen Fächern etwas ändern würde, war eine Illusion. Kaum daß die Geisteswissenschaften begannen, sich über ihre neue Wertschätzung zu freuen, schmolzen auch die letzten Aussichten dahin, sich damit seinen Lebensunterhalt verdienen zu können. Das wird in keinem anderen Fach so deutlich wie in der Geschichte. Während historische Themen Konjunktur haben wie selten zuvor, während Städte und Regionen ihr historisches Ambiente pflegen und die Begeisterung für die Geschichte in alle Lebensbereiche einzudringen beginnt, hat die Zahl der arbeitslosen Historiker in den letzten Jahren kontinuierlich zugenommen. Knapp 1200 waren es bereits, die Ende 1986 nach einer beruflichen Beschäftigung suchten, die chancenlosen Lehramtskandidaten für Geschichte nicht einmal eingerechnet.

Wie kaum eine andere Disziplin scheint sich die Geschichte wieder in das Ideal brotloser Wissenschaft zu fügen, und nur die außerordentliche Absorptionskraft der staatlichen Bildungseinrichtungen in den letzten Jahrzehnten hat vergessen lassen, daß historische Forschung sich immer schon zum großen Teil in jener entsagungsvollen Institution abspielte, von der die Universität des 19. Jahrhunderts geprägt war: der Privatdozentur, der „Pflanzschule künftiger Professoren“, wie sie der Orientalist Michaelis einst nannte, die doch für viele die bedrückende Endstation ihrer akademischen Blütenträume blieb. Schon längst werden wichtige Forschungsleistungen wieder von Wissenschaftlern erbracht, deren soziale Existenz völlig ungesichert ist, die auf Dauer und unter großen persönlichen Opfern einen Teil jener Kosten tragen, die von den Universitäten nicht mehr aufgebracht werden können. Trotzdem ist der Zustrom von Studenten zu den historischen Fächern ungebrochen. In Rheinland-Pfalz lagen im letzten Wintersemester die Geisteswissenschaften mit 55 Prozent der Studienanfänger weiterhin vorne. In Bayern nahmen ausgerechnet die Lehramtsstudiengänge um über 30 Prozent zu. Fast trotzig scheint man sich an die alte humanistische Idee vom Bildungswert dieser Fächer zu klammern, an das geläufige Wort Diltheys, daß dem Menschen nur die Geschichte sagt, was er sei. Denn damit, „daß ihre historische Ausbildung irgendeine Relevanz für eine zukünftige Berufstätigkeit haben könnte", rechneten schon vor Jahren nicht einmal mehr als zwölf Prozent der Essener Geschichtsstudenten.

Das bleibt nicht ohne Auswirkung auf das Studium. Die weitgehend fehlende Berufsperspektive fördert mittlerweile ein fast hedonistisches Verhältnis zum eigenen Fach. Stand die Geschichtswissenschaft lange Jahre unter dem Primat der Didaktiker und deren peinlichen Fragen nach dem späteren Nutzen des Studiums für den Lehrberuf, so besinnt man sich heute auf die – wenn auch nur zeitweilige – Gemeinschaft der Forschenden, orientiert sich wieder an Universitäten, an denen das Fach Tradition besitzt: München oder Berlin, Göttingen und Köln oder Neugründungen wie Konstanz und Bielefeld.

Viele Studenten wollen ihr Studium offenbar gar nicht mehr unter pragmatischen Gesichtspunkten betreiben, wollen sich wenigstens für eine gewisse Zeit ganz auf ihr Fach konzentrieren. Gering ist daher auch das Interesse an berufsbezogenen Erfahrungen. So hatten die Historiker an der Gesamthochschule Essen große Mühe, für die 24 fachnahen Praktikumsplätze, die sie im Sommersemster 1984 anboten, genügend Bewerber zu finden. Statt dessen läßt sich an vielen Universitäten eine wachsende Begeisterung für das alte Handwerk des Historikers beobachten. Quellenkunde hat die Methodendiskussion vergangener Jahre abgelöst. Übungen und Proseminare werden wieder ernst genommen. Die läßlichen Zwischenprüfungen nach dem vierten oder fünften Semester wurden vielerorts zu ordentlichen Examina, die den Zugang zum Hauptstudium regeln.

Ein neues Verständnis für das Fremdgewordene in der Geschichte hat die hermeneutische Tradition des Faches erneuert, hat den aufgeregten Streit vergangener Jahre zwischen der als positivistisch diskreditierten und einer neuen kritischen Geschichtsschreibung fast vergessen lassen. Heute geht es nicht mehr um die Geschichte der großen Namen, der Haupt- und Staatsaktionen gegen die namenlose Geschichte der Massen, nicht mehr um Diplomatiegeschichte versus historische Sozialwissenschaft, sondern um das merkwürdige Spannungsfeld von detailgenauen Untersuchungen längst vergangener Alltagswelten und lange überdauernden Mustern der Mentalitätsgeschichte. Nicht mehr die Sozialwissenschaften mit ihren quantitativen Methoden dienen dabei als Vorbild, sondern die Ethnologie mit ihren Begriffen des Fremden und des Eigentümlichen und ihrer Erfahrung im Umgang mit mündlicher Überlieferung.

Für den Beruf des Historikers entstand freilich eine paradoxe Situation. Je mehr sich das Fach wieder zu sich selbst bekannte, desto geringer wurden seine Chancen auf dem Arbeitsmarkt, obwohl der Bedarf nach unbezahlter historischer Arbeit in der Öffentlichkeit ständig wächst. Viele Museen und

Archive, Akademien und Gedenkstätten sind längst auf ehrenamtliche Helfer und Praktikanten angewiesen, um der steigenden Nachfrage nach Geschichte gerecht werden zu können. Doch wie wenig der Arbeitsmarkt hierfür hergibt, zeigen die Zahlen. An allen wissenschaftlichen Bibliotheken in der Bundesrepublik gab es Ende 1984 nur rund 1100 meist frisch besetzter Planstellen, an den staatlichen, kirchlichen oder privaten Archiven arbeiteten allenfalls 500 Archivare des höheren Dienstes.

Aber auch die Hoffnung, mit einer Ausbildung als Historiker jederzeit in einen der begehrten publizistischen Berufe ausweichen zu können, erweist sich weitgehend als Illusion. Den 49141 Bewerbern aus den geisteswissenschaftlichen Fächern, die im Juni 1987 auf diesen Teil des Arbeitsmarktes drängten, standen zu jener Zeit nur 708 offene Stellen gegenüber. Das ist nicht weiter erstaunlich, wenn man bedenkt, daß die 2100 Verlage in der Bundesrepublik Mitte 1985 kaum mehr als 3500 Lektoren beschäftigten. Viele Hoffnungen richten sich daher auf die Medien, wo der Bedarf an Wissenschaftsjournalisten in den nächsten Jahren zunehmen soll. Für einige wenige Historiker könnte das bedeuten, die Popularisierung ihrer Wissenschaft zum Beruf machen zu können. Für viele aber ging auch im Journalismus der eigentliche Bezug zu ihrem Fach verloren.

Das gilt in höherem Maße noch bei dem Versuch, Historiker in der gewerblichen Wirtschaft unterzubringen. Denn nur äußerst selten sind dort tatsächlich Dinge gefragt, die ein Historiker bei seiner Ausbildung erwirbt. So machen sich manche Firmen die besonderen Kenntnisse zunutze, die Historiker beim Umgang mit schriftlichen Quellen, mit Texten und Dokumenten besitzen, oder lassen sich Werksarchive und Firmenchroniken erstellen. Für kommerzielle Geschichtswerkstätten, wie sie nach dem Vorbild der amerikanischen Public-History-Bewegung inzwischen auch hierzulande entstehen, ist das neben Stadtjubiläen und Vereinschroniken ein bescheidener Markt, der in einzelnen Fällen ein Jahresverdienst von bis zu 40000 DM bieten kann. Daß aber eine offizielle Akzeptanzstudie wie im Falle des Kernkraftwerks Three Miles Island ausgerechnet an einen gelernten Historiker vergeben wird, dürfte auch in Amerika die Ausnahme bleiben.

Aber nicht nur in praktischen Belangen, auch von der öffentlichen Sinnstiftungsdebatte, die sich wieder historischer Argumente bedient, hat der Historiker wenig zu erwarten. Wo der Geschichte droht, als magistra vitae in Dienst genommen zu werden, muß er auf ihre subversive Kraft verweisen, oder wie Hagen Schulze es einst formulierte: „Aus der Geschichte lernen heißt gegen die Geschichte lernen." Doch dafür wird man selten nur bezahlt.

Grafik-Design

Sie entwerfen Plakate, Briefmarken und Tapeten

Von Hiltraud Böhm

Der Raum sieht nicht aus wie ein Atelier. Keine Staffelei, kein Zeichentisch, keine Lineale, Farbtöpfe und Pinsel, nicht einmal Malstifte. Nur ein Schreibtisch und ein Bildschirm. Trotzdem arbeitet hier ein Künstler, der zeichnet und gestaltet. Seine Ausdrucksmittel sind Software und Computer, seine Werke entstehen auf dem Bildschirm und können direkt in Druckerzeugnisse umgesetzt werden. Desktop Publishing (DTP) und Computer Aided Design (CAD) haben die Berufswelt der Grafik-Designer gewaltig verändert. Die Möglichkeit, optische Konzeptionen nicht nur zu erfinden, sondern sie zugleich technisch weitgehend zu realisieren, haben den Berufsstand beinahe an den Rand einer Identitätskrise geführt. Künstler oder Gewerbetreibender, diese Frage hat Grafik-Designer schon immer in Verlegenheit gebracht, vor allem beim Finanzamt. Es soll Kollegen gegeben haben, die mit der Zeichenmappe unterm Arm zum Fiskus marschierten, um ihre künstlerischen Qualifikationen unter Beweis zu stellen. In Zukunft werden die Grenzen zwischen Kunst und Technik noch fließender sein. Das diffuse „Erscheinungsbild" des Berufs beschäftigt gegenwärtig den Bund Deutscher Grafik-Designer so stark, daß er es zum Leitthema seiner letzten Jahrestagung in Frankfurt machte.

Überhaupt sind Aufgaben und Einsatzbereiche so vielfältig, unterschiedlich und breit gestreut, daß es schwerfällt, sie einem einzigen Beruf zuzuordnen. Grafik-Designer gestalten alles, was geschrieben, gedruckt, vervielfältigt wird. Sie entwerfen Plakate, Briefmarken und Tapeten, zeichnen Trickfilme und Karikaturen, illustrieren Bücher und wissenschaftliche Publikationen. Sie konzipieren Leuchtschriften an Hausfassaden und Hinweisschilder an Autobahnen, denken sich Piktogramme und Firmenzeichen aus, bemalen Glückwunschkarten und Banknoten, erstellen Bildschirmtexte und Zeitungsannoncen, und sie verleihen Firmen mit umfassenden optischen Merkmalen vom Briefkopf bis zur Türklinke die Aura einer „Corporate Identity". Über eines sollten sich junge Leute, die mit diesem Beruf liebäugeln, aber klar sein: Hauptaufgabe aller Grafik-Designer ist und bleibt die Werbung. Wer es für bedenklich hält, „Bildaussagen zu planen und zu entwerfen, die geeignet sind, beim Betrachter bestimmte Verhaltensreaktionen auszulösen" (Blätter zur Berufskunde der Bundesanstalt für Arbeit), sollte am besten gar nicht erst zum Studium antreten. Professor Gerhard Schweizer, Professor des Fachbereichs Gestaltung an der Fachhochschule Darmstadt, sind diejenigen Studenten und späteren Grafik-Designer am liebsten, die sich von vornherein darauf einstellen, in der Werbung tätig zu sein, nicht nur reproduzierend, sondern mit neuen Ideen, Augenmaß und Verantwortungsgefühl. Anders als jene, die laufend Entschuldigungen dafür suchen, warum sie sich für „so etwas" hergeben – und dann aber unkritisch jeden Auftrag akzeptieren.

Grafik-Design ist ein Zweig des Kommunikationsdesigns. Auf der anderen Seite steht die Fotografie. Das Studium dauert im allgemeinen acht Semester und endet mit der Abschlußprüfung zum Diplom-Designer. Die Berufsbezeichnung des Grafik-Designers oder Grafikers ist nicht geschützt. Außer sieben Hochschulen, 24 Fachhochschulen und zwei Gesamthochschulen bilden in der Bundesrepublik auch annähernd 20 private Institute und Berufsfachschulen Grafik-Designer aus, allerdings ohne Diplom. Die Zahl der Studienplätze reicht für die Fülle der Bewerber bei weitem nicht aus. An allen Hochschulen ist die Zulassung beschränkt. Außer dem Notendurchschnitt (in Hessen zur Zeit 2,3) des Abiturs entscheidet ein Eignungstest. Nach den Erfahrungen von Jürgen Hirsch, Landesvorsitzender des Bundes Deutscher Grafik-Designer in Hessen, erreichen im Bundesdurchschnitt nur etwa 5 Prozent aller Interessenten einen Studienplatz. In Darmstadt treten zur Konkurrenz um achtzig Studienplätze mitunter 500–700 Abiturienten an. Wer bei diesen Massenveranstaltungen im größten Saal der Stadt sein Talent nachweist, ist noch lange nicht am Ziel. Dann fallen nämlich erst die Zeugnisnoten oder Wartezeiten ins Gewicht. Nur bei außerordentlicher künstlerischer Begabung lassen die Aufsichtsbehörden Ausnahmen zu. Das besondere Talent muß allerdings in einer Prüfung nachgewiesen werden. In Hessen dürfen höchstens 10 Prozent aller Grafik-Design-Studenten über die Begabten-Prüfung zum Studium zugelassen werden. Die Quote wird generell ausgeschöpft. Aufnahmebedingungen und Studienordnungen sind in den einzelnen Bundesländern unterschiedlich geregelt. Alle Hochschulen verlangen neben dem höheren Schulabschluß den Nachweis praktischer Tätigkeiten, sei es als Vorpraktikum vor Beginn des Studiums, als Fachpraktikum während der Semesterferien oder als komplettes Praxissemester, das der Student wie in Darmstadt nicht an der Hochschule, sondern in einem Atelier oder einer Werbeagentur verbringt. An Praktikantenplätzen fehlt es nach Auskunft des Darmstädter Fachbereichs nicht. Im Gegenteil: Viele Firmen fragen bei der Hochschule wegen Praktikanten nach und sichern sich auf diese Weise ihren Nachwuchs.

Die meisten Grafik-Designer, rund zwei Drittel, arbeiten als Angestellte in Werbeabteilungen oder Werbeagenturen und beschränken sich dort auf bestimmte Tätigkeiten wie Layouter, Typograph, Illustrator. Die Karriereleiter in die höheren Regionen ist amerikanisch markiert: Junior Art Director, Art

Director, Creative Director. Die Verdienstspanne liegt bei Mitarbeitern großer Agenturen zwischen monatlich 5000 und 10 000 DM und ist nach oben unbegrenzt. Die Arbeit im Team erfordert Anpassungsfähigkeit, oft auch die Einordnung eigener gestalterischer Leistungen in ein vorgegebenes gemeinsames Konzept. Das lockt zum Sprung in die Selbständigkeit. Aber den Inhabern von Studios, die eigene Mitarbeiter beschäftigen, oder den Einzelkämpfern in kleinen Ateliers bleiben Konkurrenzdruck, Streß und Reibungsverluste auch nicht erspart. Viele spezialisieren sich auf einzelne Produkte oder Branchen, zum Beispiel auf das Bauhandwerk oder die Pharmazeutische Industrie, oder sie bekommen ihre Aufträge von großen Werbeagenturen, die sich im Einzelfall gern bestimmter, oft weithin anerkannter „Free Lancer" bedienen. Die allzu ausgeprägte Abhängigkeit von einzelnen Branchen und wenigen Auftraggebern ist allerdings schon manchen Ateliers zum Verhängnis geworden.

Grundsätzlich wird von einem erfolgreichen Grafik-Designer mehr erwartet als ein Bild oder ein Entwurf. Er soll Ideen visualisieren, bildhaft gestalten können. Dazu gehören neben künstlerischen und manuellen Fähigkeiten auch kaufmännische Kenntnisse, rasche Auffassungsgabe und sprachliches Geschick. „Ein Grafik-Designer sollte genausoviel vom Text verstehen wie vom Bild, damit seine Botschaft nicht nur gesehen, sondern vor allem verstanden wird." Das ist eines jener „8 Gebote für Grafik-Designer", die ein renommierter Vertreter seines Fachs, Professor Peter von Kornatzky, einmal formuliert hat. Ein weiteres lautet: „Ein Grafik-Designer sollte schon früh seinen Verstand schärfen, damit er nicht kreativem Größenwahn verfällt." Die Gefahr besteht nämlich schon bei der Berufswahl. Viele Jugendliche meinen, durch eine gute Note im Zeichnen zum Grafik-Designer berufen zu sein. Sie suchen in einer vermeintlich künstlerischen Tätigkeit den Ausstieg aus bürgerlichen Bahnen, wollen „sich selbst verwirklichen", glauben womöglich gar, mit dem Brotberuf des „Gebrauchsgrafikers", wie er früher hieß, eine freischaffende Künstlerexistenz absichern zu können. Sie scheitern, steigen aus oder mindern mit mangelhaften Leistungen und Minimalverdiensten das Ansehen eines ganzen Berufsstandes. Wer von raschem Reichtum in der Werbebranche träumt, befindet sich ebenfalls auf dem Holzweg. Mit den Firmenzeichen deutscher Großbanken und Konzerne haben deren Erfinder zwar sehr schnell eine Menge Geld verdient, aber solche Einfälle kommen auch dem besten Kommunikationsdesigner halt nicht alle Tage.

Hispanistik

Lateinamerika rückt immer mehr ins Blickfeld

Von Claudia Schleich

Tendenz steigend – melden die deutschen Hochschulen über die Zahl ihrer Spanischstudenten. In den letzten Jahren verlief die Entwicklung geradezu rasant, und es wird erwartet, daß sie sich fortsetzt.

Zu dem Interesse für die politischen Entwicklungen in Lateinamerika und der Begeisterung für seine Literatur gesellt sich vielfach die Hoffnung, das Studium der spanischen Sprache und Kultur verbessere die Chancen auf dem Arbeitsmarkt, nicht zuletzt wegen Spaniens Integration in die Europäische Gemeinschaft.

Lange stand das Land abseits von Europa. Nach Francos Tod 1975 gelang in Spanien der Prozeß der transición, des gewaltlosen Übergangs von der fast vierzigjährigen Diktatur zur parlamentarischen Monarchie. Der EG-Beitritt 1986 beendete für Spanien die Selbstisolierung. Es fand seinen Platz in Europa. Die für die Spanier geradezu magische Zahl „1992" beinhaltet nicht nur die Vision vom europäischen Binnenmarkt. Dieses Jahr sieht auch Barcelona als Gastgeber der Olympischen Spiele, Sevilla als Veranstalter der Weltausstellung. Gelegenheit für das moderne und historische Spanien, sich darzustellen.

Die enge Abhängigkeit der Sprache von der Geschichte eines geographischen Raumes zeigt der Aufstieg des Kastilischen zur dominierenden Sprache auf der Iberischen Halbinsel. Der Niederlage des letzten Westgotenkönigs Roderich im Jahre 711 folgte die Herrschaft der Moros, wie die Spanier die arabischen Eroberer nannten. Doch schon 722 gab die Schlacht von Covadonga das Signal für die christliche Rückeroberung, die Reconquista, von Norden nach Süden. Im Verlauf dieser Auseinandersetzung zwischen Halbmond und Kreuz wuchs Kastilien zur Macht heran, die kastilische Sprache setzte sich innerhalb der iberischen Sprachenlandschaft durch. Im gleichen Jahr 1492, als mit Granada der letzte maurische Stützpunkt fiel, brachte die Entdeckung der „Neuen Welt" durch Kolumbus die spanische Sprache auf andere Kontinente.

Außenpolitisch entwickelte sich Spanien mit seinem reichen Kolonialbesitz zur Großmacht, die den Höhepunkt ihrer Machtentfaltung unter der Herrschaft Karls I. und Philipps II. im 16. Jahrhundert erreichte. Danach setzte der Niedergang ein. In der Literatur jedoch gelten das 16. und 17. Jahrhundert als „Siglo de Oro", goldenes Zeitalter. Damals schrieb auch Cervantes seinen Roman über die Abenteuer des „Ritters von der traurigen Gestalt“ und seines getreuen Knappen. „In Spanien gibt es eine gute Portion Quijotismus“, erklärte der spanische Ministerpräsident Felipe Gonzáles einmal. Wie das Gespann Don Quijote und Sancho Pansa könnten seine Landsleute träumend und pragmatisch zugleich sein.

Das 1492 begründete spanische Kolonialreich brach endgültig 1898 zusammen, als mit Kuba, Puerto Rico und den Philippinen der letzte überseeische Kolonialbesitz verlorenging. Prägend war dieses Ereignis für eine ganze Schriftstellergeneration. Die „Generation von 1898“ suchte nach einer neuen Identität Spaniens, nach der „spanischen Seele“. Die Entdeckung Amerikas vor 500 Jahren wird 1992 Anlaß sein, die Geschichte der spanischen Kolonialmacht und ihrer ehemaligen Kolonien zu reflektieren.

Die Hispanistik hat sich als Teilgebiet der Romanistik in Deutschland im Laufe des 19. Jahrhunderts institutionalisiert. Das wissenschaftliche Interesse war lange vom traditionellen Bild des „katholischen Spaniens“ geprägt. Dies bestimmte und begrenzte die Themen in Forschung und Lehre. Inzwischen hat sich die Hispanistik neuen Themen, Methoden und Fragestellungen geöffnet und ihr Lehrangebot ausgeweitet. Lateinamerika rückt immer stärker ins Blickfeld.

Gegenwärtig diskutieren die deutschen Hispanisten lebhaft und kontrovers über Zustand und Zukunft ihrer Disziplin. Die einen beklagen eine mangelnde Spezialisierung. Bis heute gebe es an keiner deutschen Hochschule ein Hispanistisches Seminar. Das Fach müsse sich aus der Romanistik lösen. Spanien und Portugal sowie der lateinamerikanische Kontinent sollten stärker als eigenständige Forschungsrichtungen betrachtet werden. Zudem dürfe Hispanistik nicht länger überwiegend philologisch ausgerichtet sein. Nicht nur der Experte für spanische Geschichte und Politik sei gefragt. Andere Stimmen wenden sich gegen ein zu enges Spezialistentum und warnen vor der Trennung von der Iberischen Halbinsel und Lateinamerika.

Das Fach, das traditionell für den Lehrberuf an Schule oder Hochschule ausgebildet hat, ist dabei, sich ein neues Konzept zu geben. Auch mit dem Blick auf den Arbeitsmarkt sehen sich die Hochschulen vor einer geänderten Aufgabenstellung: Neben der Vermittlung der Sprache und Literatur tritt die Vermittlung von Sachwissen über das Land. Eine „Mischfunktion“, die Verbindung von Sprachkompetenz und Sachbearbeitertätigkeit werde künftig vielfach den Arbeitsplatz von Philologen kennzeichnen, prognostiziert die Arbeitsmarktinformationsstelle bei der Zentralstelle für Arbeitsvermittlung in Frankfurt. Neue Fächerkombinationen, beispielsweise mit Wirtschaft oder Touristik – wobei hier die Regelungen der Magisterstudiengänge Grenzen setzen – und Zusatzqualifikationen gewinnen für den Sprachenstudenten an Bedeutung.

Mögliche Berufsfelder für Hispanisten, in Konkurrenz zu anderen Hochschulabsolventen, liegen auf dem Gebiet der Erwachsenenbildung, des Tourismus, der Bibliotheken, des Buchhandels und der Verlage, der internationalen Organisationen und des Kommunikationswesens. Viele Studienanfänger hoffen auf einen Arbeitsplatz in der Wirtschaft und denken an den Binnenmarkt 1992 und den Ausbau der Wirtschafts- und Handelsbeziehungen zwischen Europa und Lateinamerika. Hier will Spanien mit seinen historisch bedingten besonderen Beziehungen eine Brückenfunktion einnehmen. Doch sollten die Chancen in der Wirtschaft nicht überschätzt werden. Zwischen zwei und drei Prozent macht gegenwärtig der Anteil Spaniens am Außenhandel der Bundesrepublik aus, der Anteil Lateinamerikas ist marginal.

Die Zeiten, in denen Spanischstudenten im Gegensatz zu ihren Kommilitonen der Anglistik oder Romanistik im Erstsemester oftmals keine Sprachkenntnisse mitbrachten, haben sich inzwischen geändert. Immer mehr Studienanfänger besitzen ausreichende oder sogar gute Kenntnisse. Dies wird auch auf die Ausbreitung von Spanisch als regulärem Unterrichtsfach in den Schulen zurückgeführt.

Das in der Regel viersemestrige Grundstudium betont die sprachpraktische Ausbildung und führt in die Sprach- und Literaturwissenschaft und in die Landeskunde ein. Im Hauptstudium werden diese Disziplinen vertieft, gewinnt das selbständige wissenschaftliche Arbeiten an Gewicht. Der Student kann sich spezialisieren und Themenschwerpunkte wählen. Am Ende stehen Lehramts- oder Magisterprüfung. Ein Auslandsaufenthalt sollte seinen festen Platz in der Studienplanung des angehenden Hispanisten finden – Voraussetzung für ein erfolgreiches Studium und Empfehlung bei der anschließenden Arbeitsplatzsuche.

Informatik

Maschinen zum Mitdenken bewegen

Von Wolfram Menzel

Noch kein halbes Jahrhundert lang werden elektronische Rechner gebaut, erst seit zwanzig Jahren gibt es die Informatik als eigene Disziplin an deutschen Hochschulen. Sie ist eine junge Disziplin, mißt man sie am Alter der Mathematik, Chemie oder Jurisprudenz. Doch hat sie unsere Wirtschaft, unser gesamtes öffentliches Leben bleibend verändert.

Entsprechend wuchs die Attraktivität des Informatikstudiums beständig. Ende der achtziger Jahre fanden sich jährliche Zuwachsraten um 20 Prozent. Heute zeichnet sich, auf hohem Niveau, eine Stabilisierung ab, doch wird das Einbeziehen der neuen Bundesländer nochmals für eine deutliche Sonderentwicklung sorgen. Zwischen 25 000 und 30 000 Informatiker werden an den deutschen wissenschaftlichen Hochschulen (ohne Fernuniversität) ausgebildet, um die 15 000 studieren an Fachhochschulen. Dabei ist die durchschnittliche Vorstellung vom „Informatiker" (verglichen mit dem Arzt oder Architekten) wohl immer noch eher blaß, erschöpft sich zumeist im Allgemeinbezug „Computer" und „Programmieren". Was ist man dann, wenn man ein Informatiker ist? Werden Berufserwartungen, wie sie in den Zahlen zum Ausdruck kommen – auf Position und Einkommen, auf eine intellektuell und im Sozialkontext lebendige Tätigkeit, auf Teilhabe an fortwährender Innovation –, sich erfüllen lassen?

Zunächst einmal schwindet viel des Wundersamen am Wunderkinde, wenn man genauer hinsieht: So neu sind die Denkbahnen nicht, die hier zum neuen Gebilde zusammengewachsen sind. Algorithmen zur Lösung von Problemen zu finden, ist das Geschäft der Mathematik seit über zwei Jahrtausenden. Also ist der Ablauf der gefundenen Verfahren dann „automatisch", was wiederum bedeutet, daß die Sprachen, in denen sie abgefaßt sind – wie auch die notwendig mitzudenkenden „Maschinen", die sie ausführen –, ihre (nur scheinbare) Hilfsrolle verlassen und zu eigenen thematischen Schwerpunkten werden. In Logik und Technik, Algebra und Philosophie konnte das Erkunden des Algorithmischen so weit ausreifen, daß nun stabil gewordene Fertigbauteile bereitlagen, die sich überraschend glatt ineinanderfügten.

Glück spielte seine Rolle: Daß auf den Umbruch der Logik in den dreißiger Jahren, auf das nach langer Mühe im Detail gesicherte und noch frische Paradigma der „universellen Maschine" die Entdeckung der Technologie sehr schneller und kleiner Schalter und Speicherelemente traf, und später dann die Großintegration. Der Kernbereich der Informatik konnte sich ausbilden, die aus formaler Erfassung resultierende Methode der Konstruktion und Bewertung von Software, spezifischerweise von „großen“ Systemen. Die neue Wissenschaft hatte ihre Individualität gewonnen und hat nun ihrerseits teil am Entstehen von Denkmustern, im präzisen wie im metaphorischen Bereich: Begriffe wie Modul und Rekursion, Spezifikation und Schnittstelle, Prozeß und Protokoll (beides im Informatiksinne), Datentyp und Komplexität könnten einmal Allgemeingut sein. Es leuchtet ein, daß Abiturienten sich in so hohem Maße diesem Neuland zuwenden. Auch wissen ja schon viele von ihrem Personalcomputer um sehr einladende Möglichkeiten, eher spielerisch die Fähigkeiten der Problembeherrschung auszuweiten.

Wer Informatik studieren möchte, sollte ein gewisses Mindestmaß an Freude an der mathematischen und präzis-sprachlichen Aufbereitung einer Fragestellung haben. Ansonsten aber – das hängt mit dem vielfältigen Ursprung der Informatik zusammen – gibt es so etwas wie einen intellektuellen Typus „des Informatikers“ wohl nicht. Der Ingenieur wie der Logiker, der Pragmatiker wie der Sucher, der Detailfreund wie der Gestaltdenker kann „sein“ Stück Informatik finden.

Bis zur Vordiplomprüfung (nach etwa zwei bis drei Studienjahren) ist das Studium meist stark geregelt. Ein anspruchsvoller Anteil an Mathematik stellt das Training in prinzipieller strenger Methodik sicher, das vor einer innovationsfeindlichen Ansammlung bloßer Inhalte und Rezepte schützen soll. Gleichzeitig wird gründlich in die Konzeptwelt der Informatik selbst eingeführt; der Student wird heimisch in Programmiersprachen und übt die Arbeit am Rechner ein. Die Vordiplomprüfung ist der entscheidende Eignungs- und Neigungstest: Etwa 60 Prozent eines Jahrgang nehmen diese Hürde. Im anschließenden zweiten Abschnitt fächert sich das Studium dann auf: Wahlmöglichkeiten für Vertiefung und Spezialisierung werden angeboten, für Anwendungs- und Forschungsnähe, für Interessenrichtung und genaueres Berufsziel. In der Diplomarbeit stellt der Student sein Können und seine wissenschaftliche Selbständigkeit unter Beweis. Ein in der Regel obligatorisches Ergänzungsfach sorgt dafür, daß er auch in der Denkwelt und Sprache einer anderen Disziplin heimisch wird.

Kaum die Hälfte eines Anfängerjahrgangs schließt das Studium erfolgreich mit dem Diplom ab (die Schätzung ist schwierig und nicht sehr sicher). Es fällt nicht schwer, das zu deuten: Für die Informatik gibt es keinen Numerus clausus. Zunächst stehen die Tore weit offen, viele werden angelockt. Erst im Verlauf eines anspruchsvollen Studiums entpuppt sich so manche Vorstellung und Lebenshoffnung als Illusion.

Um einen Arbeitsplatz braucht sich die junge Informatikerin, der junge Informatiker wohl kaum Sorgen zu machen. Zwar ist der gewaltige Überhang der Stellenangebote über die Stellengesuche, der die achtziger Jahre kennzeichnete, einer ausgeglicheneren Situation gewichen. Aber nach wie vor wächst der Bedarf, weitet sich das Berufsfeld aus, nimmt die Nachfrage unter den akademischen Berufsgruppen eine Spitzenstellung ein.

Obwohl die Informatiker begehrt sind, müssen die Fakultäten sich beständig den Vorwurf gefallen lassen, die von ihnen angebotene Ausbildung sei zu „theorielastig", „wenig anwendungsbezogen". Sie ist es nicht – wobei es Ausnahmefälle geben mag. Zweck des Studiums kann nun einmal nicht ein Rezeptwissen sein, das in Hunderten besonderer Anwendungssituationen alsbald die Lösung parat hätte: Diese wäre – da die Erfordernisse am Arbeitsplatz sich ja beständig und schnell ändern – alsbald steril und unnütz. Das Studium soll – und kann nur – die Fähigkeit ausbilden, im späteren Beruf unvorhersehbar verschiedenartige und immer neue Aufgaben nach Einarbeitung mit Erfolg zu bewältigen.

Längst hat sich die Informatik als eigenständige und zentrale Disziplin etabliert. Dennoch trägt sie auch heute noch die Heterogenität ihrer Wurzeln in sich. Sehr verschiedene Spielarten menschlicher Intelligenz wohnen in ihr nebeneinander, kollidieren, erzeugen Spannungen, gehen neuartige Verbindungen ein. Eine Wissenschaft von festem Status ist die Informatik nicht.

Wer Informatik studieren will, sollte wissen: Er nimmt noch teil am raschen weiteren Entwicklungsprozeß seines Fachs. Er wird auch daran mitwirken, welche Rolle die Informatik einmal für das Leben sehr vieler Menschen spielen wird. Die mannigfachen Ängste hier sind sehr ernst zu nehmen. Doch was immer zu befürchten ist: Nur wer „die Sache" kennt, wird gegenwirken können, wird „Sachzwänge" lösen können. Auch das könnte ein Motiv für das Studienfach Informatik sein.

Islamkunde

In der arabischen Sprache tut Gott sich selbst kund

Von Wolfgang Günter Lerch

Früher stellte man Studenten der Islamkunde häufig die Frage, was man „damit" denn anfange, ja womit man sich bei diesem Studiengang überhaupt beschäftige. Das ist heute nicht mehr so, hat doch die islamische Revolution im Iran, die Machtübernahme Ajatollah Chomeinis und seiner Anhänger, den Islam seit Ende der siebziger Jahre immerhin so sehr in das Blickfeld der Öffentlichkeit gerückt, daß das Interesse an dieser Religion, die eine eigenständige Weltkultur gestiftet hat, gewachsen ist. Der Golfkrieg hat dieses Interesse in der Öffentlichkeit vertieft. Man kann sich jetzt eher vorstellen, womit sich diese Wissenschaft beschäftigt. Hinzu kommt der Alltag in der Bundesrepublik: Hunderttausende von Türken stehen im Arbeitsprozeß; im großen und ganzen hat ein beträchtlicher Teil von ihnen seine islamischen Sitten und Gebräuche bewahrt.

Die Islamkunde ist nur ein Teil der Orientalistik oder Orientkunde, die zahlreiche selbständige Fächer umfaßt – von der Altorientalistik (Assyriologie zum Beispiel) bis hin zum Studium des christlichen Orients. Die Islamkunde beschäftigt sich ausschließlich mit Sprache, Kultur und Geschichte der muslimischen Völker, hat jedoch naturgemäß viele Berührungspunkte mit anderen Gebieten der Orientforschung, etwa der Semitistik, der Iranistik, der Turkologie. Nur wenige dürfen wissen, daß die wissenschaftliche Orientkunde – und mit ihr die Islamwissenschaft – an deutschen Universitäten schon seit Jahrhunderten getrieben wird und daß gerade Deutsche einen hervorragenden Anteil an ihrer Ausgestaltung zu einer selbständigen wissenschaftlichen Disziplin hatten.

Zuerst war die Islamkunde eine „ancilla theologiae". Mit der arabischen Sprache und mit der Religion des Propheten Mohammed befaßte man sich nur, um Erhellendes über die Bibel und deren Sprache, das Hebräische, zu erfahren. Arabische und islamische Studien waren Nebengebiete und Hilfswissenschaften der Bibelkunde. Hinderlich wirkte sich auch der Gegensatz zwischen Christentum und Islam aus, der damals politisch so etwas war wie heute der Ost-West-Konflikt. Dem Mittelalter hatte Mohammed als Erzketzer und Lügenprophet gegolten, später bedrohten die islamischen Türken Europa mit militärischer Macht. Da war an eine vorurteilslose Erforschung des Orients kaum zu denken.

Einen Wandel brachte erst die Aufklärung. Sie trug dazu bei, daß der Prophet des Islam fortan in Europa höher eingeschätzt wurde als zuvor. Freilich muß die Islamkunde bis heute mit dem Vorwurf der Muslime leben – und gerade in jüngster Zeit sind die Anschuldigungen wieder stärker geworden –, sie erforsche die islamische Welt aus christlicher oder zumindest eurozentrischer („kolonialistischer") Sicht. Diese These hat zuletzt der in Amerika lehrende palästinensische Professor Edward Said wieder bekräftigt. Sie ist nicht abwegig, tut jedoch Generationen von fleißigen Gelehrten bitter unrecht, ohne deren selbstlose, meist im verborgenen blühenden Studien auch Professor Said wesentlich weniger über die eigene Kultur wüßte und vielleicht auch nicht zu wissen begehrte.

Zur „Wissenschaft", losgelöst von theologischen Erfordernissen, wurde die Islamkunde durch zwei ihrer größten Gelehrten überhaupt: den Deutschen Johann Jakob Reiske (1716–1774) und den Franzosen Sylvestre de Sacy (1758–1838). Der geniale Reiske zerriß alle theologischen Schleier und betrachtete den Islam erstmals (darin ein echter Sohn der Aufklärung) als gleichberechtigte Kulturwelt neben der christlichen. Sacy hingegen prägte vor allem als Lehrer, Herausgeber und Übersetzer, unter anderem auch durch seine „Arabische Chrestomathie", Generationen von Islamforschern, durchaus nicht nur aus Frankreich, sondern auch aus anderen europäischen Nationen.

Das Erlernen und das Studium der arabischen Sprache – der klassischen „Arabija" – sind das Herz islamkundlicher Studien. Als „lingua sacra" des Islam, als Sprache, in der sich nach orthodoxer Auffassung Gott selbst kundgegeben hat, kommt ihr eine alles überragende Bedeutung zu. Jeder gläubige Muslim, lebe er auch noch so weit entfernt von Mekka, kennt wenigstens einige Worte vom Arabischen. Es gibt keine Sprache im islamischen Raum, die nicht vom Arabischen stark beeinflußt worden wäre. Dies gilt besonders für die beiden anderen wichtigen Islam-Sprachen – das Persische und das Türkische. Diese muß sich der Student der Islamkunde ebenfalls aneignen. Dabei fällt ins Gewicht, daß die drei Sprachen je verschiedenen Sprachgruppen angehören: der semitischen, der indoeuropäischen (früher oft indogermanisch genannt) und der ural-altaischen. Turkologie kann heute an zehn Universitäten Deutschlands als Hauptfach studiert werden.

Dann der Koran. Ohne umfassende Kenntnis des heiligen Buchs der Muslime, offenbart in „klarem Arabisch", ist über die islamische Welt kein treffendes Urteil abzugeben. Dem Koran kommt im Islam ungefähr die Bedeutung zu, die Jesus für das Christentum hat, der Prophet selbst dagegen tritt in der Bedeutung eher zurück. Koranstudium heißt auch Beschäftigung mit der Exegese, die im Islam ebenso umfangreich ist wie im „christlichen Abendland". Nach dem Erwerb der sprachlichen und religionsgeschichtlichen Grundkenntnisse bietet die Islamkunde eine kaum zu überschauende Fülle von Themen, mit denen man sich vertraut machen kann: Geschichte der islamischen Völker, Dichtung, Mystik und Philosophie, Theologie, Kunstgeschichte. Immer wichtiger wird auch der gesellschaftswissenschaftliche Aspekt in der Islamkunde. Angelsächsische und französische Gelehrte befaßten sich früher als die deutschen mit dem Islam als Gesellschaftsmodell. Das hatte gewiß auch damit zu tun, daß Frankreich und Großbritannien lange Zeit über Hunderte von Millionen Muslims herrschten und als Kolonialmächte Tag für Tag mit Fragen einer islamischen Gemeinschaft konfrontiert wurden.

Gerade der gesellschaftswissenschaftliche Aspekt ist jedoch wichtig, wenn die Islamkunde – was heute von vielen verlangt wird – auch Phänomene wie die islamische Revolution „erklären" soll. Man muß kein Prophet sein, um vorauszusagen, daß wirtschaftliche Sachverhalte im Orient künftig bei der wissenschaftlichen Erforschung der orientalischen Völker eine immer wichtigere Rolle spielen werden. Einerseits wirkt die islamische Revolution, der Vormarsch des sogenannten „Fundamentalismus", hemmend auf die gesellschaftliche „Interaktion" zwischen Orient und Westen, doch dem wirtschaftlichen Austausch hat das bis heute kaum Abbruch getan.

Das Studium der Islamkunde endet mit dem Magisterexamen oder der Promotion. Trotz der Ereignisse im Iran kann man nicht gerade sagen, daß der Bedarf an Islamkundlern besonders groß ist. Früher schlugen die meisten von ihnen im allgemeinen die akademische Laufbahn ein; doch dafür gibt es heute schon zu viele Studenten. Die meisten Islamkundler, Arabisten, Iranisten (und so weiter) müssen zusehen, wie sie unterkommen. Mit einem hohen Maß an Flexibilität ist das möglich – eben wegen des gestiegenen Interesses an der nahöstlichen Region, etwa bei Forschungsinstituten, kirchlichen Einrichtungen, im Verlagswesen, in der Publizistik. Auch große Unternehmen leisten sich hier und da einen Orient-Fachmann, der mehr kennt als die wirtschaftlichen Daten und die Rohstoffe der Region. Mühsamer als in vergangenen Jahrhunderten, da man um der Politik willen Dolmetscher für orientalische Sprachen für den diplomatischen Dienst ausbilden mußte, ist es hingegen, sein Dasein als Übersetzer fristen zu wollen. Da hilft auch nicht, daß im Jahre 1988 ein Araber den Nobelpreis für Literatur bekommen hat, der von den Islamkundlern bewunderte Nagib Mahfuz.

Japanologie

Der Geist der Samurai und das Management

Von Klaus Antoni

Japan ist in aller Munde. Je mehr sich die Öffentlichkeit an japanische Firmen- und Produktnamen gewöhnt, desto mehr kommt allem Japanischen vermehrte Aufmerksamkeit und auch ein gewisser Prestigeeffekt zu. Galten japanische Waren noch vor kurzer Zeit lediglich als preiswerte Kopien europäischer, zumal deutscher Wertarbeit, so hat sich das Bild in nur wenigen Jahren drastisch gewandelt. Heute kommen die „Originale" häufig aus Ostasien.

Ratlos fragen viele nach den Gründen für den „japanischen Erfolg". An Erklärungen mangelt es dabei nicht, meist werden volks- und betriebswirtschaftliche Rahmenbedingungen angeführt, die es Japan ermöglicht haben, kostengünstiger als die Konkurrenten auf dem Weltmarkt zu produzieren. Doch zeigt sich darüber hinaus seit einiger Zeit auch ein vermehrtes Interesse an kulturellen, gesellschaftlichen und historischen Grundlagen, die dem Land bei seinem unaufhaltsamen Aufstieg nützlich gewesen sein könnten. So sucht man die Erklärung wieder einmal im „Samurai-Geist" der japanischen Manager, studiert den Zen-Buddhismus zum Verständnis betrieblicher Führungsstrukturen, bemüht den „feudalistischen" Aufbau der Gesellschaft zur Deutung der Schlagkraft japanischer Unternehmensverbände wie auch der sprichwörtlichen Treue und Arbeitsmoral der japanischen Arbeiter und Angestellten.

So unterschiedlich all diese kulturellen, soziologischen und historischen Erklärungen sein mögen und so kuriose Blüten sie im Einzelfall auch treiben, so haben sie doch eines gemeinsam: Sie bemühen sich um ein tieferes Verständnis dessen, was „Japan" als eigenständige Kultur ausmacht. Dabei bewegt sich die Diskussion unvermittelt auf einem wissenschaftlichen Feld, das in früheren Zeiten eher als Domäne etwas weltfremder akademischer Exoten angesehen wurde, dem der Japanologie.

Das Fach verzeichnet seitdem eine stetig wachsende Zahl Studierender, von denen nicht wenige ihre beruflichen Hoffnungen auf die Dynamik des ostasiatischen Wirtschaftsriesen setzen. Es sieht sich aber auch einer tiefgreifenden Debatte um das eigene fachliche Selbstverständnis ausgesetzt. Wurde noch zu Beginn der siebziger Jahre nach einer Spezialisierung gerufen, begründet in der Befürchtung, eine allgemeine Japanologie könne nur zu einem Dilettantismus auf vielen Fachgebieten führen, so scheint sich das Fach nun wieder vermehrt seiner Gemeinsamkeiten bewußt zu werden. Wie auch in der Medizin die Forderung nach einer „ganzheitlichen Betrachtung" des Menschen erhoben wird, sieht auch eine Kulturwissenschaft wie die Japanologie immer mehr die Chancen einer „ganzheitlichen" Kulturbetrachtung. Dabei muß der Kulturbegriff zwangsläufig sehr weit gefaßt sein, einbezogen werden müssen die klassischen Felder der Geschichte, Literatur, Religion und Philosophie, aber auch neuere sozialwissenschaftliche Forschungsansätze. Es hat sich gezeigt, daß die Fragestellungen und Anforderungen an die Wissenschaft „Japanologie" nicht von einer dieser Teildisziplinen allein gelöst werden können.

Hat das Fach somit sein ganzheitliches Selbstverständnis in jüngster Zeit wieder vermehrt betont, so bedarf es doch keiner weiteren Begründung, daß nicht an allen Universitäten die gesamte Bandbreite dessen, was Japanologie sein kann, vertreten ist. Schon aus personellen Gründen ergibt sich ein sinnvoller Pluralismus in den Lehr- und Forschungsschwerpunkten der einzelnen japanologischen Seminare. Das Spektrum reicht von der Erforschung historischer und philologischer Fragen aus den Bereichen von Literatur, Linguistik, Religion, Philosophie, Geschichte bis hin zu soziologischen Problemen wie dem der „Überalterung" der japanischen Gesellschaft oder der Rolle der Gewerkschaften im japanischen Wirtschaftsprozeß. So versucht das Fach, den unterschiedlichen Bedürfnissen und gesellschaftlichen Ansprüchen gerecht zu werden. Den Studenten steht eine umfangreiche Palette fachlicher Möglichkeiten und Angebote zur Verfügung. Zum Selbstverständnis des Faches gehört die Voraussetzung, daß der Zugang zu einer fremden Kultur nur über deren eigene Sprache zu erlangen ist. Daher steht am Anfang eines jeden Japanologie-Studiums eine intensive Sprachausbildung, die sich nicht auf den Bereich des gesprochenen Japanischen beschränkt, sondern von Anfang an auch das Erlernen des komplizierten japanischen Schriftsystems zum Inhalt hat. Studiert werden soll auf der Grundlage original-sprachlicher japanischer Texte. Auf dem Gebiet der Sprachausbildung bestehen starke Tendenzen zu einer Vereinheitlichung der Anforderungen und Ausbildungsziele an den Universitäten, die Japanologie lehren. Die Frage, in welchem Studienabschnitt auch vormoderne Sprachstufen in die Ausbildung aufgenommen werden sollten, wird von den Universitäten jedoch unterschiedlich geregelt.

Zu einem japanologischen Grundstudium gehört auch der Erwerb solider Kenntnisse in den grundlegenden Sachgebieten wie Geschichte und Literatur des Landes. Für den Studienanfänger ergibt dies, ungeachtet der großen Bandbreite des Faches, die Situation, daß das Grundstudium an den einzelnen Universitäten wesentliche Übereinstimmungen aufweist. Eine Spezialisierung setzt erst im Hauptstudium, in der Regel nach dem vierten Semester ein.

Die Studenten können sich also während der ersten Studienphase in Ruhe über die Schwerpunkte in Forschung und Lehre an den einzelnen Universitäten informieren. Das Fach bieten im deutschsprachigen Raum derzeit die Universitäten Hamburg, Berlin (Freie Universität und Humboldt-Universität), Göttingen, Bochum, Düsseldorf, Köln, Bonn, Marburg, Frankfurt, Trier, Heidelberg, Tübingen, München, Wien und Zürich an.

Als eine Geisteswissenschaft wird das Studium mit dem Magister Artium abgeschlossen. Die Promotion kann sich anschließen. Zu einem erfolgreichen Studium gehört meist ein einjähriger Aufenthalt an einer japanischen Hochschule. Stipendien vergibt der Deutsche Akademische Austauschdienst (DAAD); die Zahl der Bewerber liegt freilich weit über den zur Verfügung stehenden Stipendien.

Bei der Frage nach den Berufsaussichten frisch gebackener Japanologen kommt es wesentlich auf die Ziele und Qualifikation des einzelnen an, auf die Wahl der Nebenfächer zum Hauptfach Japanologie etwa oder den Grad der Sprachbeherrschung. Stets ist jedoch ein hohes Maß an Engagement erforderlich. Mögen auch die Hoffnungen, am japanischen Wirtschaftswunder selbst irgendwie teilnehmen zu können, generell zu optimistisch sein, so scheint doch in der deutschen Wirtschaft langsam ein Umdenken in Gang zu kommen, das auch Fragen von Kultur und Mentalität größere Bedeutung schenkt. Anlaß zur Hoffnung gibt jedenfalls die Aussage eines deutschen Wirtschaftsführers, der, auf Japan angesprochen, meinte, es müßten endlich ebenso viele Deutsche sich genauso selbstverständlich in Japan bewegen können, wie es Japaner schon seit langem hierzulande vermögen.

Judaistik

Eintauchen in das Meer des Talmud

Von Felix Böhl

Erstaunlich viele und unterschiedliche Vorstellungen sind mit dem Fach „Judaistik" verbunden. Sie reichen von einer jüdischen Volkskunde im Sinne einer religiösen Symbolik bis hin zu einer „Israelistik", der Erforschung der Geschichte und der Kultur des modernen Israel sowie der aktuellen Nahostproblematik im Rahmen einer gegenwartsbezogenen Orientforschung.

Judaistik ist gewiß dies alles auch, versteht sie sich doch als „Wissenschaft vom Judentum" in allen ihren Erscheinungsformen ohne territoriale und zeitliche Begrenzung. Die talmudische Archäologie gehört ebenso zum internen Fächerkanon wie die Geschichte der jemenitischen Juden. Die gemeinsame Geschichte der Juden und Deutschen, ihr besonderes Verhältnis und das Ende dieses Verhältnisses, die Erforschung des Antisemitismus und des Holocaust müssen gerade für die Judaistik in Deutschland ein besonderer Forschungsschwerpunkt sein. Das Prinzip der Einheit dieser unterschiedlichsten Fachgebiete ist das Judentum selbst: Judaistik versteht sich als wissenschaftliche Beschäftigung mit der jüdischen Religion, mit ihrer Geschichte, mit ihrer Literatur.

Wie es eine Eigentümlichkeit des Hebräischen ist, nichts zu vergessen, jede sprachliche Nuance der Wortbedeutung zu bewahren, um während einer langen Geschichte immer reicher zu werden, so verhält es sich auch mit den geschichtlichen Erfahrungen und den religiösen, philosophischen und mystischen Vorstellungen des Judentums. Bei allen Brüchen und Metamorphosen, die sie durchlaufen haben, beziehen sie sich aufeinander: Um Neues zu verstehen, ist das Vergangene, ja das längst Vergangene zu studieren.

Bei allem Bemühen, das Fach in Forschung und Lehre in größtmöglicher Breite zu vermitteln, liegt dennoch ein Schwerpunkt bei der antiken rabbinischen Traditionsliteratur wegen ihrer grundlegenden Bedeutung für religionsgeschichtliche Entwicklung im Mittelalter und in der Neuzeit. Der Jerusalemer und der babylonische Talmud, eine in den ersten sieben Jahrhunderten unserer Zeitrechnung entstandene Summe der religiösen, vorwiegend religionsgesetzlichen Diskussion und Tradition, zusammen mit den zahlreichen Kommentaren zu den biblischen Büchern, bilden zusammen das Herzstück dieser Literatur.

Der Talmud erlangte geradezu kanonisches Ansehen und löste eine immense Kommentar- und Schreibbewegung aus, die bis in unsere Tage andauert: das „Meer des Talmud". Wegen seines Umfangs, aber auch wegen der höchst ungewöhnlichen Form dieser Schriften steht er im Ruf, nur schwer verständlich zu sein. Der Student an den traditionellen Talmudhochschulen lernt ihn wie eh und je im Lichte einer breiten Auslegungstradition kennen, während die moderne Wissenschaft an ihre Stelle historisch-philologische Methoden setzt. Gefragt ist vom Studierenden zunächst also die zum Erwerb der sprachlichen Fertigkeiten unerläßliche Beharrlichkeit. Die Fremdheit der Texte der Tradition, inhaltlich, formal und in ihrer Argumentationsstruktur, erfordert in aller Regel viel Übung und viel Geduld. Hinzu kommt, in einem fortgeschrittenen Stadium, die Bereitschaft zum Selbststudium, das bei der meist unbefriedigenden personellen Ausstattung der Institute unumgänglich ist. Der Reichtum der Traditionen und ihre Fülle, die ebenso fasziniert, wie sie entmutigend sein kann, zwingt dazu, schon frühzeitig Schwerpunkte zu setzen.

Dennoch sollte nach Möglichkeit unmittelbar nach dem Grundstudium, noch bevor eine Abschlußarbeit in Angriff genommen wird, ein einjähriger Studienaufenthalt in Israel eingeplant werden, um die Sprachkenntnisse zu erweitern, um andere Methoden des Faches zu studieren und nicht zuletzt auch, um mit der gegenwärtigen Lebensweise einer jüdischen Gemeinschaft vertraut zu werden.

Obgleich jüdische Gelehrsamkeit so alt ist wie das Judentum selbst, ist doch die Wissenschaft vom Judentum als eigene Disziplin an der Universität ein junges Fach. Eigene judaistische Lehrstühle wurden erst nach dem Zweiten Weltkrieg infolge der Neuorientierung nach dem Holocaust eingerichtet, so zunächst 1964 in Berlin, es folgten 1966 und 1970 die Institute in Köln und in Frankfurt – und das, obgleich die Wissenschaft vom Judentum in Deutschland zu Beginn des 19. Jahrhunderts entstand, mit mächtigen Impulsen für die gesamte jüdische Welt. Hier wirkten ihre Pioniere, glänzende Vertreter ihres Faches: Leopold Zunz, der Begründer der Wissenschaft, Moritz Steinschneider, der Vater der jüdischen Bibliographie, und Heinrich Graetz, der Ende vergangenen Jahrhunderts in Breslau wirkte und dessen elfbändige Geschichte der Juden große innerjüdische Wirkung hatte.

So groß die Leistungen der Wissenschaft vom Judentum auch waren, ihr wurde doch immer wieder die Anerkennung als Universitätsdisziplin verwehrt mit der Folge, daß sie fortan ausschließlich in konfessionellen Institutionen wie den jüdischen Lehrhäusern in Breslau und in Berlin gepflegt werden konnte. Die im Jahre 1978 gegründete Hochschule für Jüdische Studien knüpft als konfessionelle Einrichtung an diese Tradition an, auch wenn an ihr nichtjüdische Studenten zugelassen sind.

Obgleich von ihren maßgeblichen Vertretern nie als eine exklusiv jüdische Veranstaltung betrachtet, war die Wissenschaft vom Judentum bis zu ihrem gewaltsamen Ende tatsächlich eine jüdische Wissenschaft, eine Wissenschaft von den Juden für die Juden. Die im Dienste der Judenmission stehende oder für Rechtfertigung der christlichen Wahrheit dienende theologische Beschäftigung mit dem Judentum war dabei von untergeordneter Bedeutung.

Heute indessen begreift sich diese Wissenschaft weitgehend weder als Selbstdarstellung des Judentums noch als theologische Hilfswissenschaft, sondern als Darstellung des Judentums im Kontext der Geisteswissenschaften – ohne religiöse oder ideologische Zweckbestimmung. Auch für die Judaistik ist die Welt säkular geworden.

Über die Gesamtzahl der Studierenden läßt sich kaum Verläßliches sagen. Die Statistiken der Universitäten sind vielfach unrealistisch, da sie nur die bloße Immatrikulation berücksichtigen, das tatsächliche Studienverhalten und den immensen Drop-out im Grundstudium naturgemäß jedoch nicht widerspiegeln.

In einer Zeit, da das Universitätsstudium immer mehr zur Ausbildung wird, ist der Gedanke an die berufliche Verwertbarkeit stets gegenwärtig und verständlich. Mit allen geisteswissenschaftlichen Fächern teilt die Judaistik die Unsicherheiten und Risiken eines nicht vorgezeichneten Berufsweges. Nur eine kleine Zahl besonders qualifizierter Judaisten wird auch künftig Stellen an einer Hochschule erhalten, andere werden vielleicht eine Tätigkeit in Bibliotheken, in Museen, in Verlagen oder in der Publizistik finden.

Über diese recht begrenzten Möglichkeiten hinaus kann die berufliche Verwendbarkeit durch Spezialisierungen, besonders durch die Verbindung des Judaistikstudiums mit einer anderen Disziplin erweitert werden: In Deutschland besonders vernachlässigte Fachgebiete sind etwa die jüdische Philosophie, jüdische Kunstgeschichte, Geschichte der Juden Osteuropas oder die judenspanische Literatur- und Sprachwissenschaft. Das alles aber vermag nicht darüber hinwegzutäuschen, daß die Berufsaussichten auch weiterhin düster bleiben werden.

Katholische Theologie

Gott weigert sich, durchschaut zu werden

Von Rainer Hank

„Gott weigert sich, durchschaut zu werden", schrieb der Wiener Essayist und Theaterkritiker Alfred Polgar. Böswillige werden mutmaßen, daß dieser penetrante Rückzugsmodus Gottes der Grund dafür ist, warum sich die christliche Theologie seit nunmehr fast zweitausend Jahren am Leben gehalten hat: als die älteste, die ehrwürdigste Wissenschaft im Spektrum universitärer Gelehrsamkeit. Ernsthafte Vertreter des Faches wenden freilich sogleich ein, daß es nur sündhafter Hochmut sein könne, der, dem Versprechen der Paradiesschlange folgend, Gott derart ins Wissen aufheben möchte. Die Haltung des wahren Theologen dagegen sei, in Demut dem Wort Gottes zu dienen.

Angefangen hat es gänzlich unakademisch: Einfache Leute in Palästina hatten weitererzählt, daß ein gewisser Jesus von Nazareth ihnen Gott so ausgelegt habe und diese Deutung mit seinem Leben verifiziert habe, daß sie fortan als seine Gemeinde an ihn als den Erlöser und Sohn Gottes glauben wollten. Antike Autoren, die später Evangelisten genannt wurden, haben diese Erzählungen aufgeschrieben: Anekdoten, Sprüche und Gleichnisse – ohne jeden Anspruch auf Gelehrsamkeit und Philosophie. Erst als die junge christliche Kirche auch im Kreis hellenistischer Kultur ernst genommen werden wollte, ergab sich die Notwendigkeit einer Transformierung biblischer Sprache in die Sprache der Zeit.

Noch der Kirchenvater Tertullian konnte um zweihundert nach Christus in pointiert antiwissenschaftlicher Zuspitzung sagen: „Was hat Athen mit Jerusalem, was die Akademie mit der Kirche zu tun?" Freilich, wenn der universale Anspruch des Christentums, nämlich das Heil für jedermann zu sein, eingelöst werden sollte, dann drängte das einfache Evangelium selbst auf Rationalität und Wissenschaftlichkeit. Deshalb auch verweisen christliche Theologen gerne auf die Bibel selbst, wo im ersten Petrusbrief den Christen abgenötigt wird, jederzeit Rechenschaft zu geben über den Grund ihres Glaubens. Und genau dies will Theologie leisten.

Muß all dies einen Abiturienten interessieren, der sich zu seiner ersten Vorlesung im Fach „Katholische Theologie" aufmacht? Vermutlich wird er zunächst verwirrt vor der Vielfalt der theologischen Teildisziplinen stehen und hilfesuchend nach Rat Ausschau halten: Soll er nun Philologe und Historiker werden und sich mit Alttestamentlicher und Neutestamentlicher Exegese und Kirchengeschichte befassen, soll er sich den systematischen Disziplinen widmen und Fundamentaltheologie, Dogmatik und Moral studieren oder gleich – das könnte dem Berufsziel nützen – die praktischen Fächer Liturgiewissenschaft, Pastoraltheologie und Kirchenrecht hören? Mehr noch, wer nicht von Hause aus eine ausgeprägt humanistische Schulbildung mitbringt, der ist gebeten, zunächst die notwendigen Sprachkenntnisse zu erwerben, und dies heißt in jedem Fall: großes Latinum und hinreichende Griechischkenntnisse, um das Neue Testament im Original lesen zu können. Grundkenntnisse im Hebräischen sind wünschenswert. Zum Glück sehen mittlerweile alle Ausbildungsordnungen zur Einführung während der ersten Semester einen sogenannten „Theologischen Grundkurs" vor, bei dem die Themen, „Gottesfrage, Jesus Christus, Kirche, kirchliches Leben und Ämter und Dienste" behandelt werden sollen, wie es die „Rahmenordnung für die Priesterbildung" der Deutschen Bischofskonferenz von 1978 festlegt. Zu Recht vermutet diese Ordnung, daß selbst bei jungen Theologiestudenten nicht ungefragt mehr ein religiöses Basiswissen vorauszusetzen ist. Natürlich ist das Studium der katholischen Theologie nicht nur Kandidaten für den Priesterberuf vorbehalten, doch hat gerade hier die Kirche immer noch die größten Nachwuchssorgen. Zwar belegt eine Übersicht des Freiburger Informationszentrums „Berufe der Kirche", daß die Zahl der Bewerber für das Priesteramt seit den frühen siebziger Jahren kontinuierlich angewachsen ist, doch viele von ihnen ändern ihren Berufswunsch noch während des Studiums. Hinzu kommt, daß gerade jetzt geburtenstarke Jahrgänge aus dem Dienst ausscheiden. Ob es einzig die Forderung des „Zölibats" ist, der freiwilligen Ehelosigkeit, die viele von der Wahl dieses Berufes abhält, wird von kirchlichen Amtsträgern immer wieder bezweifelt. Keine Frage ist jedoch, daß schon das Studium der Theologie und nicht erst ein kirchlicher Beruf ein Mindestmaß an Identifikation mit der Kirche erfordert. Der für die Theologenausbildung zuständige Regensburger Bischof Manfred Müller spricht von einer „bekenntnisgebundenen Wissenschaft". Gemeint ist damit wohl, daß keiner das Fach studieren sollte, der dem Credo nicht zustimmen kann, was freilich einschließt, daß dessen Deutung gerade strittige Aufgabe der Theologie sein muß. Konflikte zwischen einer Theologie, die dem neuzeitlichen Wahrheitsgewissen verpflichtet ist und dem kirchlichen Lehramt, das die Tradition wahren will, sind deshalb auch keine Störfälle.

Die Prüfungsordnungen aller Fakultäten sehen neben der kirchlichen Abschlußprüfung auch den Abschluß des „Diplomtheologen" vor, den die Kirche voraussetzt, wenn sie einen Laientheologen als Pastoralreferenten anstellen will. Dieses neue Berufsfeld, das es erst seit 1970 gibt, sieht den Einsatz in vielen Feldern der Gemeindearbeit vor, bei der Jugendbetreuung ebenso wie beim Religionsunterricht oder der seelsorgerlichen Begleitung der Alten und Kranken. Seit Jahren steigen die Zahlen der Studenten für dieses Ausbildungsziel, und die Kirche muß Bewerber auch abweisen. Einige Diözesen – etwa Essen und Paderborn – sehen sich überhaupt nicht in der Lage, Pastoralreferenten anzustellen. Andere – wie Fulda – verfügten unlängst einen völligen Einstellungsstopp. Bereits angestellte Laien mutmaßen deshalb, vom Klerus immer noch nicht ernst genommen zu werden, was sich im Verbot, bei der Eucharistie zu predigen, aber auch ganz allgemein in schlechten Aufstiegsmöglichkeiten niederschlage. Erwartet wird nicht nur ein ordentliches zehnsemestriges Studium, sondern auch die Teilnahme an einem Begleitprogramm, das Praktika im sozial-karitativen Bereich (Krankenhaus), an einer Schule und in der Gemeinde vorsieht.

Schließlich kann katholische Theologie auch für das Lehramt an Gymnasien studiert werden, muß dann aber – wie üblich – mit anderen Haupt- oder Nebenfächern kombiniert werden. Bis Ende der siebziger Jahre bestand an Religionslehrern noch Bedarf, mittlerweile ergibt angesichts der allgemeinen schlechten Berufsaussichten in der Schule auch die Theologie keinen Platzvorteil mehr. Spätestens seit dem Zweiten Vatikanischen Konzil hat die katholische Theologie den Anschluß an den Stand der protestantischen Schwesterwissenschaft gefunden. Dies um den notwendigen Preis, das geschlossene, aber auch starre Lehrgebäude der „Neuscholastik" aufgeben zu müssen. Jetzt erst hatte sich die historisch-kritische Interpretation der Bibel vollends durchgesetzt, jetzt auch wurde zugelassen, die Anfrage der Neuzeit an den Gottesglauben ernst zu nehmen. Wenn auch einher damit eine Identitätsschwächung der Theologie ging, die Anleihen bei allem und jedem zu machen meinte, so zeigen doch gleichzeitig katholisch-theologische Entwürfe des 20. Jahrhunderts wie diejenigen von Karl Rahner oder Hans Urs von Balthasar, daß es gelingen kann, den überlieferten Glauben für das Denken und die Sprache der Menschen des 20. Jahrhunderts verständlich zu machen. Seit mehr als zwanzig Jahren sind es freilich Aufbruchsbewegungen in der dritten Welt, die unter dem Namen „Theologie der Befreiung" für eine Veränderung ungerechter Lebensbedingungen aus der Kraft der jüdischen und christlichen Heilsbotschaft optieren und auch den europäischen Theologen zu denken geben, inwiefern sie lange Zeit nur „bürgerliche" Theologie betrieben hätten.

Wer aus begreiflicher Angst, die Theologen sprächen eine schwer verständliche Sondersprache, müde und ungeduldig wird, der soll bereits in den frühen Semestern zu den „großen Autoren", ob sie nun Thomas von Aquin oder Augustinus heißen, greifen, um zu sehen, wie weltlich und konkret die „göttliche Wissenschaft" sein kann. Geschadet hat es auch noch keinem, die Universität zu wechseln, etwa um für zwei Semester die französische Tradition der Theologie kennenzulernen, schaden wird es auch nicht, den Studienort danach zu wählen, ob hier auch protestantische Theologie gelehrt wird, sei es nun in Tübingen, Münster oder Bonn.

Die neuen Bundesländer sind bekanntlich ein protestantisches Gebiet. Zu Zeiten der DDR gab es eine achtbare Kirchliche Hochschule in Erfurt. Diese soll jetzt als katholische Fakultät in die neugegründete Universität Erfurt integriert werden. Außerdem ist geplant, einige Institute zur Lehrerausbildung an anderen Universitäten und integriert in geisteswissenschaftliche Fakultäten (im Süden der neuen Länder) zu errichten. Offen ist schließlich, ob die Hauptstadt Berlin einmal eine eigene katholische Fakultät erhalten soll. Dies wäre eine kleine Revolution in der ehemaligen Hauptstadt des protestantischen Preußen. Die katholische Kirche hat jedenfalls schon angekündigt, sie wolle sich eine Option auf eine Katholische Fakultät in Berlin offenhalten. Während die Hauptstadt die Wahl zwischen vier evangelischen Fakultäten läßt, kann katholische Theologie bislang nur für das Lehramt innerhalb einer allgemeinen religionswissenschaftlichen Fakultät an der Freien Universität studiert werden.

Viele Studenten beklagen, während des Studiums den Glauben eher zu verlieren als ihn bestärkt zu sehen. Ob dies nun den Studenten oder ihren Lehrern zuzuschreiben ist, mag offen bleiben. Martin Luther, für katholische Theologen zwar kein Kirchenvater, aber ein großer Gottesgelehrter, schrieb in einem kurzen Aufsatz „Über das Studium der Theologie“: „Denn sobald Gottes Wort ausgeht durch dich, wird dich der Teufel holen.“

Kaum ein Fach ist so vielseitig, kann nach wie vor als „Studium universale“ ergriffen werden, wie die Theologie. Als geisteswissenschaftliches Basisstudium nützt es auch dem, der später nicht im kirchlichen Dienst arbeiten wird. Man hat die Theologen schon in den unheiligsten Berufsfeldern gefunden: in der Personalabteilung großer Unternehmen, beim Fernsehen, in Verlagen und Bibliotheken. Zeichen dafür, daß der „Heilige Geist“ weht, wo er will?

Klassische Philologie

Homer und Tacitus zählen zum Pflichtpensum

Von Jan Roß

Klassische Philologie, die Lehre von der griechischen und lateinischen Sprache und Literatur: Wer sich darunter überhaupt etwas vorstellen kann, wird wohl an selten geöffnete Folianten und spärlich besuchte Bibliotheken denken. Fausts pedantischer Famulus Wagner scheint der Ahnherr einer Disziplin zu sein, die in unbeirrbarer Weltfremdheit Texte traktiert, ohne daß jemand sie lesen will.

Die Begründer der Wissenschaft, von der hier die Rede ist, hätten sich in diesem Bild nicht wiedererkannt. Denn die ersten Philologen waren gar keine. Sie waren Schriftsteller, gelehrte Literaten, die sich um 300 v. Chr. in einer anderen Welt fanden als alle griechischen Dichter zuvor. Seit es Poesie in Griechenland gab, war sie eine öffentliche Sache gewesen, eine Feier der Bürgerschaft und ihrer Götter. In den Reichen Alexanders des Großen und seiner Nachfolger aber hatten die Städte ihre Freiheit verloren. Die politischen Fundamente der Kultur waren brüchig geworden. Nicht mehr die religiösen Feste des Staates drückten von nun an der Literatur ihren Stempel auf, sondern ein versiertes Publikum aus lesenden Privatleuten. Und für diese Kenner sollte jetzt geschrieben werden: raffiniert und trotzdem flüssig, gesättigt mit Bildung und dennoch elegant. Ein neuer Stil war gefragt – aber wer Neues anbieten will, muß das Alte kennen, schon um es nicht aus Versehen zu wiederholen. Nur wer die Tradition beherrscht, kann mit dem Vorwissen seiner Leser spielen. Denn nichts ist so frappierend wie die Verfremdung des Bekannten.

„Poeten und Kritiker zugleich", wie schon der antike Ausdruck lautet, hatten daher die Autoren zu sein, die bei diesen Kunststücken von Variation und Überraschung mithalten wollten. Und mit den Projekten solcher Dichtergelehrter hat die Klassische Philologie angefangen: Sie haben zuerst systematisch seltene Wörter aus den Werken ihrer Vorgänger gesammelt und erklärt, sie haben die überlieferten Texte verglichen und nach authentischen Fassungen gesucht, sie haben Bibliotheken aufgebaut und durch Kataloge zugänglich gemacht. Was bis heute der harte Kern philologischer Arbeit ist, das Herstellen eines verläßlichen Wortlauts aus den verschiedenen Handschriften und die Erschließung der tradierten Werke durch sachkundige Kommentare, dies beides wurde begonnen im Dienst der poetischen Produktion. Nicht der pietätvolle Sammlerfleiß steht also am Ursprung der Philologie, sondern die Interessen einer literarischen Avantgarde.

Das alles ist lange vorbei. Wer heute Klassische Philologie studiert, treibt ein nüchternes Handwerk. Auf der Grundlage der griechischen und lateinischen Sprache hat er sich in die Literatur der Antike einzulesen und sie im geschichtlichen Zusammenhang deuten zu lernen. Niemand sollte durch einen starren Lektürekanon davon abgehalten werden, eigene, auch eigenwillige Schwerpunkte zu bilden; dennoch gibt es Autoren und Epochen, mit denen jeder Student sich vertraut machen muß. Im Griechischen gehört Homer dazu, der Gründungsheros der europäischen Dichtung, außerdem die attischen Dichter, Redner, Historiker und Philosophen von Aischylos bis zu Aristoteles; in der lateinischen Literatur sind es vor allem die Poeten und Prosaschriftsteller der ausgehenden Republik und der frühen Kaiserzeit: Cicero und Catull, Vergil und Horaz, Sallust und Tacitus zählen zum Pflichtpensum.

Das klingt nach einschüchternder Fleißarbeit, und tatsächlich spielen Konzentration und Geduld im Studium ihre Rolle. Am Ende aber geht es nicht um enzyklopädische Beschlagenheit, sondern um das Begreifen einer Zeit, die uns eigentümlich nah und fern zugleich ist: nah, weil die Spuren der Antike bis in unseren Alltag hinein noch zu lesen sind; fern, da viele Züge des Altertums auf den ersten Blick vertraut wirken, in Wahrheit aber unter Gesetzen stehen, die uns nicht mehr binden. Sprachbeherrschung, Belesenheit, Talent zur Interpretation – in der philologischen Praxis muß das Schulmäßige sich mit dem Inspirierten verbinden, wenn die alte Welt verständlich werden soll, ohne ihre Fremdheit zu verlieren. Faktenselige Stoffhuberei allein führt so wenig zur Erkenntnis wie der ingeniöse Höhenflug über dürftiger Tatsachenkenntnis. Gerade für die Klassische Philologie gilt die Einsicht des Romanisten Ernst Robert Curtius: „Über das Schülerhafte hinaus gibt es in den Geisteswissenschaften keine Methoden. Oder doch nur eine, die nicht lehrbar ist: das Zusammenarbeiten von Instinkt und Intelligenz."

Manche Altertumswissenschaftler freilich nehmen diesen Leitsatz sehr wörtlich und fühlen sich prinzipiell unzuständig, sobald das Gespräch auf Fragen der Methode kommt. Während Hermeneutik und Psychoanalyse, neomarxistische Ästhetik und Strukturalismus die neueren Philologien aufgeschreckt haben, liest man Sophokles und Horaz mancherorts noch fast wie im vorigen Jahrhundert. Und das, obgleich etwa die „Poetik" des Aristoteles auf ihren kaum fünfzig Druckseiten ein ganzes Nest von Fragen und Anstößen für Literatursoziologen, Rezeptionsästhetiker und Kunstpsychologen bereithält.

Immerhin hat die Theorieferne der Altphilologie auch ihre Reize. Das Studium der antiken Sprachen verdankt dieser Abstinenz nämlich etwas beruhigend Bodenständiges: Erst kommen die Vokabeln, danach die Reflexion. Bei so viel Solidität überrascht es deshalb nicht, daß die Philologie über die Zeiten hinweg eine typische Domäne der Lehrerausbildung geblieben ist. Wer

Griechisch oder Latein studiert – das Lateinische wird zumeist mit anderen Schulfächern wie Deutsch, Französisch, Geschichte oder Religion kombiniert –, will in der Regel später an einem Gymnasium unterrichten. Worauf sich ein Student mit diesem Berufsziel einläßt, muß man heute kaum mehr erklären. Bei sehr guten Examensnoten und attraktiven Beifächern wird zwar hier und da ein Referendar übernommen, auch könnte der Bedarf an Lehrkräften Mitte der neunziger Jahre wieder steigen, wenn die überalterten Kollegien durch einen Pensionierungsschub schrumpfen. Aber es wäre fahrlässig, hier Hoffnungen zu wecken. Der reine „Lehramtsstudiengang“ bleibt ein Spiel, das nur mit viel Können und noch mehr Glück zu gewinnen ist.

Zunächst wirkt das bedrückend. Bei näherem Hinsehen aber zeigen sich Möglichkeiten, die noch wenig beachtet werden. Die Studenten der Klassischen Philologie könnten nämlich ihre Fixierung auf Pult und Klassenzimmer aufgeben und dorthin gehen, wo andere Geisteswissenschaftler schon seit längerem mit Beweglichkeit und Phantasie ihr Geld verdienen müssen: auf den freien Markt. Und dann würde sich herausstellen, daß die Arbeit mit antiker Literatur in einer Medien- und Informationsgesellschaft nicht nur als Widerlager gegen den täglichen Kulturverschluß sinnvoll, sondern auch nützlich ist. Wer etwa am Beispiel der klassischen Geschichtsschreiber eine Prosa kennengelernt hat, die wissenschaftliche Präzision mit literarischer Kunst vereint, der wird das Manuskript eines Sachbuchs kritischer und kundiger lektorieren als ein Nur-Routinier ohne Distanz zum Hier und Jetzt. Und vielleicht ist es auch für den zukünftigen Theaterkritiker oder Dramaturgen ergiebiger, die handwerkliche Machart einer griechischen Tragödie bis ins sprachliche Detail analysiert zu haben, als sich semesterlang im Germanistikstudium mit dem Wertzerfall bei Hermann Broch zu befassen.

Damit soll nichts gegen Broch gesagt sein. Im Gegenteil: Nach seinem Roman über den „Tod des Vergil“ liest sich der römische Epiker anders als zuvor, und es tut jedem Latinisten gut, sich davon zu überzeugen. Wenn die hier skizzierte Perspektive für Klassische Philologen eine Chance bedeuten kann, dann sind manche Hemmschwellen zu überschreiten, hinter denen sich ein Fach mit großer Geschichte gern verschanzt. Die Lektüre moderner Literatur, die Kenntnis neuer Sprachen, die Auseinandersetzung mit philosophischer Theorie (auch wenn sie nicht von Platon oder Aristoteles stammt): Das alles müßte selbstverständlich werden. Nicht nur, um den Berufsaussichten der Philologen aufzuhelfen, sondern auch, damit die Antike wieder ins Gespräch kommt. Denn zu sagen hat diese Tradition immer noch genug.

Komparatistik

Literatur als Mittler zwischen den Kulturen

Von Rita Mielke

Wenige andere geisteswissenschaftliche Disziplinen haben sich über so heftige Widerstände hinwegsetzen müssen wie die Vergleichende Literaturwissenschaft, die Komparatistik. Wenig andere Disziplinen haben in solchem Maße unter Selbstdarstellungszwang, zugleich aber auch unter Rechtfertigungsnot gestanden. Lange Zeit wurde das Fach im öffentlichen Bewußtsein völlig ignoriert, im universitären Bereich jedoch, zumal von den Vertretern der Nationalphilologen, als „Superdisziplin" verlacht, deren vermeintlicher Anspruch auf literaturwissenschaftliche Universalität notgedrungen zu institutionalisiertem Dilettantismus führen müsse. Unpopularität und Unverständnis waren die Konsequenzen eines diffusen und undifferenzierten Selbstverständnisses, das gerade an den Punkten zu wünschen übrigließ, an denen es darum ging, die Inhalte und Ziele des Faches zu formulieren und dabei seine Eigenständigkeit auf der einen, seine Relevanz und Tragweite auf der anderen Seite herauszustellen.

Was ist und zu welchem Ende studiert man Komparatistik? Bis heute herrscht bei der Beantwortung dieser Frage unter den Vertretern des Faches kein Einvernehmen. Zwar fehlt es nicht an Handbüchern, Einführungen und Informationsbroschüren. Aber die Beschäftigung mit ihnen zeigt vor allem, daß es mit einer grundsätzlichen Entscheidung für das Studium der Komparatistik allein noch nicht getan ist. Denn es ist durchaus nicht das gleiche, ob man Komparatistik in Aachen, Allgemeine Literaturwissenschaft in Wuppertal, Vergleichende Literaturwissenschaft in Bonn oder Allgemeine und Vergleichende Literaturwissenschaft in Bayreuth oder Tübingen oder Leipzig studiert. Die verschiedenen Fachbezeichnungen verweisen auf unterschiedliche Programme. Da ist, im Idealfall, schon vor Studienbeginn eine präzise Erwartungshaltung gefragt: Soll es um eine „Grundlagenwissenschaft" gehen, die ihre Aufgabe darin sieht, „durch vergleichende Betrachtung zu ‚allgemeingültigen', also auch theoriefähigen Aussagen über die Literatur zu gelangen"? Ist an ein Fach gedacht, das mit dem Goetheschen Begriff der „Weltliteratur" operiert und erklärt, daß ein adäquates Verständnis der Nationalliteraturen nur „im Kontext weltliterarischer Strömungen" möglich sei? Oder wird jenes Konzept bevorzugt, das von einem „supranationalen" Standort aus – und mit einer über das rein Literarische hinausgehenden Zielsetzung – den „multinationalen" Gegenstand Literatur erforschen will?

Solche Differenzierungen werden den Studienanfänger wohl eher verwirren, ist es doch in den meisten Fällen ganz allgemein das Interesse an der Literatur und am literarischen Leben, das seinen Studienwunsch bestimmt hat. In der Tat ist ein solches für den Komparatisten, gleichgültig, an welcher Hochschule er studiert, unverzichtbar. Dazu gehört vor allem auch die Bereitschaft, ein beträchtliches Lesepensum zu absolvieren – in der Muttersprache, darüber hinaus in mindestens zwei, nach Möglichkeit sogar einer oder zwei weiteren Fremdsprachen. An den meisten komparatistischen Lehrstühlen liegt der Schwerpunkt der Forschungen im deutsch-französisch-englischen Sprach- und Kulturbereich. Kenntnisse in anderen europäischen oder auch außereuropäischen Sprachen sind gern gesehen, ermöglichen sie doch die Beschäftigung mit Spezialthemen und -untersuchungen.

Der Verlauf des komparatistischen Studiums ähnelt dem der Einzelphilologien und orientiert sich an den Magister- oder Promotionsstudien- und -prüfungsordnungen der einzelnen Hochschulen. Ein Lehramtsstudiengang existiert nicht; entsprechende Pläne, wie sie vor Jahren einmal in Nordrhein-Westfalen erwogen wurden, sind im Sande verlaufen. Als sinnvoll hat es sich erwiesen, Komparatistik mit einer oder zwei Nationalphilologien kombiniert zu studieren, denn, allen Rivalitäten zum Trotz, ist von der Komplementarität dieser Fächer und davon auszugehen, daß sie sich in ihren jeweiligen Erkenntnisinteressen und Forschungsergebnissen gegenseitig ergänzen und befruchten können.

Ein längerer Auslandsaufenthalt ist für den angehenden Komparatisten ebenso wünschenswert wie beispielsweise für den Romanisten oder Anglisten. Trifft er die Wahl der ausländischen Universität auch nach fachspezifischen Gesichtspunkten, kann er sich vor Ort nicht nur mit der Sprache, Kultur und Literatur des jeweiligen Landes vertraut machen, sondern auch mit der dortigen Geschichte seines Faches. Denn in Frankreich zum Beispiel und in den Vereinigten Staaten, aber auch in Großbritannien haben die „littérature comparée" und die „comparative literature" Tradition, sind hier in jedem Fall wesentlich älteren Datums als die deutsche Universitätsdisziplin und gehören an einer Vielzahl von Hochschulen zum fest etablierten Fächerkanon.

Vor allem die französischen Komparatisten und die amerikanische, um René Wellek konzentrierte Komparatistenschule haben in den fünfziger Jahren nach dem Einschnitt des Zweiten Weltkriegs, die Diskussion um Inhalte und Ziele des Faches neu entfacht. Während Wellek sich für eine Beschäftigung mit der Literatur als rein ästhetischem Phänomen einsetzte und die Aufgabe der Komparatistik als Erforschung des jenseits aller politischen oder sprachlichen Grenzen existierenden „spezifisch Literarischen" definierte, verfochten französische Komparatisten, wie Jean-Marie Carré oder Marius-François Guyard, ein Fachverständnis, das die Chancen der Komparatistik gerade auch auf „außerliterarischer" Ebene, etwa im Bereich von Soziologie oder Kulturanthropologie, ansiedelte. Die Literatur als der eigentliche Forschungsgegenstand wurde dabei in einem wesentlich komplexeren Sinn gefaßt als bei Wellek, als „lettres" nämlich in jenem umfassenden Sinn des Wortes, in dem es für den Franzosen eine politische und eine philosophische, eine soziologische und eine ideengeschichtliche Dimension enthält.

Der Streit zwischen den beiden Schulen ist längst beigelegt; die deutschen Vertreter des Faches haben sich, je nach persönlichem Standort, mehr für die eine oder mehr für die andere, in vielen Fällen wohl auch für eine vage umrissene Zwischenposition entschieden.

Dennoch sollte man es vielleicht als ein Zeichen verstehen, daß der erste komparatistische Lehrstuhl, der 1958 in Mainz entstand, von der französischen Regierung, sozusagen als kulturelles Vermächtnis der Besatzungszeit, gestiftet wurde. Denn angesichts einer Gesellschaft, die unerbittlich die Frage nach der Notwendigkeit der Geisteswissenschaften stellt, kann auch die Komparatistik ihre Existenzberechtigung nur dadurch beweisen, daß sie sich nicht in den Elfenbeinturm einer primär oder ausschließlich ästhetisch orientierten Literaturwissenschaft verkriecht, sondern vielmehr mit allem Nachdruck die kultur- und gesellschaftspolitische Tragweite ihrer Forschungen herausstellt.

Erwähnt zu werden verdient jener Forschungszweig, der in Frankreich entwickelt, in der Bundesrepublik inzwischen ebenfalls eine Reihe von Anhängern und Vertretern gefunden hat – die Imagologie, die Lehre vom Bild des anderen Landes in der Literatur, die sich die Erforschung nationaler „images", also die Erforschung von in der und durch die Literatur vermittelten (Vor-)Urteilen zum Ziel gesetzt hat. Es läßt sich etwa leicht nachweisen, daß das Deutschlandbild der Franzosen, wie es von Germaine de Staël über Jean Giraudoux' „Siegfried"-Drama bis hin zu Michel Tourniers „Erlkönig"-Roman weiterentwickelt wurde, Auswirkungen gehabt hat bis hinein in die unmittelbare Begegnung der beiden Kulturen und ihrer Angehörigen.

Der Zwiespalt ist offenkundig: Angesichts der immer näher rückenden Einheit Europas gibt es für den ausgebildeten Komparatisten ein breites und vielschichtiges Betätigungsfeld. Dem tragen immer mehr Hochschulen und Universitäten Rechnung: Die Zahl der komparatistischen Lehrstühle und Forschungsbereiche ist von einem halben Dutzend in den siebziger Jahren auf zwei Dutzend zu Beginn der neunziger gestiegen. Aber überall dort, wo sich spezifische Arbeitsmöglichkeiten für den Komparatisten bieten, in internationalen Gremien und Institutionen oder auch in nationalen Organisationen und Konzernen, die auf internationaler Ebene tätig sind, muß die Einsicht in den Bedarf erst noch geweckt werden. Der Komparatist, der hier seine Zukunft wittert, wird sich in Geduld üben müssen – oder selbst an geeigneter Stelle eine Lanze für den angestrebten Arbeitsplatz zu brechen versuchen. Und möglicherweise ist seine Erfolgsaussicht dabei nicht einmal kleiner, als wenn er sich in die unübersehbare Schar der anderen Philologen einreihen würde, die alle auf eine der so raren Stellen in den Medien oder Verlagen, am Theater oder an der Universität spekulieren – in Bereichen, in denen die Arbeitsmarktlage auf absehbare Zeit miserabel bleiben dürfte.

Kraftfahrzeugbau

Das Automobil und seine Konstrukteure

Von Hans-Martin Barthold

Zulassungszahlen und Kraftfahrzeugdichte weisen die Bundesrepublik nach den Vereinigten Staaten als wichtigsten Automobilmarkt aus. In Europa, bezogen auf die technischen Standards auch weltweit, sind die Deutschen immer noch die Nummer eins. Um an diesem Know-how teilhaben zu können, errichtete die Konkurrenz aus Fernost trotz hoher deutscher Lohnkosten in der Bundesrepublik mit hohem Aufwand automobile Forschungszentren (so etwa Toyota bei Frankfurt). Die Folgen der Umweltbelastung durch die Emissionen von Benzin- und Dieselmotoren, der Verbrauch sich nicht erneuernder Energien, die jüngst erhobene Forderung nach einer Verpflichtung der Automobilproduzenten zur Rücknahme der von ihnen hergestellten Kraftfahrzeuge, der härter werdende weltweite Verteilungskampf um Absatzmärkte und Kunden, die Einführung neuer Entwicklungsmethoden sowie hocheffizienter Fertigungstechnologien werfen indes auf die Zukunft des Automobils, mehr noch auf seine Hersteller und die bei diesen beschäftigten Ingenieure ihre Schatten.

Dennoch, momentan kann die Automobilindustrie ihren Bedarf an Ingenieuren der Fachrichtung Fahrzeugbau und -technik nicht ohne Probleme decken, obwohl die Gehälter und Sozialleistungen überdurchschnittlich sind. Ingenieure der Fachrichtung Fahrzeugbau und -technik arbeiten noch immer fast ausnahmslos beim Kraftfahrzeughersteller und hier vor allem in Arbeitsfeldern wie der Forschung und Entwicklung, der Konstruktion, der Berechnung, dem Versuch, der Typprüfung, der Fertigungsplanung und schließlich dem Kundendienst.

Die Aufgaben eines Kraftfahrzeugbau-Ingenieurs sind entsprechend der Bauteilgruppen eines Kraftfahrzeugs gegliedert: Kraftfahrzeugtechnik (Karosserie und Fahrwerk); Motoren-/Aggregattechnik; Getriebetechnik.

Spezifisch auf die Kraftfahrzeugindustrie bezogen ist davon allein der Aufgabenbereich Karosserie und Fahrwerk. Aufgaben sowohl in der Motoren- wie in der Getriebetechnik fallen dagegen bei gleichen Zielvorgaben und Rahmenbedingungen auch beim Bau anderer Fahrzeuge sowie stationärer Maschinen an. Deshalb dominieren in diesen Arbeitsfeldern verständlicherweise die „konventionellen“ Maschinenbau-Ingenieure. Universitätsabsolventen werden häufiger mit Fahrwerksproblemen befaßt, während Fachhochschulabsolventen vorwiegend im Bereich Karosserie eingesetzt werden.

Der Anteil der Kraftfahrzeugbau-Ingenieure unter allen Maschinenbau-Ingenieuren eines Unternehmens der Automobilindustrie wird auf derzeit nicht mehr als ungefähr acht Prozent geschätzt. Verläßliche Statistiken stehen freilich nicht zur Verfügung.

Bei nüchterner Bilanz erweisen sich die 14 deutschen Kraftfahrzeug-Hersteller als bei weitem wichtigste Arbeitgeber. Doch wer mag vorhersagen, wie viele Automobile ein Land benötigt, wie viele seiner Bürger bezahlen können oder wollen, wie viele die Umwelt ohne Schaden verträgt? Wer will garantieren, daß der Export weiterhin so blüht wie bislang, wo jedes zweite in der Bundesrepublik produzierte Kraftfahrzeug ausgeführt wird? Wer schließlich wagt eine Prognose, welche Marktanteile Hersteller aus Japan und Korea in fünf bis zehn Jahren auf deutschem Boden für sich verbuchen können: Fast ein Drittel aller 1987 neu zugelassenen Automobile kam aus dem Ausland.

Arbeitsplatzalternativen gibt es; gleichwohl fallen sie zahlenmäßig kaum ins Gewicht. Neben einer Beschäftigung in der Zulieferindustrie oder in Konstruktionsbüros ist besonders zu denken an Tätigkeiten bei Transportunternehmen, in Interessenverbänden der Automobilhersteller und -halter, im Journalismus, in der Aus- und Weiterbildung, der Qualitätssicherung, der Entwicklungshilfe, der Wertanalyse, dem Controlling, dem Vertrieb, dem Patentwesen oder als Kraftfahrzeug-Sachverständiger. Läuft die Automobilkonjunktur nicht oder auch nur langsamer, wird allerdings auch hier manches ins Stocken geraten.

Wichtig für den Berufserfolg eines Ingenieurs der Fachrichtung Kraftfahrzeugbau und -technik sind vor allem naturwissenschaftliche Interessen. Traditionell ist hier an erster Stelle die Mathematik zur Lösung konstruktiver, mithin berechnender Aufgaben zu nennen. Aber auch die Physik spielt eine immer größere Rolle. Nahezu acht Prozent der Herstellungskosten eines Wagens entfallen bereits heute auf elektronische Bauteile; ihr Anteil wird weiter wachsen. Als Stichwort seien hier nur genannt: Transistorzündung, elektronische Einspritzung, kennfeldgesteuerte Zündung, elektronische Motor- und Getriebesteuerung. Schon mehr als die Hälfte der Herstellungskosten heutiger Kraftfahrzeuge entfallen auf Werkstoffe und deren Technologien. Neue Fertigungsverfahren erfordern Werkstoffe mit speziellen Eigenschaften. Das rückt auch die Chemie stärker als in der Vergangenheit ins Rampenlicht. Schließlich: Gute Informatikkenntnisse sollten nicht vergessen werden. Noch gibt es zwar keine Computer-integrierte Fertigung in der Automobilproduktion, doch es wird mit Hochdruck daran gearbeitet.

Überhaupt sollte Interesse für die Lösung konstruktiver Aufgaben sowie an interdisziplinären Fragestellungen hinzukommen. Bereitschaft zur Teamarbeit und Neigung zu technischer Feinarbeit sind nach wie vor unerläßlich. Unbedingt erforderlich ist auch ein gut ausgeprägtes räumliches Vorstellungsvermögen. Sorgfalt, physische Belastbarkeit, Verantwortungsbewußtsein, kostenbewußtes Denken und Dialogfähigkeit runden das Bild vom Kraftfahrzeugbau-Ingenieur ab. Mindestens in Englisch verhandlungssicher sollte ohnehin jeder Ingenieur sein. In der Automobilindustrie aber mit ihren weltweiten Verflechtungen sind Fremdsprachenkenntnisse unabdingbare Voraussetzung für beruflichen Erfolg.

Die Fachrichtung Kraftfahrzeugbau und -technik ist nur an wenigen Universitäten und Fachhochschulen eine eigenständige Studienrichtung. Hier bieten sich dem interessierten Studenten dann innerhalb des Kraftfahrzeugbaus weitere Vertiefungsmöglichkeiten an wie Karosseriebau, Nutz- und Sonderfahrzeugbau, Fahrwerk, Kraftfahrzeug-Sachverständigenwesen. Meist wird Kraftfahrzeugbau und -technik aber als eine Vertiefungsrichtung innerhalb des Maschinenbau-Studiums angeboten, in seltenen Fällen auch als Wahlpflichtfach mit sehr geringem stundenmäßigem Anteil.

Studienmöglichkeiten bestehen momentan an 34 deutschen Universitäten und Fachhochschulen. Zulassungsvoraussetzungen sind je nach Hochschulart entweder die Allgemeine Hochschulreife oder die Fachhochschulreife, teilweise zusätzlich auch ein mehrwöchiges Praktikum in der Metallbearbeitung. Einzelne Hochschulstandorte haben gegenwärtig Zulassungsbeschränkungen.

Obwohl die Unternehmen jüngst immer wieder ihre Bereitschaft beteuern, gerade auch für die Fachrichtung Kraftfahrzeugbau und -technik Frauen einzustellen, ist der Anteil ausgebildeter wie berufstätiger Ingenieurinnen hier wie anderswo denkbar gering und statistisch nicht relevant. Wo sollten sie auch herkommen? Bescheidene vier Prozent Frauen wählen das Fach. Doch der Anteil weiblicher Autokäufer wächst. Warum eigentlich nicht weiblichen Einfallsreichtum und weibliche Kreativität zur Konstruktion von Automobilen gerade für diese Käuferschicht stärker nutzen als bisher?

Kunstgeschichte

Für die meisten ist die Kunst ein äußerst karges Brot

Von Heinrich Dilly

Allerorten werden historische Baudenkmäler restauriert; vielerorts schmiedet man Pläne für neue Kunstmuseen; jede Kunstausstellung wird als unwiederbringliches Ereignis festlich eröffnet; die Tische der Bücherläden bersten unter den Prachtbänden über das Leben und Werk einzelner Maler, Bildhauer und Architekten sowie über alle nur erdenklichen Gegenstände der Kunstgewerbegeschichte; die Anzahl der Galerien übersteigt in Kürze die der Buchhandlungen; die Medien decken ein kunsthistorisch vernachlässigtes Gebiet nach dem anderen auf. Da soll es keine Lust sein, Kunstgeschichte zu studieren?

Jedenfalls warnen Arbeitsämter und Studienführer vor diesem Vergnügen. Und in den Studienberatungen der nunmehr nach der Vereinigung 51 kunsthistorischen Institute bzw. Lehrstühle in der Bundesrepublik Deutschland erfährt man, was sie zur Warnung veranlaßt.

1. Der Prozentsatz der Arbeitslosen unter den Kunsthistorikern ist – wenn bislang auch nicht exakt ermittelt – sehr hoch. Ungefähr 700 von mehr als 15 000 Studierenden des Faches, wovon inzwischen wenigstens 75 Prozent Frauen sind, schließen jährlich ihr Studium ab. Nur wenige finden eine Stelle.

2. Die kunsthistorischen Seminare sind bis auf wenige Hauptseminare maßlos überfüllt: Wie sollen vierzig bis sechzig Anfängerinnen und Anfänger einen Codex, eine Radierung, ein Gemälde, eine Skulptur, eine Kirche, eine Schloß- und Gartenanlage gemeinsam betrachten, diskutieren und mit den empfohlenen Gegenstücken vergleichen?

3. Die Curricula an den Universitäten bieten lediglich eine wissenschaftliche Grundausbildung. – Allein in Bamberg wird ein Aufbaustudium für zukünftige Denkmalpfleger angeboten. Graduiertenkollegs gibt es nur in Hamburg und Marburg. Die Fachhochschule für Museologie in Leipzig ist noch nicht akademisch ausgebaut. – Der Magister- und Promotionsstudiengang führt wohl zum Dr.phil., aber nicht zur faszinierenden Praxis in den verschiedenen kunsthistorischen Berufen. Die Absolventen des Studiums beginnen auf den Ämtern für Denkmalpflege, in den Museen, Kunsthallen, Galerien und an den verschiedensten Hochschulen praktisch von vorn.

4. Die ersten beiden Jahre Berufsausübung heißen für sie im allgemeinen Volontariat. Dieses soll zwar dem Referendariat anderer Berufe entsprechen;

es verspricht jedoch keine geregelte Weiterbildung und auch kein zweites Diplom. Es verhilft zu höherer fachlicher Spezialisierung. Es vermittelt die Einübung in die Verwaltungsregeln und beglückt durch zahlreiche Begegnungen mit Künstlern, Druckern, Sammlern, Sponsoren und mit einem an Kunstwerken hochinteressierten, vorwiegend technisch-intelligenten Publikum. Diese Erfahrungen gewinnt man aber nur unter der einen Voraussetzung: Es muß einem glücken, neben sechzig bis achtzig anderen Bewerbern als die eben geeignete Frau bzw. der eben jetzt geforderte Mann zu erscheinen.

Wozu ist also den vielen Studierenden zu raten, die davon überzeugt sind, daß es gerade jetzt sinnvoll, ja notwendig ist, sich die Muße zu nehmen und nach der Genese von Kunstwerken, nach den ausgefeilt hohen Techniken der Künstler und Künstlerinnen sowie nach der Bedeutung der bildenden Kunst für eine sich wandelnde Öffentlichkeit zu forschen?

Man sollte das Grundstudium nicht in Deutschland absolvieren. Falls das Latinum, das auch für Kunstgeschichte gefordert wird, bereits erworben ist, sollte man sich um einen Studienplatz an einer der Universitäten im benachbarten Ausland bemühen, wobei man die Nebenfächer – zurückgekommen – auch noch im Hauptstudium nachholen kann, wofür man ohnehin mit sechs bis acht weiteren Semestern rechnet. Im Ausland lassen sich die Sprachkenntnisse erweitern, vor allem gewinnt man dort die kursorische Denkmalkenntnis, die man an den deutschen kunsthistorischen Instituten zwar erwartet, doch nur selten vermittelt.

Selbstverständlich werden auch hier Propädeutika angeboten. Diese sind aber a) unzumutbar überfüllt. Sie fallen b) aufgrund der unterschiedlichen Eingangsqualifikation der Kommilitonen entweder zu leicht oder zu schwer aus. Die deutschen Kunsthistoriker konnten sich c) bislang nur auf eines verständigen: auf die Klage darüber, daß die Anfangssemester weder über die allgemeine Geschichte noch die Religionsgeschichte Bescheid wissen; daß sie wohl bedeutende Museen der Vereinigten Staaten, aber nicht die nächstliegende Kirche kennen.

Die zweite Empfehlung lautet seit Ranke und Burckhardt: zurück zu den historischen Quellen! Daher sollte man sich in kleinen Gruppen die Kunstwerke genau ansehen und sie mit den bereits bekannten Objekten vergleichen. Darüber sollte man nicht nur mit den Kommilitonen sprechen, sondern auch die völlig überlasteten Konservatoren in den Museen und auf den verschiedenen Ämtern befragen. Die dritte Empfehlung ist ebenso alt: Man sollte den Studienort wechseln. Andere Professoren an anderen Instituten sollten gehört werden. Der Universitätswechsel soll – wenn man schon im Lande bleibt – möglichst bald nach dem Grundstudium erfolgen, das an allen Instituten in den letzten zwei Jahrzehnten eingeführt worden ist. Mit dem Nachweis einer von Institut zu Institut unterschiedlichen Anzahl von

Leistungsscheinen bzw. einer vor allem in Bayern eigens anberaumten Prüfung – die bekannte München-Prüfung stand dafür Modell – können die vier bis sechs Semester Grundstudium abgeschlossen werden. Doch darf man sich bei der Wahl des Studienorts nicht auf die ersten Kenntnisse aus der Fachliteratur verlassen. Forschung und Lehre der Professoren, Assistenten und Lehrbeauftragten – zu 90% Männer – klaffen oft weit auseinander: Der bekannte Fachmann für französische Malerei entpuppt sich lehrend als Kenner Dürers; der Erforscher der oberitalienischen Stadtkultur erweist sich als kompetent für die Kunst der fünfziger Jahre; der Barockspezialist weiß im Seminar bestens über gotische Skulpturen Bescheid. Auch zwischen dem Anspruch auf eine besondere Methodik und dessen Einlösung liegen Welten. Ausgesprochene Debatten über Methoden und Theorien gelten jedoch bereits als historische Phänomene der späten sechziger Jahre. Deren Auswirkungen sind heute wohl eher als wissenschaftliche Stile erfahrbar.

Das Fach Kunstgeschichte ist nicht wie die allgemeine Geschichtswissenschaft institutionell nach Epochen oder etwa nach Kunstgattungen gegliedert. Deshalb bemüht man sich auch am kleinsten Institut darum, lehrend die großen Gebiete – Mittelalter, Neuzeit, Moderne – und die verschiedenen Kunstgattungen abzudecken. Dabei kommt – allen Vorurteilen zum Trotz – die Moderne keineswegs zu kurz: Im Sommersemester des documenta-Jahres 1987 fanden zum Beispiel in der Bundesrepublik 21 Vorlesungen zur Kunst des Mittelalters, 28 über Themen der Renaissance und des Barocks, 30 über die Kunst des 19. und 20. Jahrhunderts statt. 13 Vorlesungen handelten über einzelne Künstler. Von 76 Seminaren zur Moderne kamen 19 dem studentischen Verlangen nach einer Auseinandersetzung mit der aktuellen

Kunstszene entgegen. Drei Semester später – im Wintersemester 1988/89 – verschoben sich die Proportionen zugunsten der die Epochen übergreifenden Themen in den Vorlesungen; in den Seminaren nahm das Interesse an der zeitgenössischen Kunst etwas ab. Für eine Einschätzung der quantitativen Entwicklung der Themen nach der Vereinigung der beiden deutschen Staaten gibt es allerdings noch keine Daten.

Zwar hat sich die Anzahl der Dozenten vor bald zwei Jahrzehnten verdoppelt. Das personelle Wachstum, der spärlich bemessene Etat und die kleinen Räume reichen jedoch an kaum einem Institut aus, um dem inzwischen erneut verdoppelten Wissen, geschweige denn der fünfzehnfachen Anzahl von Studierenden gerecht zu werden. Daher kann auch auf die neue, herausfordernde Expansion der bildenden Kunst in bislang kaum geahnte Lebensbereiche und Bevölkerungsschichten an den Instituten weder theoretisch noch praktisch reagiert werden. Museumsmanager, Ausstellungsagenten und Kunstökonomen werden heutzutage offenbar gebraucht. Die Disziplin Kunstgeschichte ist aber aufs Ganze gesehen viel zu schwach. Daher kann sie ihren ohnehin geringgeachteten Magistern keine weiteren berufsqualifizierenden Studiengänge – etwa nach Bamberger Vorbild – anbieten.

Die kreative Spannung unter den Mitgliedern eines Instituts wird daher – allen Empfehlungen zum Trotz – für die Wahl des Studienorts entscheidend sein, wenn nicht ganz anderes den Ausschlag gibt. Die meisten Studierenden halten am ersten Studienort fest. Denn im Laufe der Zeit lernen sie dann doch jemanden kennen, der ihnen diesen oder jenen Job in seinem Museum, einem Reiseunternehmen, Ausstellungsvorhaben, bei Grabungen, Übersetzungen oder beim Rundfunk, Fernsehen, in einem der Verlage oder einer der Galerien vermittelt. Darauf bauen wenige noch vor jeglichem Studienabschluß ihre Karriere in der regionalen, meist spannenden kulturellen Szene auf. In der Hektik des Ausstellungs- und Museumsbetriebes verlieren sie die wissenschaftliche Phantasie und gewinnen professionelle Routine. Aufgrund des hohen Sozialprestiges, das Kunsthistoriker genießen, verdrängen sie auf den Empfängen zur Eröffnung dieser oder jener kulturellen Veranstaltung den Widerspruch zwischen der expandierenden Freizeitindustrie und einer Wissenschaft, die um geradezu jede Zeitschrift, jedes Buch, jeden Raum, selbst um den Erhalt der Öffnungszeiten für diese oder jene Museums- und Bibliotheksabteilung betteln geht. Anders gesagt: Einige Gala-Eröffnungen zum Wohle der Kunstgeschichte könnten den Lernenden und Forschenden dieses Gebiets ein gutes Stück weiterhelfen.

Maschinenbau

Die Ergebnisse ihrer Arbeit sind in aller Welt gefragt

Von Michael Psotta

Geniale Techniker gibt es natürlich auch anderswo. Gerade in Amerika, dem Herkunftsland berühmter Erfinder, festigt sich aber inzwischen der Eindruck, daß die begabtesten Schulabgänger der „weiße Kragen" stärker lockt als der Arbeitskittel des Ingenieurs. Das hat Folgen: während amerikanische Köpfe ständig neue Dienstleistungen für die Finanzwelt erfinden, haben zum Beispiel weite Teile des amerikanischen Maschinenbaus ihre internationale Wettbewerbsfähigkeit verloren, weil sie keine aktuellen technischen Lösungen anbieten können. Davon profitieren die deutschen Maschinenbauer, die Generation für Generation hochqualifizierten Nachwuchs erhalten. Ob die Deutschen eine besondere technische Begabung haben oder „nur" besonders gut ausgebildet werden, läßt sich wohl nicht klären. Die Ergebnisse ihrer Arbeit – Maschinen, Anlagen, Fahrzeuge zum Beispiel – haben jedenfalls in aller Welt einen guten Ruf und werden auch gekauft, wie die Überschüsse der Leistungsbilanz Jahr für Jahr belegen. Entsprechend selbstbewußt führen deutsche Techniker dem Nachwuchs vor, daß der Ingenieursberuf zu Erfolg und Erfüllung verhelfen kann, auch und gerade wenn man in die „Niederungen" der Produktion steigt.

Jahr für Jahr entscheiden sich gut 10 000 junge Leute für die Ausbildung zum Maschinenbauingenieur, obwohl technische Fächer in den allgemeinbildenden Schulen kaum gelehrt werden. Um ein Verlegenheitsstudium handelt es sich dabei selten. Wer nach dem Abitur studiert, ohne seine Interessenschwerpunkte genau zu kennen, der setzt in Deutschland im Zweifel immer noch aufs Jurastudium oder auf vermeintlich leichtere Fächer der philosophischen Fakultäten. Ein Spaziergang ist das Maschinenbaustudium tatsächlich nicht. Drei von zehn Studenten scheiden schon in den ersten Semestern aus, freiwillig oder, meistens, wegen der schwierigen Zwischenprüfung. Wer diese Hürde geschafft hat, kann sich beruhigt auf die Diplomprüfung vorbereiten: Daran scheitert nach einschlägigen Statistiken kaum ein Maschinenbaustudent. Ohne Sorgen sollte er auch dem Einstieg in die Berufstätigkeit entgegensehen. Neben Informatikern, Betriebswirten und Elektroingenieuren gehören Maschinenbauingenieure zu den gefragtesten Hochschulabsolventen.

Möglicherweise trübt sich das Bild in den kommenden Jahren: Auguren sehen auf den Maschinenbau, die klassische Exportwirtschaft, schwierigere

Zeiten zukommen; auch die Autohersteller als nennenswerte Beschäftiger von Ingenieuren könnten aus konjunkturellen Gründen in nächster Zukunft etwas vorsichtiger einstellen. Davon sollte sich der angehende Maschinenbauingenieur aber nicht schrecken lassen. Er wäre schlecht beraten, würde er seine Berufsentscheidung von Konjunkturzyklen abhängig machen. Ernster sollte er sich damit auseinandersetzen, daß sich die Gunst des Arbeitsmarkts seit einigen Jahren stärker dem Elektro- als dem Maschinenbauingenieur zuneigt. In dieser Entwicklung spiegelt sich auch ein Trend im Maschinenbau selbst: die Verzahnung von technischem und elektronischem Wissen. Die besonders erfolgreichen deutschen Maschinenbauer hätten sich in den vergangenen Jahren nicht an der Weltspitze gehalten oder zu ihr aufgeschlossen, wäre es ihnen nicht gelungen, ihren Maschinen Elektronik einzugeben, um sie flexibler, schneller und damit produktiver zu machen.

Erstaunlicherweise hat es dazu nicht der Bildung großer Konzerne bedurft, in denen abrufbares Wissen über die Datenverarbeitung zur Verfügung stand. Der mittelständische Maschinenbau hat es häufig verstanden, in eigener Regie und in Zusammenarbeit mit Softwarehäusern eigenständige Lösungen zu entwickeln. Dazu aber waren und sind Ingenieure notwendig, die auf der Grundlage einer breit angelegten Maschinenbauausbildung aufgeschlossen bleiben für das Wissen angrenzender Disziplinen.

Dieses gründliche Wissen erwirbt man in der Bundesrepublik wohl immer noch an den klassischen technischen Hochschulen oder Universitäten, etwa in Aachen, Darmstadt oder Karlsruhe. Auch einige Gesamthochschulen, die zwischen dem wissenschaftlich orientierten Ausbildungsweg und dem praxisorientierten der Fachhochschulen streng trennen, gewinnen langsam an Renommee. Absolventen dieser Stätten, die im Durchschnitt zwölf Semester studieren, sind eher zu forschenden Tätigkeiten befähigt und haben langfristig wohl immer noch die besseren Karrierechancen als ihre Kollegen aus den Fachhochschulen, deren Ausbildung stärker verschult und im Durchschnitt drei Semester kürzer ist. Gerade für eine eher praxisbezogene Berufstätigkeit, etwa die eines Fertigungs- oder Betriebsingenieurs, bietet die Fachhochschule aber durchaus eine Alternative.

Einige Unternehmen sprechen offen aus, daß sie bei der Einstellung nicht mehr zwischen dem „klassischen“ und dem Fachhochschulingenieur unterscheiden. Auch im innerbetrieblichen Wettbewerb um die gutbezahlten Posten kann sich der Universitätsingenieur dann nicht mehr auf seinen wissenschaftlichen Lorbeeren ausruhen. Zwar hat der Verein Deutscher Ingenieure (VDI) festgestellt, daß Absolventen einer Technischen Hochschule oder Technischen Universität ein durchschnittliches Anfangsgehalt von DM 4600,– erhalten, während graduierte Ingenieure und Diplom-Ingenieure (FH) nur mit DM 4200,– rechnen können. Bis zum Alter von 45 Jahren hat der VDI dann aber keine deutlichen Einkommensunterschiede mehr erkannt. Erst später hat der Universitätsingenieur nach dieser Analyse die besseren Aufstiegschancen. Der VDI hat allerdings auch festgestellt, daß besonders qualifizierte Fachhochschulingenieure mit ihren Eingangsgehältern und ihrem beruflichen Aufstieg den Universitätsabgängern nicht nachstehen müssen.

Strenger als die private Wirtschaft trennt der Staat zwischen Absolventen von Universitäten und Fachhochschulen. Für letztere ist nur die Laufbahn des gehobenen Dienstes vorgesehen. Sie endet dort, wo die des Universitätsingenieurs beginnt, im höheren Dienst. Entsprechend findet der Staat genügend Bewerber für die höhere Laufbahn mit ihren nach oben offenen Aufstiegschancen, während zum Beispiel die Bundesbahndirektion München ihren Bedarf an Maschinenbauingenieuren mit Fachhochschulabschluß kaum mehr decken kann. Bestrebungen, die Laufbahnen und Gehälter beider Abschlußgruppen anzugleichen, finden zwar die Zustimmung von Berufsverbänden und auch von einigen Politikern, scheitern aber bisher an den Finanzen: Eine Heraufstufung aller Fachhochschulingenieure im öffentlichen Dienst würde unübersehbar teuer. Immerhin arbeitet ein Drittel aller deutschen Ingenieure im Dienst des Staates.

Die meisten Maschinenbauingenieure beginnen allerdings im (privatwirtschaftlichen) Konstruktionsbüro, wo sie die Ideen der forschenden Kollegen in Erzeugnisse nahe der Marktreife umsetzen sollen. Wer neben technischen Kenntnissen auch die Beherrschung von Fremdsprachen nachweist, wird – als Vertriebsingenieur – geradezu hofiert werden; schließlich brauchen exportorientierte Unternehmen Mitarbeiter, die die ausländischen Kunden sprach- und fachkundig umwerben und beraten. Dennoch muß der Konstruktionsingenieur nicht schlechtere Chancen als der Kollege in Forschung und Entwicklung oder im Vertrieb haben. Für ihn gilt wie für alle Ingenieure: Wer kein „Nur-Techniker“ bleibt, sondern über seine speziellen Kenntnisse hinaus den Blick für wirtschaftliche Zusammenhänge und seinen gesunden Menschenverstand bewahrt, für den dürfte die Arbeit an einem Einzelteil nicht die Endstation seiner beruflichen Laufbahn bleiben.

Mathematik

Die besondere Begabung eines Carl Friedrich Gauß ist nach wie vor gefragt

Von Peter Pietschmann

Als Carl Friedrich Gauß im noch zarten Alter des Einmaleins-Schülers zur Ermittlung der Summe aller ganzen Zahlen von 1 bis 100 die Summenformel der arithmetischen Reihe benutzte, ohne vorher im Gebrauch dieses Instruments unterwiesen worden zu sein, zeigte sich, daß in dem Kind ein überragender Intellekt angelegt war. Der Schulmeister hatte sich ein wenig Ruhe verschaffen wollen und die seinem Unterricht anbefohlenen Knaben mit jener Additionsaufgabe betraut. Und während seine Mitschüler noch schwitzend zusammenzählten, ging Gauß schon zum Katheder, um dem Lehrer mit einem knappen „Da lieget's!“ das (richtige) Ergebnis seiner Berechnung zu präsentieren.

Anekdoten wie diese, sie seien verbürgt oder nicht, gehören zum verbreiteten Bild der Mathematik als einer Wissenschaft, deren größere und kleinere Adepten dies gemeinsam haben: eine spezifische Begabung. Seit den Tagen der alten Griechen und Araber, die ihre mathematischen Gleichungen noch in Worten ausdrückten, hat sich in der Mathematik eine Menge getan. Ihre inzwischen voll formalisierte „Sprache“, die kein Außenstehender zu durchschauen vermag, verstärkt die landläufige Überzeugung, daß diese Wissenschaft mehr als nur vereinzelte esoterische Züge trägt.

Die Mathematiker selbst mögen der Prämisse einer spezifischen Befähigung weniger gern zustimmen als derjenigen einer höheren Begabung schlechthin. Zum Beleg berufen sie sich unter anderem auf die statistische Tatsache, daß im Abitur die Güte der Mathematik-Note mit den übrigen Notenqualitäten stark positiv korreliert. Anders ausgedrückt: Wer in Mathematik herausragt, ist auch in anderen Fächern überdurchschnittlich gut. Ausnahmen, es gibt sie gewiß, gefährden wie üblich die Regel nicht.

Wie dem nun immer sei: Als Verlegenheits- oder „Park“-Studium kommt die Mathematik nur schwerlich in Betracht. 1988 haben in der Bundesrepublik Deutschland 1118 Mathematiker ihr Studium mit dem Diplom U (= Universität) abgeschlossen. Wenn man das Studienfach Statistik hinzunimmt, sind es 1158. Etwa um den Faktor 9 geringer ist die Zahl der mathematischen Fachhochschulabsolventen. Seit Jahren gibt es bei den Anfängerzahlen im universitären Diplom-Studiengang Mathematik keine nennenswerten Veränderungen. Die Arbeitsmarktchancen sind demgegenüber eher gewachsen. Mathematik, so zeigt sich auch darin, setzt Neigung voraus. Daß dem alternativen Studienziel „Höheres Lehramt" die Sympathie der Studienbewerber in den zurückliegenden zehn Jahren drastisch entzogen wurde, ist eine Folge der Lehrerarbeitslosigkeit. Mittlerweile hellt sich dieser Horizont jedoch wieder auf.

Ein vergleichsweise hoher Prozentsatz derer, die das Mathematik-Studium aufnehmen, bleibt auf der Strecke. Die Ursachen des Studienabbruchs sind – wie in anderen Fächern so auch hier – unterschiedlicher Art; Leistungsinsuffizienz aber steht im Vordergrund. Dabei offenbart sich schon relativ früh, nämlich innerhalb der beiden ersten Semester (etwa 25 Prozent Abbrecher), wer sich in der Mathematik einrichten kann und wer dies nur – fälschlich – geglaubt hat. Viel hängt unstreitig von der Anfangsbetreuung der Studenten ab. Gruppenarbeit gilt als förderlich. Der Einzelgänger geht einen schweren Weg. Das Mathematik-Studium – Regelstudienzeit neun Semester – kennt keine Zäsuren, wie sie in anderen Fächern durch das Vordiplom oder vergleichbare Prüfungen gesetzt werden. Die Auslese der Ungeeigneten ist nicht einer einzelnen Prüfungshürde vorbehalten, sondern ein kontinuierlicher, dennoch aber kaum mehr als zwei Semster erfordernder Prozeß. Dem steht eine relativ lange tatsächliche Studienzeit von (1988) 13,1 Semestern im bundesweiten arithemtischen Mittel gegenüber.

Zu den dominierenden klassischen Branchen „Versicherungswirtschaft" und „akademische Laufbahn" als Tätigkeitsfeldern des Mathematikers kommen in unserer Zeit zahlreiche Industrien und natürlich all jene, die sich der High-Tech-Klasse zuordnen lassen. Die Aggregate keines modernen Automobils funktionieren ohne subtile mathematische Berechnungen, und daran, daß höhere Mathematik im Spiele ist, wenn eine Rakete fliegt, kann schon gar kein Zweifel sein. Maschinenbelegungspläne und Lagerhaltungsprobleme bedürfen der mathematischen Modellierung. Ohnehin ist Mathematik in der Informationsgesellschaft überall. Welcher neue Chip verdankte seine Architektur nicht ausgeklügelten mathematischen Modellen? Dazu werden die Software-Kompositionen immer komplexer, und das heißt immer mathematischer.

Alles in allem zeigt der Arbeitsmarkt dem Mathematiker ein freundliches Gesicht, zugleich allerdings eine dezidierte Erwartungshaltung: Der Bewerber sollte kein reiner Theoretiker, kein – wenn auch gediegener – abstrakter mathematischer Denker, sondern ein Absolvent sein, dem mathematischer Anwendungsbezug vom Studium her geläufig ist. Das kann nicht heißen, daß die theoretische Mathematik obsolet wäre, aber sie hält, zum Beispiel in Gestalt von Lehrstühlen und deren nicht allzu personalintensiver Peripherie, nur vergleichsweise wenig Möglichkeiten für den Broterwerb bereit. Mathematischen Unterricht forderte schon Plato für seine Schüler. Im 14. Jahrhundert wurden mathematische Vorlesungen an den Universitäten üblich. Lange Zeit als formale Denkschule aufgefaßt und gehandhabt, erlebte die Mathematik seit der Wende vom 19. zum 20. Jahrhundert wachsende Anwendungsorientierung. Innerhalb der mathematischen Wissenschaft selbst ebneten die Entwicklung der Funktionen- und Gruppentheorie den Weg. Von außen wurden drängende Ansprüche der Technik wirksam, aber auch der Naturwissenschaften, die ihre Schwerpunkte von der beschreibenden wissenschaftlichen Arbeit auf quantitative Forschung verlagerten und damit intensiven Bedarf an mathematischem Instrumentarium entwickelten. Felix Klein (1849–1925), Professor in Erlangen, München, Leipzig und Göttingen und ab 1908 Vorsitzender der Internationalen mathematischen Unterrichtskommission, gilt als Protagonist der angewandten Mathematik.

Aus den praktischen Aufgaben des Rechnens und Messens ist die Mathematik entstanden. Zwar hat sie seither einen vitalen theoretischen Stamm ausgebildet, die sogenannte Präzisionsmathematik, doch in unserer Zeit liegt der Akzent auf dem anwendungsgeneigten Teilgebiet. Es wird gelegentlich als Approximationsmathematik bezeichnet, weil auf den Anwendungsfeldern nicht immer schlüssige, sondern vielfach nur näherungsweise Lösungen möglich sind. Unbeschadet der Entwicklung, die die Anwendung favorisiert, hat die reine mathematische Theorie auch in der Gegenwart ihre Hochburgen innerhalb der deutschen Universitätslandschaft. Technische Universitäten oder Technische Hochschulen allerdings können kaum in den Verdacht geraten, der theoretischen Observanz anzugehören. Schließlich sind hier die Nutzer-Bezüge allgegenwärtig. Bei den (wenigen) Fachhochschulen mit mathematischem Ausbildungsgang verhält sich das nicht anders. Natürlich betonen auch viele „klassische“ Universitäten die instrumentelle Mathematik. Ein Blick in die Lehrpläne zeigt, wo die Schwergewichte jeweils liegen.

Die Breite der Front, auf der die Mathematik in die Wissenschaften und in unser Leben eingedrungen ist, wird von den vielfältigen Möglichkeiten der Nebenfachkombinationen widergespiegelt. Es gibt weit mehr Fächer, die für eine curriculare Verbindung mit Mathematik in Frage kommen, als man gemeinhin für möglich hält. Die Physik, traditionell der Nebenfachpartner Nummer 1, hat ihren Rang inzwischen an die Informatik abgetreten, die nun mit Abstand an der Spitze liegt. Wirtschaftswissenschaften, Operations-Research, Statistik sind weitere Nebenfachgünstlinge der Mathematik.

Die Fülle der möglichen wissenschaftlichen und Fächerkombinationen weist zugleich auf die Diversifikation des mathematischen Berufsbildes hin. Und in Entsprechung dazu hat übrigens auch der weibliche Anteil unter den Mathematik-Studenten zugenommen. Gegenwärtig liegt er bei rund 20 Prozent. Die mathematische Dominanz des männlichen Geschlechts dürfte kaum etwas mit Begabungsunterschieden zu tun haben (wie ja auch das altgriechische Adjektiv mathematikos, primär soviel wie „gelehrig, geschickt“ bedeutend, durchaus drei Endungen aufweist).

Tätigkeiten, die nicht auf pure Technik, Physik oder bloße Theorie festgelegt sind, werden von den Frauen bevorzugt. Ein deutliches Indiz dafür ist die relativ hohe Frauenquote in der Wirtschaftsmathematik. Das Fach verbindet Mathematik, Informatik, Operations-Research, Statistik und Wirtschaftswissenschaften in einer heute vielgefragten Qualifikation. Seit seiner deutschen Premiere im Jahr 1977 (an der Universität Ulm) ist es eigenständig und wachstumsorientiert, ohne die Interessensphäre der reinen Mathematik auf dem Arbeitsmarkt zu beeinträchtigen.

Medizin

Vom „Halbgott in Weiß“ zum akademischen Proletarier

Von Rosemarie Stein

Wer heute Arzt werden will, hat mehr Hürden denn je zu überwinden, bevor er in der Lage ist, Patienten selbständig zu behandeln: die strikte Zulassungsbeschränkung (Numerus clausus), das Physikum nach vier Semestern, das dreiteilige Staatsexamen nach dem sechsten und zehnten Semester sowie nach dem praktischen Jahr; nun auch noch anderthalb Jahre als „Arzt im Praktikum“. Dann endlich wird dem Jungmediziner die Vollapprobation erteilt. Außerdem machen die meisten zwischendurch noch ihren Doktor.

Es folgt noch eine jahrelange „Weiterbildung“ (nicht zu verwechseln mit der lebenslangen Fortbildung) zum Fachspezialisten oder auch zum Arzt für Allgemeinmedizin. Denn künftig soll auch für den selbständig tätigen Hausarzt eine mindestens dreijährige Weiterbildung nach Abschluß des Studiums obligatorisch werden, wie der Deutsche Ärztetag 1990 beschloß, und das kann den Patienten nur recht sein.

Endlich am Ziel, merkt der junge Mediziner dann, daß „Arzt“ kein Traumberuf mehr ist; nicht für Idealisten, denn dem Helfen und Heilen sind heute und erst recht morgen tausend bürokratische und ökonomische Fesseln angelegt, und nicht für Karrieristen, denn der „Honorartopf“ wird bei wachsender Arztdichte nicht unbeschränkt mitwachsen. Überdies sind die Patienten heute weit kritischer als einst. Der „Halbgott in Weiß“ ist vom Sockel gestürzt.

Am Ende fragt sich der medizinische Anfänger vielleicht, ob der Hürdenlauf sich überhaupt gelohnt hat. Das sollte sich der Medizin-Aspirant besser vorher fragen. Das erste Hindernis ist der Numerus clausus. Er ist allerdings nicht mehr ganz so hoch wie einst. Der Andrang der Bewerber um einen Studienplatz hat merklich abgenommen. Denn erstens hören sie über die Ärzte-Ausbildung mehr und mehr Negatives, ja Niederschmetterndes, und zweitens hat der Beruf des Arztes eine nicht mehr so rosige Zukunft wie noch vor einigen Jahren – falls man in diesen Beruf überhaupt noch hineinkommt. Muß sich der junge Arzt womöglich ins akademische Proletariat einreihen? In den späten achtziger Jahren waren immer 6000–8000 Ärzte als arbeitslos gemeldet, überwiegend Anfänger, und nach begründeten Schätzungen kommen mindestens noch einmal so viele als „Dunkelziffer“ hinzu. Besonders schlecht sind die Chancen auf dem Arbeitsmarkt für Ärztinnen: Ungefähr ein Viertel aller Mediziner, aber die Hälfte der arbeitslosen Ärzte sind Frauen.

Die besten Aussichten haben Bewerber mit Zusatz-Qualifikationen, von der Psychologie über die Datenverarbeitung bis zu den Gesundheitswissenschaften („Public Health").

Was nun die medizinische Ausbildung betrifft, so gelten ihre Bedingungen hierzulande als ausgesprochen schlecht, und ihr Ziel, der zu selbstverantwortlicher Tätigkeit qualifizierte Arzt, wird nicht erreicht. Diese Ausbildung sei „auf einem Niveau angelangt, das den Vergleich mit den klassischen Ländern des medizinischen Fortschritts, England, Skandinavien und Nordamerika, nirgends mehr aushält", schrieb einer der großen alten Männer der deutschen Medizin, Hans Schaefer, schon 1979 (in seinem grundlegenden Buch „Plädoyer für eine neue Medizin"). Seither hat sich die Lage noch verschlechtert. Einige kritische und an der Lehre wirklich interessierte Hochschullehrer weisen immer wieder darauf hin.

Als „eines der schauerlichsten Beispiele bildungspolitischer Torheit" bezeichnete der Düsseldorfer Physiologie-Professor Raimund Kaufmann in einer Rede das derzeitige medizinische Ausbildungs- und Prüfungssystem. Es verhindere, „daß Ärzte wenigstens mit einem akzeptablen Minimum an intellektuellem, handwerklichem und humanem Rüstzeug ausgestattet werden". Der Ulmer Pharmakologe Professor Hermann Bader erinnert die akademischen Lehrer daran, daß sie drei Aufgaben haben: Lehre, Forschung und Krankenversorgung. Aber „die Lehre macht Arbeit und bringt nur Schwierigkeiten, die Forschung bringt Ruhm und Ehre, die Krankenversorgung bringt Geld", stellt er fest, und entsprechend seien die Prioritäten gesetzt. Der Steuerzahler habe erst Milliarden für eine nicht stattfindende Ausbildung aufzubringen und dann weitere Milliarden für unnütze Krankheitskosten. „Ärztliche Ausbildung in Deutschland – eine Tragödie mit Zukunft" war sein Artikel überschrieben.

Der Medizinstudent gleicht einem Expeditionsreisenden, der auf einem Fluß durch den Dschungel fährt und dessen Boot man mit leichtverderblichen Vorräten beladen hat, statt ihn das Fischen und Jagen zu lehren, damit er sich in der Wildnis unbegrenzt lange ernähren kann. Diesen bildkräftigen Vergleich zog einmal der Gründer und langjährige Leiter des Ausbildungsforschungs-Instituts der Berner Medizinischen Fakultät, Professor Hannes Pauli. Von dem schnell veraltenden Wissensstoff, den die jungen Mediziner für die denkfeindlichen Multiple-Choice-Prüfungen pauken müssen, könne man getrost die Hälfte als Ballast über Bord werfen. In der gewonnenen Zeit sollten die Studenten lernen, lebensnahe medizinische Probleme zu lösen und sich dabei Kenntnisse, Fertigkeiten und ärztliche Einstellungen aneignen, die sie bei der Arbeit mit den Patienten und zum Lösen künftiger beruflicher Aufgaben tagtäglich brauchen.

Die Wirklichkeit sieht anders aus. Die „neue" Approbationsordnung von

1970 hat keineswegs zur damit angestrebten Reform des (nach wie vor stark verschulten) Studiums geführt. Die Ausbildung in den Grundlagenfächern, den naturwissenschaftlichen und den noch immer viel zu kurz kommenden und nicht recht integrierten sozialwissenschaftlichen, ist den ersten vier Semestern bis zum Physikum vorbehalten. In keiner Weise ist sie verzahnt mit dem eigentlichen Medizinstudium während des sogenannten klinischen Abschnitts vom fünften bis zum zehnten Semester. „Klinisch" bedeutet hier einfach „krankheitsbezogen". Das heißt nicht ohne weiteres, daß der angehende Arzt diese Krankheiten am Patienten selbst erkennen und behandeln lernt oder daß ihm gar der kranke Mensch als körperlich-seelisch-soziale Ganzheit ins Blickfeld gerückt wird. Aus dem nach der Approbationsordnung vorgesehenen Unterricht am Krankenbett ist nicht viel geworden, schon wegen der Überfüllung der Universitätskliniken mit Studenten.

Als diese Ausbildungsordnung 1970 verabschiedet wurde, gab es jährlich 6000 Studienanfänger in der Bundesrepublik, im Sommersemester 1990 waren es 11 600, dank einer geänderten Kapazitätsverordnung für die katastrophal überfüllten Fakultäten sollen es künftig etwa 20 Prozent weniger sein. Freilich immer noch zu viele, gemessen an den Studentenzahlen vergleichbarer Länder und am Arztbedarf. Um die unzumutbaren Studienbedingungen und damit die Qualität der ärztlichen Ausbildung zu verbessern, schreibt die 7. Novelle der Approbationsordnung jetzt für den praktischen Unterricht vor, daß bestimmte Teilnehmerzahlen nicht überschritten werden dürfen.

Heute findet der sogenannte praktische Unterricht nur allzuoft als „Trokkenkurs" ohne Patienten statt. Es gibt in den Ausbildungskrankenhäusern einfach nicht genügend Kranke, die geeignet, bereit und in der Lage sind, sich immer wieder von Studenten untersuchen zu lassen. Überdies werden die jungen Mediziner auch noch an jener Minderheit von Patienten mit seltenen und schweren Krankheiten ausgebildet, die in Universitätskliniken und andern Schwerpunktkrankenhäusern behandelt werden müssen. Auf den ärztlichen Alltag mit seinen Befindensstörungen, chronischen Leiden, Altersgebrechen und psychosomatischen Krankheiten bereitet man sie fast überhaupt nicht vor.

Die künftigen Ärzte werden also „falsch programmiert", schreibt der Tübinger Anatomie-Professor Michael Arnold in seinem ebenso nützlichen wie kritischen Buch „Der Arztberuf". Daher stammt die zunehmende Unzufriedenheit von Patienten und auch Ärzten, und hier liegt auch eine Hauptwurzel für die Überteuerung unseres Gesundheitswesens. Statt das praxisferne Studium selbst zu reformieren, hat man erst ein praktisches Jahr und dann noch einmal anderthalb Jahre „Arzt im Praktikum" angehängt, von Sachkennern als hilflose Flickschusterei bezeichnet. Ob der Jungmediziner in dieser kaum strukturierten Phase genügend praktische Erfahrungen sammeln kann oder ob er als fünftes Rad am Wagen nur irgendwo mitläuft, hängt vom Zufall ab – und nicht zuletzt von seiner eigenen Initiative, von der er überhaupt sehr viel braucht, um trotz der schlechten Studienbedingungen vielleicht doch noch ein guter Arzt zu werden. Empfehlenswert ist ein Studien- oder Arbeitsaufenthalt im Ausland, am besten in den Vereinigten Staaten, dem neuen „Mekka der Medizin". Das hat den erfreulichen Nebeneffekt, daß man sich in der internationalen Sprache der medizinischen Wissenschaft, dem Englischen, perfektioniert.

Nach Einschätzung des Wissenschaftsrats kann zur Zeit nicht einmal mehr der Anschein geweckt werden, „daß eine angemessene, den gesetzlichen Anforderungen entsprechende Ausbildung vermittelt wird". Als „Tragödie mit Zukunft" betrachten mit dem schon zitierten Professor Bader auch andere die Lehre ernstnehmende Hochschullehrer das Medizinstudium, zum Beispiel Professor Thure von Uexküll, der in illusionsloser Altersweisheit auf jahrzehntelange, fast vergebliche Reformversuche zurückblickt. Er glaubt nicht mehr an die Fähigkeit der medizinischen Fakultäten zur Erneuerung der Lehre, denn sie hätten sich zu Einrichtungen einer hochspezialisierten medizinischen Forschung und Krankenversorgung entwickelt.

Dennoch können zumindest die künftigen Medizinstudenten auf ein Umdenken und damit auf eine Ausbildung hoffen, die auf das Berufsfeld des Arztes besser vorbereitet als die heutige. Die zunächst fast durchweg bekämpften oder ignorierten Überlegungen, die hierzu eine interdisziplinäre Gruppe von Hochschullehrern, der „Murrhardter Kreis", erarbeitete und publizierte, gewinnen zunehmend an Einfluß. Das merkt man den Reformplänen der „Sachverständigengruppe zu Fragen der Neuordnung des Medizinstudiums" an, die Ende 1989 vom Bundesgesundheitsministerium eingerichtet wurde. Sie erhielt den Auftrag, eine grundlegende Erneuerung der seit 1970 siebenmal vergeblich novellierten ärztlichen Approbationsordnung und damit der Ärzteausbildung vorzubereiten. Wenn die Politiker und nach ihnen auch die Universitäten ihren Empfehlungen folgen, wird etwa von 1995 an das Medizinstudium im wesentlichen so aussehen:

Vorklinische und klinische Ausbildung, also Theorie und Praxis, werden eng miteinander verzahnt, die Praxis erhält mehr Raum. Das Studium wird nicht mehr vom Angebot der vielen Spezialfächer bestimmt, sondern von den Aufgaben, die sich dem späteren Arzt, vor allem dem Hausarzt, beim täglichen Umgang mit dem hilfesuchenden Patienten stellen. Neben den Universitätskliniken werden mehr als jetzt üblich ganz normale Krankenhäuser und auch Arztpraxen an der Ausbildung beteiligt. Nicht mehr die Wissensvermittlung allein soll dominieren, die Studenten können außerdem auch eine intensive Ausbildung in praktischen Fertigkeiten – einschließlich der Fähigkeit zur Kommunikation – und die Vermittlung ärztlicher Einstellungen erwarten.

Die Reformansätze, die es zum Beispiel in Berlin, Gießen, München oder Münster schon heute gibt, wurden in einem (1991 im Mabuse-Verlag Frankfurt/M. erschienenen) „Leitfaden zur Studienreform für Medizinstudierende" von Eberhard Göbel und Sven Remstedt beschrieben. Da die einzelnen Hochschulen mehr Spielraum zur Gestaltung des Studiums bekommen, wird es in Zukunft wichtiger sein als bisher, wo man Medizin studiert. Damit man am Ende nicht das Resümmee ziehen muß, das eine Medizinstudentin in die Frage kleidete: „Es kann doch nicht Sinn und Zweck dieses Studienganges sein, einen jungen Menschen voller Enthusiasmus nach sechs bis sieben Jahren in famous West-Germany geteert und gefedert, mit dem Selbstbewußtsein eines Abc-Schützen, dem Wissen eines Medizinmannes und den Berufsaussichten eines türkischen Einwanderers zu entlassen?"

Metallurgie und Werkstofftechnik

„Wir machen mit Stahl, was Sie wollen“

Von Helmut Uebbing

Wenn von Eisenhüttenleuten gesprochen wird, dann mag mancher damit das Bild von rüstigen Männern vor rauchenden Essen verbinden. Bundeskanzler Konrad Adenauer lobte einst auf dem „Eisenhüttentag“, dem seit mehr als einem Jahrhundert veranstalteten jährlichen Treffen der Stahltechniker, den Begriff „Eisenhüttenmann“ wegen seiner geraden Schlichtheit. Nun ist zwar auch Professor Winfried Dahl, Direktor des Instituts für Eisenhüttenkunde an der Rheinisch-Westfälischen Technischen Hochschule Aachen, durchaus nicht der Tradition abhold, die im Namen „Eisenhüttenmann“ mitschwingt. Aber mit Nachdruck verweist er auf den Wandel, den in den vergangenen Jahrzehnten auch das Fach der Eisenhüttenkunde, aus dem die Eisenhüttenleute hervorgehen, durchgemacht hat.

Man kann den Wandel des Studienfachs nicht verstehen, wenn man nicht den technischen Wandel in der Stahlindustrie kennt. Die Herstellung von Eisen und Stahl ist Jahrtausende alt. Aber die großindustrielle Produktion von Stahl wurde erst im vorigen Jahrhundert mit der Einführung des Kokshochofens für die Roheisenerzeugung und mit dem Siemens-Martin-Verfahren sowie dem Thomasverfahren für die Rohstahlproduktion möglich. Von deren Gründerzeit im letzten Drittel des 19. Jahrhunderts bis in die fünfziger Jahre hinein sind wesentliche Neuerungen nicht erreicht worden; allenfalls wurden die Dimensionen erweitert. In den vergangenen 30 Jahren indessen ist der technische Wandel in der Stahlindustrie geradezu atemraubend schnell geworden. Die heutigen Großhochöfen erzeugen nicht nur ein Vielfaches von dem, was der Hochöfner noch vor dreißig Jahren aus einem Hochofen herausholte. Sie erzeugen auch dank elektronisch gesteuerter genauer Dosierung des „Möllers“, der Mischung aus Eisenerz, Koks und mineralischen Zuschlägen, ein qualitativ wesentlich genauer kontrolliertes Roheisen, was wiederum der Qualität des daraus zu „frischenden“ Rohstahls zugute kommt. In der Rohstahlerzeugung haben die Sauerstoff-Aufblasverfahren den Siemens-Martin-Ofen und den Thomas-Konverter in der westlichen Welt vollkommen verdrängt. Rohstahl wird im Oxygen-Konverter oder im Elektrostahlwerk erzeugt, und auch die Elektrostahl-Technik hat beachtliche Fortschritte gemacht.

Die technische Revolution im Walzwerk ist vielleicht noch beachtlicher als im Stahlwerk. Einen mächtigen Fortschritt bedeutete die Einführung des

Stranggießens. Während früher der Rohstahl in Kokillen, also Gußformen, abgegossen wurde und nach seiner Erstarrung in Form von Stahlblöcken wiederaufgewärmt und zu „Brammen“ oder Knüppeln ausgewalzt wurde, um dann in die Fertigstraßen zu kommen, wird heute der größte Teil der Stahlerzeugung auf Stranggießanlagen so weit vorgegossen, daß der strangvergossene Stahl unmittelbar in die Fertiggerüste geschickt werden kann. Anschließend arbeiten kontinuierliche Walzstraßen. Auch in dieser Technik sind erhebliche Fortschritte gemacht worden. Insgesamt werden dank der neuen Verfahren nicht nur beträchtliche Investitionen vermieden, die früher in die Zwischenstufen gesteckt werden mußten, sondern es wird auch Material und Energie eingespart. Das Stranggießen und das kontinuierliche Walzen machen weit mehr als zehn Prozent der Stahlproduktion überflüssig, die früher für die gleiche Menge von fertig gewalztem Material notwendig war.

Die „Eisenhüttenleute“ sehen derzeit einer weiteren Umwälzung entgegen, die vielleicht noch radikaler sein wird als alles bisher Dagewesene: Derzeit arbeiten die Maschinenbauer zusammen mit der Stahlindustrie am sogenannten „Dünnbandgießen“. Sie selbst hören freilich lieber den exakten Fachausdruck „endabmessungsnahes Gießen“. Wie auch immer man es nennen mag: Es könnte geschehen, daß in einer Reihe von Jahren die Warmbreitbandstraßen, von denen es in der Bundesrepublik sechs gibt und die jeweils Jahreskapazitäten von vier bis sechs Millionen Tonnen repräsentieren, durch kleinere Dünnbandgieß-Anlagen von 0,8 bis 1,2 Millionen Jahrestonnen abgelöst werden. Solche Anlagen rücken in den Bereich der Finanzkraft kleinerer Unternehmen, während die heutigen Warmbreitbandstraßen durchweg im Eigentum großer Konzerne arbeiten. Also könnte sich auch die Struktur der Stahlindustrie künftig noch wandeln.

Für den Eisenhütten-Ingenieur kommt zu der Revolution der Verfahren eine noch wichtigere Neuerung, die seine künftige Arbeit und damit auch schon sein Studium bestimmt. Die Grenzen zwischen dem „Massenstahl“, der diesen Namen gar nicht mehr verdient, und dem Edelstahl verschwimmen immer mehr. Die Ansprüche an den von den großen Hüttenwerken gelieferten Stahl sind gewachsen. Die „Pfannenmetallurgie“, die hinter dem Stahlwerk eingeschaltet wird, erlaubt mit feinster Dosierung der Legierungselemente eine genaue Qualitätsbestimmung.

Treffend hat ein Werbeslogan in der Branche die Entwicklung zusammengefaßt: „Wir machen mit Stahl, was Sie wollen.“ Darin ist nicht nur die Beschichtung mit Nichteisenmetallen oder Kunststoffen gemeint, sondern auch das Zuschneiden oder Zusammenschweißen von Material für den Kunden. Überlegt man, daß das Laser-Schweißen Einzug in die Industrie hält, dann wird klar, daß der Stahl-Ingenieur kein „Eisenhüttenmann“ im klassischen Sinne mehr sein kann. Er muß als Fachmann für Werkstoffe operieren.

So spiegelt sich in der Entwicklung der Eisenhüttenkunde an der Rheinisch-Westfälischen Technischen Hochschule Aachen getreulich die technische Revolution wider, die in den vergangenen Jahrzehnten über das Land hinweggegangen ist. Die 1870 als polytechnische Schule gegründete, 1880 in eine Technische Hochschule umgewandelte Institution führt das Hüttenwesen als einen der ältesten Lehrbereiche überhaupt. Nun findet man zwar im fünften von insgesamt zehn Fachbereichen die Fakultät für Bergbau, Hüttenwesen und Geowissenschaften. Aber die darin enthaltene Fachgruppe „Hüttenkunde" wurde wegen der Änderung des Berufsbildes umbenannt in „Metallurgie und Werkstofftechnik". Das Studium umfaßt die Herstellung, die Eigenschaften und die Anwendung von Stahl, Nichteisenmetallen, Keramik, Glas, Bindemitteln und Verbundwerkstoffen. Auch Werkstoffe für die Luft- und Raumfahrtindustrie werden von den Absolventen dieses Studienganges erforscht und geprüft. So liegt beispielsweise die Projektführung der deutschen Weltraum-Missionen beim Gießereiinstitut innerhalb der Fachgruppe für Metallurgie und Werkstofftechnik.

Es gibt für das Studium der Metallurgie und Werkstofftechnik keinen Numerus clausus. Auch ist kein Vorpraktikum notwendig. Nach dem Vordiplom ist die Wahl einer von acht möglichen Studienrichtungen möglich: Eine von ihnen ist die Eisenhüttenkunde; dazu kommen Werkstoffwissenschaften; Umformtechnik; Gießereikunde, Glas, Keramik und Bindemittel; Metallkunde; Wärmetechnik und Industrieofenkunde. Auch im Hauptstudium besteht noch eine enge Verzahnung der acht Bereiche mit gemeinsamen Vorlesungen und Praktika. Das abzuleistende Praktikum beträgt 26 Wochen. Es kann auch im Ausland geleistet werden.

Dank der Verschiebung der Schwerpunkte zur Werkstofftechnik gewinnen die Absolventen breitere Marktchancen. Gefragt sind die Werkstoff-Experten nicht nur in den Hüttenwerken und ihren nachgeschalteten Betrieben, sondern auch und in wachsendem Maße bei den Verarbeitern der Werkstoffe. Dies geht vor allem auf den verstärkten Einsatz von Verbundwerkstoffen zurück, etwa kunststoffbeschichtetem Stahl, glasfaserarmiertem Kunststoff, Metall-Keramik-Verbundwerkstoffen oder Biokeramiken. Die optimale Anwendung des für den einzelnen Zweck besten Werkstoffs erfordert Ingenieure, die eine werkstofftechnische Ausbildung haben. Die große Nachfrage der Industrie wird zur Zeit von den Hochschulen nicht gedeckt.

In Aachen werden im Fachbereich „Metallurgie und Werkstofftechnik" im Wintersemester durchschnittlich 150 bis 200 Studierende neu immatrikuliert, im Sommersemester 30 bis 50. Die Gesamtzahl der ordentlichen Studierenden der Metallurgie und Werkstofftechnik hat sich gegenüber dem Wintersemester 1977/78 (846) bis zum Wintersemester 1989/90 (1475) um fast drei Viertel erhöht. Von den Absolventen des Studiengangs Hüttenwesen in den vergangenen Jahren sind zwar 45 Prozent in die Hüttenindustrie gegangen, doch zählen neben Stahl dazu auch Metall, Gießereien, Zement, Glas, Keramik und Zulieferer. Im Maschinen- und Anlagenbau sind 13 Prozent der Absolventen gelandet, in der Automobilindustrie, in der Chemie und der Elektroindustrie 12 Prozent und bei Hochschulen und Forschungsinstituten 13 Prozent. Diese Aufzählung macht deutlich, daß das Studium der Hüttenkunde heute einen außerordentlich breiten Fächer von Berufsmöglichkeiten bietet.

Musikwissenschaft

Chopin müssen sie nicht flüssig spielen können

Von Heribert Klein

Wer überhaupt nicht weiß, was er studieren soll, der werde Musikwissenschaftler. Für Unentschlossene scheint es das Rechte zu sein, denn „das Fach Musikwissenschaft beinhaltet keine praxisorientierte Ausbildung für bestimmte Berufszweige", heißt es im Studienwegweiser einer deutschen Universität. Vorsicht sei aber dem angeraten, der eine Karriere als Sologeiger, Starpianist oder Opernsänger anstrebt – das musikwissenschaftliche Studium wird ihm wenig nützen, dafür gibt es die staatlichen Musikhochschulen und Konservatorien. Was bleibt also für den Musikwissenschaftler übrig?

„Gegenstand des Faches Musikwissenschaft ist die wissenschaftliche Beschäftigung mit Musik und allen damit zusammenhängenden Phänomenen unter historischen und systematischen Gesichtspunkten", gibt der Studienführer an anderer Stelle Auskunft. Anders gesagt: Da das aktive Musizieren in den Freizeitbereich verlagert wird, hat der Musikwissenschaftler im Zwiespalt zwischen Theorie und Praxis zu leben.

Freilich hat auch das seinen Reiz und darüber hinaus gar nicht so schlechte Aussichten auf Erfolg. Zwar sind die Aussichten auf eine akademische Karriere an der Universität – wie in allen anderen Geisteswissenschaften – mehr als mäßig, doch es bleiben Ausweichmöglichkeiten. Immerhin kann der Musikwissenschaftler, sofern er des verständlichen Schreibens kundig ist, Kritiker einer Tageszeitung, ja sogar Leiter der Musikabteilung einer Rundfunk- oder Fernsehanstalt werden. In diesem Fall sollte er allerdings gleich ein wirtschaftswissenschaftliches Studium parallel betreiben. Ähnliche Voraussetzungen gelten für den Leiter einer Konzerthalle, den Mitarbeiter einer Konzertagentur oder den Angestellten einer Schallplattenfirma – Kenntnisse von Ökonomie und Wirtschaft sind eigentlich unerläßlich.

Damit wird deutlich, daß die fehlende spezifische Ausbildung den Vorteil eines breiten Spektrums beruflicher Möglichkeiten hat. Anders als bei den Musikhochschulen braucht der angehende Musikwissenschaftler an den Universitäten keine Aufnahmeprüfung zu absolvieren. Auch wer Chopin-Etüden nur mühsam spielen und Opernarien nicht wie Caruso singen kann, darf sich an den deutschen Universitäten – hier gehört die Musikwissenschaft zur Philosophischen Fakultät – in die Sparte „Musikwissenschaft" einschreiben, ob im Haupt- oder Nebenfach.

Ziel dieses Studiums ist die Fähigkeit, das musikalische Verständnis zu schärfen, Musik als akustisches oder ästhetisches Phänomen begreifen zu lernen und solches notfalls noch erklären zu können. Das ist nicht einfach, und allzu häufig stößt der Musikwissenschaftler an Grenzen, wenn er die Vielschichtigkeit musikalischer Vorgänge in Worte fassen will. Für manchen Musikinterpreten ist das Grund genug, die wissenschaftliche Beschäftigung mit der Musik häufig in Frage zu stellen. Andererseits: Ohne die genauen, möglichst am Urtext orientierten Notenausgaben, die er zur Vorbereitung seiner Konzerte benutzt, stünde der Pianist oder Geiger ziemlich hilflos da. Gerade im editorischen Bereich – hier arbeiten Musikwissenschaftler als Verlagslektoren – zeigt sich das Zusammenspiel von Theorie und Praxis. Der Musikgelehrte kann Hinweise auf die praktische Ausführung von Musik geben.

Die Rolle des Musikwissenschaftlers sollte auch die des Vermittlers zwischen Künstler und Hörer sein. Das ist nicht erst ein Problem des zwanzigsten Jahrhunderts. Die Frage, inwieweit Musik verständlich ist, ist so alt wie die Musik selbst. Robert Schumann notierte sich dazu in seinem Tagebuch: „Das hat eben die Tonkunst an der Art, daß sie mit ihren Melodien nur wie ein spieltreibendes Kind erscheinen will, das ein übervolles und überseliges Herz, dessen es sich der klugen und wissenschaftlichen Leute wegen fast schämen möchte, hinter seinen klingenden und musikalischen Figuren bald schalkhaft verbirgt, bald mit liebesuchender Wehmut sich hervorwagen läßt in wunderbaren Tondeutungen, die an jedes Menschenherz mit der leisen Frage: verstehst du mich? herantönen, aber bei weitem nicht von jedem verstanden werden."

Daß der Musikwissenschaftler alles versteht, ist ein Gerücht. Immerhin versucht er aber dem Verständnis näherzukommen und nimmt dafür wissenschaftliche Methoden für sich in Anspruch – als Schutz vor allzu großer Subjektivität, was für alle Vertreter der Kunstwissenschaften gilt. Praktisch hört sich das so an: „Das Studium zielt auf die Aneignung von Sachkenntnissen und historisch-philologischen, naturwissenschaftlich-experimentellen und/oder kulturell vergleichenden Forschungsmethoden." Einfacher ausgedrückt: Historische Musikwissenschaft, musikalische Akustik und Musikethnologie gehören zu den zentralen Gebieten, mit denen man sich im Laufe von normalerweise acht Semestern zu beschäftigen hat, ehe einem der Titel des „Magister Artium" verliehen wird. Noch anders gesagt: Wer diese Schule durchlaufen hat, kann sich durchaus über die Reihenstrukturen in der Sinfonie op. 21 von Anton Webern auslassen oder über formale Strukturprobleme der Dante-Sonate von Franz Liszt. Er kann aber auch Obertonstrukturen eines Kontrabasses erläutern und die Rhythmik der Grabgesänge der Buschneger von Tonga-Tonga aufzeichnen – so weit reicht die Themenpalette des Fachs Musikwissenschaft.

Die musikalische Akustik hat es in dem Gefüge noch am leichtesten. Sie

lebt davon, daß die Musik zuallererst ein physikalisches Phänomen ist, das sich nach den Gesetzen der Naturwissenschaft richtet. Diese sind weitgehend meßbar und von hohem Wert: zum Beispiel für den Raumakustiker, der in einer neuen Konzerthalle optimale akustische Eigenschaften erreichen will, oder für den Aufnahmeleiter, der für die Mikrophon-Aufstellung im Orchester die besten Positionen sucht. Der Musikethnologe untersucht die Musik unterschiedlichster Völker im Hinblick auf die kulturgeschichtliche Verankerung, die soziale, geschichtliche und politische Einflüsse berücksichtigen muß.

Was bleibt für den Musikhistoriker und -systematiker übrig? Sein Untersuchungsobjekt sind die Komposition und der Komponist, ein unerschöpfliches Feld. An überraschenden Erlebnissen wird es dem nicht mangeln, der sich auf diese Arbeit einläßt. Er stellt fest, welch brillante Mathematiker die „Niederländer" des sechzehnten Jahrhunderts waren, welche Erfindungskraft Monteverdi und Gesualdo in ihren Madrigalen entwickelten, um Affekte hörbar oder gar sichtbar zu machen, welche vollendete musikalische Rhetorik Schütz und Bach besaßen. Der Hörgenuß für den Musikwissenschaftler wächst, je mehr er von der Musik versteht – sofern er sich die Fähigkeit unvoreingenommenen Hörens bewahrt hat. Dennoch, „von der Wahrnehmung zur Übermittlung in Worten ist allerdings ein weiter Schritt", schreibt Alfred Brendel, ein Pianist, der darum bemüht ist, musikalische Einsichten nicht nur „unmittelbar, nämlich Klavier spielend", sondern auch verbal mitzuteilen. Er ist ehrlich genug, die Schwierigkeiten, ja manchmal sogar die Ohnmacht dieser Aufgabe zuzugeben.

Nun mag eine Bach-Fuge formal noch leicht zu bestimmen sein, doch spätestens seit Beethovens letzten Sonaten oder gar seit der romantischen Musik, die bewußt Formerweiterungen anstrebte, gerieten die analytischen Methoden mächtig ins Schwimmen. Angesichts der Musik unserer Zeit sprach der Musikologe Carl Dahlhaus von der Notwendigkeit, „die Grenzen der Disziplin, die in der wissenschaftlichen Umgangssprache ‚Musikästhetik' heißt, allenthalben zu überschreiten". Ziel sind werkgerechte Untersuchungsmethoden, vor allem aber, wie Dahlhaus mit Recht betont hat, Verfahren, die beispielsweise Kommunikationstheorien und Literaturkritik interdisziplinär einbeziehen. Wie ließe sich auch anders über Musik, besonders zeitgenössische, reden?

Die Beispiele zeigen, daß der angehende Musikwissenschaftler im Studienablauf wohl einen Katalog spezifischer Leistungen zu erfüllen hat: Musikgeschichte, Harmonie- und Formenlehre, Paläographie, musikalische Akustik und Musikethnologie zählen dazu. Darüber hinaus aber ist das Angebot je nach Institut so reichhaltig, daß er eigenen Neigungen durchaus nachgehen kann. Eine Promotion steigert die Einstellungschancen. Manche halten den Doktorgrad mittlerweile bei einer Einstellung, ob im Musikverlag, in der Rundfunkanstalt oder in der Tageszeitung, gar für unerläßlich.

Um allerdings Illusionen vorzubeugen, muß auf die Zahl der Studienabbrecher hingewiesen werden. Es gehört durchaus zur Regel, daß sich an einer Universität wie in Köln tausend Studenten im Fach Musikwissenschaft einschreiben, zum Examen aber höchstens vierzig Kandidaten gelangen. Die anderen haben es vorgezogen, Musik wieder zu dem zu machen, was es für sie einmal war: ein Hobby für die Freizeit.

Womit die Musik wieder zu ihrem Ausgangspunkt zurückkehrt. Gerade deswegen sollte der Musikexperte, der sich wissenschaftlich mit der Musik auseinandersetzt, eines nicht vergessen: Er hat es mit einer lebendigen Kunst zu tun, ungeachtet aller Theorie. Und im Vergleich zum Komponisten hat er entscheidende Vorteile. Er braucht nicht wie dieser „seine Seele in Tönen auszuhauchen", wie Daniel Schubart 1806 wohl eher mitleidig schrieb.

Operations-Research

Auf der Suche nach der bestmöglichen Entscheidung

Von Barbara Königs

Eine Betriebswirtin, ein Ingenieur und ein Informatiker arbeiten am Terminal im Computerraum des Lehrstuhls für Unternehmensforschung an der Rheinisch-Westfälischen Technischen Hochschule Aachen. Denn: Die Stahlschnitt AG hat ein Problem. Bei der Produktion von Walzstahl fällt zuviel Schrott an. Das Team versucht zu ermitteln, wie die einzelnen Stahlstränge besser – möglichst optimal – zerschnitten werden können. Die Aufträge der Kunden, die unterschiedliche Stahllängen vorschreiben, müssen erfüllt werden, gleichzeitig soll möglichst wenig Schrott anfallen. Bei einem zweiten interdisziplinären Team geht es um Olympic Airways. In diesem Team arbeitet ein Informatiker mit zwei Betriebswirten zusammen. Kunden, die bei der Fluggesellschaft anrufen, müssen warten, bis eine Telefonleitung frei ist. Das Telefonsystem ist aber überlastet, der Flugverkehr ist in den letzten Jahren zu schnell gewachsen. Man will deshalb eine neue Anlage installieren. Die Studentengruppe soll ermitteln, wie groß die neue Anlage werden muß. Dabei soll die Zahl der potentiellen Kunden, die bei einem Anruf auf ein Besetzzeichen treffen, gerade noch akzeptabel sein. Zu berücksichtigen sind ferner Personal-, Wartungs- und Installationskosten des neuen Systems.

Solche komplexen und sehr praxisnahen Planungsaufgaben lösen Studenten, die am Lehrstuhl für Unternehmensforschung „Operations-Research“ studieren. Es ist kein Zufall, daß der Lehrstuhl zur Fakultät für Wirtschaftswissenschaften der Technischen Hochschule gehört. Im Mittelpunkt von Forschung und Lehre stehen nämlich wirtschaftlich-technische Planungsaufgaben von Unternehmen bei der Produktions- und Projektplanung. Mit Verfahren des Operations-Research werden Verschnittprobleme wie das der Stahlschnitt AG, Warteschlangenprobleme wie das von Olympic Airways oder Mischungs-, Lagerhaltungs- und Transportprobleme gelöst.

Die Anfänge von Operations-Research gehen auf das Jahr 1937 zurück. Bei der britischen Royal Air Force wurde eine Arbeitsgruppe „Operational Research“ gegründet, die mit der bereits bestehenden Gruppe „Technical Research“ zusammenarbeiten sollte. Es ging damals um die Organisation und Abstimmung militärischer Nachschubprobleme. Später, in den sechziger und siebziger Jahren, beschäftigten sich die „Unternehmensforscher“ primär mit mathematischen Verfahren zur Optimierung bereits bestehender Verfahren. Heute gibt es zwei Richtungen im Operations-Research: Die erste entwickelt mathematische Verfahren und Theorien weiter, die zweite arbeitet an der Verbesserung von Verfahrens- und Entscheidungsabläufen in unterschiedlichsten Anwendungsgebieten. Mit Hilfe solcher Verfahren lassen sich nicht nur wirtschaftliche Probleme, sondern auch solche aus dem Umweltschutz, dem Gesundheitswesen oder der Verkehrsplanung lösen.

„In Aachen liegt der Schwerpunkt auf der Anwendung", sagt der Lehrstuhlinhaber Hans-Jürgen Zimmermann. Die Ausbildung der Studenten beruhe auf zwei Säulen: Sie lernen, entwickelte und benutzte Methoden anzuwenden. Gleichzeitig müssen sie reale und komplexe Problemstellungen modellieren. Auf Praxisbezogenheit und auf Zusammenarbeit mit anderen Bereichen der Hochschule lege man großen Wert. Interdisziplinär ist der Lehrstuhl in der Tat. Die 35 Mitarbeiter sind Betriebswirte, Informatiker, Mathematiker, Psychologen, Ingenieure und Statistiker. Viele von ihnen kommen aus dem Ausland, aus Brasilien, China, Griechenland und Ungarn.

Bei den Studenten sieht es nicht anders aus. Studenten, die in Aachen Betriebswirtschaft, Mathematik, Informatik oder Maschinenbau studieren, können im Rahmen ihres Erststudienganges das Wahlfach „Operations-Research" belegen. Die Aachener Wirtschaftsingenieure müssen es sogar wählen. Da das Fach ein weites Feld zur Anwendung und zur Kooperation mit anderen Fachgebieten bietet, entschloß man sich in Aachen, keinen Erststudiengang „Operations-Research" einzuführen. 1972 aber wurde nach amerikanischem Vorbild das interdisziplinäre und interfakultative „Zusatzstudium Operations-Research" geschaffen. Hier sind die Aachener Vorreiter, denn die Hochschule ist „die einzige Universität auf dem europäischen Festland, die einen solchen Studiengang anbietet".

Zur Zeit kann sich noch jeder, der ein abgeschlossenes wissenschaftliches Studium hat und Grundkenntnisse in der Datenverarbeitung und einer Programmiersprache mitbringt, für den Aufbaustudiengang einschreiben. Wer aber nach vier Semestern seinen Namen mit den drei Buchstaben M.O.R. (Magister des Operations-Research) schmücken will, der muß sich anstrengen. Die rund 300 eingeschriebenen Studenten haben einen gutgefüllten Studienplan. Das „Grundmodul" im Studium umfaßt einen theoretischen und einen praktischen Grundblock. Im theoretisch-methodenorientierten Teil geben die Vorlesungen und Übungen Operations-Research 1 und 2 einen Überblick über die Methodenvielfalt, die bei der Lösung von Modellen zur Verfügung steht.

Im Mittelpunkt des praktisch-anwendungsorientierten Teils steht das Praktikum. Hier strukturieren, modellieren und lösen interdisziplinäre Studentengruppen mit Unterstützung eines Betreuers jeweils eine komplexe Fallstudie. „50 Prozent der Problemstellungen im Sommersemester 1991 stammen aus der Praxis", betont Zimmermann, „so garantieren wir eine pra-

xisnahe Ausbildung und helfen den Unternehmen ihre Problemstellungen kostensparend zu lösen." Am Ende des Semesters wird ein schriftlicher Abschlußbericht geschrieben. In der mündlichen Abschlußpräsentation „sollten wir so handeln, als ob wir einem Vorstand unser Projekt präsentieren müßten", meint dazu ein Student. Vorgehensweise und Lösung des Falles sind so darzustellen, daß auch Personen, die mit dem Problem zwar vertraut, den Verfahren des Operations-Research aber sehr fern sind, den Ausführungen folgen können. „Das ist Praxissimulation", erklärt der Lehrstuhlinhaber. 1981 wurde diesem Praktikum ein Labor für Operations-Research vorgeschaltet. Das Labor baut die Brücke zwischen den theoretischen Vorlesungen und dem Praktikum. In acht kleineren Versuchen lernen die Studenten – wieder in interdisziplinären Gruppen – die vorhandenen Rechner zu benutzen. Sie erstellen und modifizieren kleinere Programme. Ergebnisse und theoretische Grundlagen der Versuche werden in Kolloquien abgeprüft.

Wer nach all dem auch noch die Magisterarbeit schafft, braucht sich um seine berufliche Zukunft nicht zu sorgen. Die Arbeiten werden zu etwa 60 Prozent in der Praxis geschrieben. So nehmen die Studenten schon während des Studiums Kontakte zu Unternehmen auf. Nach dem Studium trifft man die Aachener „ORler" – so werden die Absolventen dieses Studiengangs genannt – nicht nur in Operations-Research-Abteilungen. Vielmehr arbeiten sie auch in Vorstandsstäben als Assistenten, in Datenverarbeitungs- und Planungsabteilungen oder im Controlling. Und man findet sie in den verschiedensten Branchen, im Handel, in Unternehmensberatungen, in Software-Häusern.

Pädagogik

Erziehen ist mehr als eine Technik

Von Klaus Mollenhauer

Was ist ein „Pädagoge“, zumal ein akademisch ausgebildeter? Schwer zu sagen, denn immerhin kamen Jahrtausende europäischer Ausbildungspraxis ohne diese Spezies aus. Pädagoge – also „zuverlässiger Führer“ für den Nachwuchs einer Gesellschaft – war, wer über den wesentlichen Bildungsbestand der gerade gegebenen kulturellen Formation verfügte. Das ging indessen nur so lange und insofern gut, als der überlieferte Bestand ohne Zweifel auch als zukunftsfähig gelten konnte. Erste Zweifel daran meldeten sich im 17. Jahrhundert, und seit Rousseaus „Emile“ (1762) wurden sie manifest: Wenn die Zukunft unkalkulierbar wird, heute noch viel radikaler als zur Zeit der Französischen Revolution, wie soll man dann mit der nachwachsenden Generation umgehen? Das ist wahrhaftig eine Frage, die sich nicht mit eiligen Feuilletons beantworten läßt, sondern eines gründlichen Nachforschens wert ist. Wie war eigentlich der geschichtliche Verlauf in dieser Frage? Wie verhält sich eine Kultur zum Problem ihrer Überlieferungswürdigkeit? Welche erneuerungsfähigen Impulse werden von der jungen Generation angemeldet? Gibt es ethische Prinzipien für den Umgang der Generationen miteinander, die den historischen Augenblick überdauern könnten? Und welche Themen wären für diesen Umgang wichtig, wenn wir nicht nur das jeweils staatlicherseits gerade Verordnete oder das bürgerseits gerade Gewünschte kurzzeitig uns zu eigen machten, sondern nach einer dauerhaften lebenserhaltenden Thematik suchten?

Derartige Fragen haben vielleicht einen schönen Klang; ihre Beantwortung ist wohl auch einiger akademischer Anstrengung wert; ihre Valuta auf dem Arbeitsmarkt, wo, unter anderem, auch Arbeitskraft gegen Geld getauscht wird, ist allerdings starken Schwankungen ausgesetzt: Vor 20 Jahren und auch noch einige Zeit danach gab es eine Hausse, jetzt stecken wir eher in der Baisse. Als vor wenigen Jahrzehnten das Fach Pädagogik als ein Hauptfachstudium eingerichtet wurde – zunächst als Magister- und dann auch als Diplomstudiengang –, gab es die damals begründete Aussicht auf hinreichend viele Stellen auf dem außerschulischen Arbeitsmarkt: in der Heimerziehung, der Jugendhilfe-Verwaltung, der Jugendarbeit, der Erwachsenenbildung, im betrieblichen Ausbildungswesen, der Behinderten-Pädagogik, den verschiedenen Beratungseinrichtungen, schließlich auch in der sozialpädagogischen Lehre und Forschung. Inzwischen müssen wir damit rechnen, daß etwas weniger als 70 Prozent der Studierenden einen fachspezifischen Arbeitsplatz finden und diesen häufig auch nur mit einem Entgelt, das gelegentlich weit unter dem liegt, was in der Regel bei akademischen Studienabschlüssen erwartet werden darf. Allerdings gibt es für den, der sich für die gelegentlich nicht gar so dicht an den Problemen der alltäglichen Berufspraxis orientierten theoretisch-wissenschaftlichen Studien nicht so sehr interessiert, die Studiengänge der Fachhochschulen im Bereich Sozialwesen. Diese qualifizieren unmittelbar für eine praktische Berufstätigkeit, und an sie läßt sich ein Universitätsstudium der Pädagogik gut als Aufbaustudiengang anschließen. Das ist die Lage. Aber es ist nur eine Seite der Medaille.

Die andere Seite ist die Tatsache, daß nach wie vor viele junge Leute für sich selbst und ihre lebensthematischen, beruflichen Interessen ein Studium der Pädagogik wählen. Wenn sie das trotz der riskanten Berufsaussichten tun, dann kann das Fach, wenn sie ihr Studium ernsthaft als ein wissenschaftliches betreiben wollen, einiges bieten: Pädagogik muß sich letzten Endes mit der Frage befassen, auf welche Weise und in welchen thematischen Hinsichten eine Kultur an die nachwachsende Generation weitergegeben wird und werden sollte. Jedes Erziehungssystem – ob im alten Athen, in der frühen Neuzeit, bei archaischen Stammeskulturen, in der dritten Welt oder in unserer Gegenwart – hat es deshalb mit der Zukunftsfähigkeit der kulturellen Bestände und mit Umgangsformen zwischen den Generationen zu tun. Für die wissenschaftliche Ausbildung bedeutet das genaue historische Forschung, historischen und interkulturellen Vergleich, Prüfung des Spektrums der Institutionen vom Kindergarten bis zur Jugendpsychiatrie, der gesetzlichen Vorgaben, der Spielräume für Innovationen – im Umgang mit Randgruppen, Behinderten, Ausländerkindern, psychiatrischen Patienten, aber auch im gleichsam normalen Alltag des Umgangs der Kommunen mit der jungen Generation.

Das Fach Pädagogik bietet darüber hinaus aber die Möglichkeit, nicht nur jene objektiv-kulturellen Bedingungen und Chancen für das Generationenverhältnis zu studieren, sondern auch deren subjektive Seite. In der Bundesrepublik gibt es kaum ein pädagogisches Universitäts-Institut, in dem man nicht auch mit den Problemstellungen der pädagogischen Psychologie, der Psychoanalyse, dieser oder jener Therapie-Praxis, überhaupt mit den verschiedenen Formen der individuellen Befindlichkeit von Kindern und Jugendlichen heute sich auseinandersetzen kann. Das enthält indessen gelegentlich auch Schwierigkeiten, denn angesichts unserer Kulturlage sollte uns an einem Rückzug aufs Individuelle, Psychisch-Private, gar deren neomystische Stilisierungen, wenig gelegen sein. Die großen klassischen Vordenker moderner Pädagogik – Rousseau, Pestalozzi, Schleiermacher beispielsweise – sind eben deshalb immer noch studierenswert, nicht weil sie etwa die für uns sinnvollen Problemlösungen schon gefunden hätten, sondern weil sie einen empfindlichen Sinn für das schwierige Verhältnis zwischen den Generationen allererst zur Darstellung gebracht hatten.

Derart weit ausgreifende Fragen nehmen sich im Korsett von Studiengängen allerdings zumeist nüchterner aus. Da gibt es ein Grundstudium, in dem in der Regel in die Methoden wissenschaftlichen Arbeitens – also Methoden der empirischen pädagogischen Sozialforschung, der Text-Interpretation, des Verstehens pädagogisch relevanter Sachverhalte der Praxis – eingeführt wird. Bekannt gemacht wird mit den wesentlichen Begriffen und Theorien und möglichen Feldern praktischer Tätigkeit. Das Hauptstudium – Absolventen von Fachhochschulen können in der Regel an dieser Stelle einsteigen – läßt den Studierenden Spielraum für die Wahl eigener Schwerpunkte.

Im Unterschied zu den Diplomstudiengängen bietet das Magisterstudium eine besonders breite Vielfalt: Gerade die relativ freie Kombinationsmöglichkeit mit anderen Fächern – mit Geschichte, Musikwissenschaft, Kunstgeschichte, Völkerkunde, Literaturwissenschaft, Biologie, Kinder- und Jugendpsychiatrie, Sozialwissenschaften – eröffnet die Möglichkeit, sich für sehr verschiedenartige Berufsbereiche zu qualifizieren. Das ist deshalb wichtig, weil das Berufsfeld für Pädagogen, die nicht im allemal vorhersehbaren, wenngleich gegenwärtig schlecht behandelten Lehrerberuf tätig sein wollen, starken Schwankungen ausgesetzt ist. Fast alle fünf Jahre verändert sich gegenwärtig die Bedarfsszenerie zwischen psychosozialer Beratung, Stadtteilinitiativen, Jugendzentren, Museumspädagogik, Jugendhilfe-Planung der Kommunen, Planungsbedarf der Jugendwohlfahrtsverbände, Erwachsenenbildung und Freizeiterziehung. Unter Gesichtspunkten der Statussicherheit, der kalkulierbaren Gehaltserwartungen ist das ärgerlich und kein zuverlässiges Datum für Lebensplanung. Andererseits aber ist es erfreulich, daß unsere Gesellschaft im Felde des Generationenverhältnisses, außerhalb der Schule, offenbar noch Varianten und Innovationen gestattet.

In dieser Situation, so scheint mir, ist der gut beraten, der sich klarmacht, daß Pädagogik es nicht nur mit Formen, sondern auch mit kulturellen Inhalten des Umgangs mit Kindern und Jugendlichen zu tun hat. Pure Techniken der Vermittlung bleiben leer, wenn wir nicht kompetent sind in dem, was wir vermitteln wollen. Das Studium dieses Fachs erfordert also Kenntnisse in mindestens einem der überlieferungs- und zukunftsfähigen Themen unserer Kultur, seien dies nun die Sprache, die ästhetischen Ausdrucksformen, die neuen Technologien, die Ökologie. „Pädagoge“ sollte sich nur der nennen, der nicht nur über Kommunikationstechniken, sondern auch über inhaltliche Kompetenz verfügt.

Pharmazie

Der akademisch ausgebildete Verkäufer im Supermarkt

Von Hans-Martin Barthold

Die wenigsten Pharmaziestudenten werden wissen, daß das Wort „pharmasia“ ägyptischer Herkunft sein soll und das griechische Wort „apoteca“ ursprünglich als Bezeichnung für ein Lager oder einen Speicher der unterschiedlichsten Waren diente. Der Apotheker also ein Lagerleiter? Gar nicht so weit hergeholt, werden die Kritiker einwerfen und sich dabei auf die Statistik des Arzneimittelmarktes berufen. In den öffentlichen Apotheken – eine exakte Zahl zu nennen, ist derzeit wegen der unübersichtlichen Situation in den neuen Bundesländern schwierig, lag jedoch nach einer raschen Zunahmen in den alten Bundesländern zuletzt bei über 18 000, gleichbleibend arbeiten in ihnen gut vier Fünftel aller Apotheker – wurden nicht mehr als 0,1 Prozent aller abgegebenen Medikamente noch selbst hergestellt. Wichtig dabei: 14 Prozent des gesamten Arzneimittelmarktes entfielen auf den Verkauf rezeptfreier Arzneimittel für die Selbstmedikation.

Diese Entwicklung könnte sich rasant beschleunigen, befürchten nicht wenige Branchenkenner, wenn das nie in irgendwelchen offiziellen Verträgen vereinbarte Stillhalteabkommen zwischen Pharmaindustrie und Apothekerschaft an Bindungskraft einbüßte und immer mehr rezeptfreie Medikamente aus der Apothekenpflichtigkeit herausfielen. Ob nämlich die Wirkung eines Therapeutikums als heilend und damit der Apothekenpflicht unterliegend oder aber nur als vorbeugend eingestuft wird und damit von jedermann verkauft werden darf, ist oft nur eine Frage der Dosierung seiner Wirkstoffe durch den Hersteller. Vielleicht wird deshalb mancher Pharmaziestudent nach erfolgreich bestandenem Examen und feierlicher Verleihung der Approbationsurkunde zukünftig in der Pharmazieabteilung eines Supermarktes statt in einer gutbürgerlichen Apotheke seinen Arbeitsplatz finden.

Zwar konnte auch der Deutsche Apothekertag die Niederlassungsfreiheit von Kollegen aus der Europäischen Gemeinschaft nicht grundsätzlich verhindern, aber ein Ausländer darf als Selbständiger nur dann eine Apotheke übernehmen, wenn diese bereits seit drei Jahren in Betrieb ist. Es bleibt darüber hinaus bei dem Grundsatz: Ein Apotheker – eine Apotheke. Apothekendiscounter mit zahlreichen Filialen wie in Großbritannien wird es demzufolge auch zukünftig nicht geben.

Die Funktion des Herstellungs- als auch des Kontrolleiters in pharmazeutischen Unternehmen sind bei der letzten Novellierung des Arzneimittelgesetzes praktisch für Apotheker festgeschrieben worden, denn nur sie erfüllen mit ihrer Ausbildung die dafür geforderten Voraussetzungen ohne zusätzliche Qualifikationen. Bei der Tätigkeit des sogenannten Stufenplanbeauftragten – er trägt Verantwortung für die Arzneimittelsicherheit – verhält es sich ähnlich. Weiterbildungsordnungen bieten dem berufstätigen Apotheker Spezialisierungsmöglichkeiten in der Offizin- und Klinischen Pharmazie, der Arzneimittelinformation, der Pharmazeutischen Technologie und Analytik, der Toxikologie und Ökologie, der Medizinischen Chemie, in theoretischer und praktischer Ausbildung sowie im öffentlichen Gesundheitswesen. Diese werden dadurch zur Profilierung *des* Apothekers als eines oder ganz und gar des Arzneimittelfachmannes beitragen.

Wie wird man nun Apotheker? Ganz einfach, indem man sich an einer Universität im Studiengang Pharmazie einschreibt. Das können gegenwärtig leider nicht alle, die es wollen. Auch wenn die Zahl der Bewerber leicht rückläufig ist, übersteigt sie die der Studienplätze (2000 pro Jahr) noch immer um etwa das Dreifache. Deshalb wird nach Abiturnotendurchschnitt und eventueller Wartezeit ausgewählt. Der Anteil der weiblichen Studierenden liegt mit zwei Dritteln sehr hoch, wobei auch deren Abbrecherquote – insgesamt ist diese im Vergleich mit anderen Studiengängen sehr niedrig – höher als die ihrer männlichen Kommilitonen ist. 75 Prozent der Studienanfänger sind Frauen, während sie bei den bestandenen Staatsexamina lediglich mit 65 Prozent ausgewiesen werden. Die derzeit niedrige Arbeitslosenquote der Apotheker schreibt man im übrigen ebenfalls den zahlreichen Frauen zu, da vorwiegend sie für die hohe Quote von Teilzeitbeschäftigungsverhältnissen (das gilt für nahezu ein Drittel aller erwerbstätigen Apotheker) verantwortlich sind.

Inhaltlich wird das Pharmaziestudium durch die Approbationsordnung für Apotheker geregelt, die erst jüngst (30. Juni 1989) überwiegend im Zuge der Harmonisierung innerhalb der Europäischen Gemeinschaft überarbeitet worden ist. Danach sind nun acht Semester als Mindeststudienzeit festgeschrieben. Eine wöchentliche Belastung inklusive Vor- und Nachbereitung von 50 bis 60 Wochenstunden sollte veranschlagt werden. Bis zum ersten Abschnitt der pharmazeutischen Prüfung nach zwei Jahren ist eine achtwöchige Famulatur (Praktikum) abzuleisten, um somit frühzeitig einen Bezug zur pharmazeutischen Praxis herzustellen. An das Universitätsstudium schließt sich eine praktische Ausbildung von zwölf Monaten an, davon mindestens sechs Monate in einer öffentlichen Apotheke. Jeweils die Hälfte von Famulatur und praktischer Ausbildung, jedoch nicht die Apothekenzeit, kann auch im europäischen Ausland abgeleistet werden. Knapp zwei Drittel des Studiums bestehen aus (Labor-)Praktika, die bis ins Detail durch die Approbationsordnung fest vorgegeben sind und eine gute körperliche Konstitution voraussetzen. Die wird im übrigen auch für spätere Nacht- und Wochenendbereitschaftsdienste benötigt. In der fächerspezifischen Aufteilung der theoretischen Lehrveranstaltungen besitzen die einzelnen Universitäten dagegen Gestaltungspielraum. Die Chemie besitzt, wie nicht anders zu erwarten, eine herausragende Bedeutung. Etwa 60 Prozent aller Studieninhalte gehen direkt oder indirekt auf ihr Konto, mit großem Abstand gefolgt von Biologie (knapp 20 Prozent) und der Physik.

Auch wenn die neue Approbationsordnung deutlichere Schwerpunkte in der Physiologie, Pharmakologie-Toxikologie wie auch der Klinischen Chemie setzt, um damit die Kompetenz des Apothekers für die pharmazeutisch-chemischen Aspekte der Gen-/Biotechnologie und besonders der Biopharmazie zu erweitern, so bleibt doch an der Schnittstelle der Bewertung der Wirkungsweise eines Medikamentes die Konkurrenz zu den Medizinern erhalten. Denn die Wirkung chemischer Substanzen „in vitro" (im Reagenzglas) ist nicht so ohne weiteres identisch mit der „in vivo" (im lebenden Organismus). Ein weiterer Stein des Anstoßes für die Zunft der Pharmazeuten ist die Tatsache, daß es bisher nicht möglich ist, sich wohl über ein pharmazeutisches Thema innerhalb der Chemie, Biologie oder Verfahrenstechnik zum Dr. rer nat., nicht aber in der Pharmazie als eigenständiger Disziplin promovieren und habilitieren zu können.

Schaut man sich den Arbeitsalltag eines Apothekers in einer öffentlichen Apotheke (die Durchschnittsapotheke zählt zwischen drei und neun Mitarbeiter) an – dies gilt immerhin für 33 000 (18 000 Apothekenleiter, 15 000 Angestellte) von insgesamt 40 000 dieser Berufsspezies (Zahlen beziehen sich auf die alten Bundesländer) –, drängt sich unwillkürlich die Frage auf, wie oft er denn noch die das Studium so sehr beherrschende Chemie in Anwendung bringt und wer ihm das nun in den Vordergrund tretende unternehmerische Denken und Handeln lehrt? Die Antwort bleibt offen, die Zukunft ungewiß. Zwar stieg der Umsatz ungebrochen, doch das apothekarische Konjunkturbarometer zeigt dennoch auf Schlechtwetter. Statistisch kommen in den alten Bundesländern nur noch 3400 Einwohner auf eine Apotheke, 1960 waren es fast doppelt so viele. Die Kostendämpfungsmaßnahmen im Gesundheitswesen zeigen überdies erste Wirkung. Gestiegene Parallelimporte, der zunehmende Generika-Wettbewerb sowie eine deutlich kritischere öffentliche Meinung haben zu schweren Einbrüchen an der Preisfront im pharmazeutischen Hochpreisland Bundesrepublik geführt. Kein Wunder also, daß die Handelsspanne der einzelnen Apotheke sinkt, der Jahresgewinn vor Steuern (9,5 Prozent) und die Umsatzrendite (1,8 Prozent) stagnieren. Mehr denn je wird infolge des immer intensiver werdenden Konkurrenzdruckes ein kundenkontaktfähiger Apotheker gefragt sein.

Ganz anders sieht es – die Zahlen gelten erneut nur für die alten Bundesländer – in den rund 540 Krankenhausapotheken und für die dort beschäftigten 1300 Apotheker aus. In ungleich höherem Maße ist deren pharmazeutische Befähigung vonnöten, da dort die Rezeptur und Defektur (das Herstellen von Arzneimitteln als Unikat oder in kleinen Serien) noch täglich geübt wird. Wichtige Impulse zur Verbesserung des Berufsimages gingen von ihnen aus.

Der Rest der berufstätigen Apotheker verteilt sich auf Arbeitsplätze an den Universitäten, in der Verwaltung, in der Bundeswehr (seit neuestem können auch Frauen als Bundeswehrangehörige Pharmazie studieren), in Prüfinstitutionen wie etwa dem Bundesgesundheitsamt und vor allem in der pharmazeutischen Industrie. Hier ist der Apotheker allerdings weniger in den Forschungslabors – fast 18 Prozent aller Produktionskosten der einschlägigen Industrie sind Aufwendungen für Forschung und Entwicklung – zu finden, wo die Chemiker das Sagen haben, sondern vielmehr in der galenischen Entwicklung, in der es um die überaus wichtige Darreichungsform des Medikamentes geht. Solche Fachleute sind derzeit gesucht.

Philosophie

Das Denken, das sich nicht zufriedengibt

Von Andreas Kuhlmann

Wer erfolgreich ein Studium der Jurisprudenz samt Referendariat absolvierte, darf sich Jurist nennen. Wer sich für die Ausbildung im Maschinenbau entscheidet, wird aller Voraussicht nach einmal als Ingenieur sein Brot verdienen. Was aber ist man, wenn man ein Philosophie-Studium hinter sich hat? „Philosophen" werden sich nur diejenigen nennen wollen, die als Akademiker dieses Fach lehren oder philosophische Bücher schreiben. Aber vielleicht bedienen selbst sie sich nicht gerne dieser Bezeichnung. Klingt doch die Beteuerung, ein Philosoph zu sein, wie ein allzu gewichtiges, vollmundiges Versprechen.

Philosophie studiert man nach wie vor nicht, um damit einen Beruf zu erlernen; ihr widmet man sich zunächst einmal um ihrer selbst willen. Die Studienordnungen sagen es unmißverständlich: Das Philosophie-Studium eröffnet „kein spezifisches Berufsfeld" außer dem der „Lehre und Forschung an Hochschulen", und dahin bringen es die wenigsten. Wie studiert man also Philosophie, wenn man sich nicht an einem deutlich konturierten Berufsziel orientieren kann? Und was fängt man schließlich damit an?

Die Philosophie ist im Laufe ihrer Geschichte immer stark dadurch geprägt worden, welche geistige Nachbardisziplin gerade dominierte, das heißt, von wo aus und woraufhin man philosophierte. Im Laufe der Jahrhunderte stand die Philosophie vor allem in engem Kontakt mit Naturwissenschaften und Mathematik und mit der Theologie. Man mochte also von der Frage nach Gott oder von der Frage nach Wesen und Gesetz der Natur aus zur Philosophie kommen. Seit dem Neuhumanismus und dem Beginn der philologisch-hermeneutischen Wissenschaften zu Beginn des 19. Jahrhunderts zeigt sich ein neuer Pfad, der zum Philosophieren führt: das Interesse an alten Texten. Durch das Studium der Altphilologie werden viele der akademischen Philosophen von nun an stärker geprägt als von der Theologie oder den sich emanzipierenden Naturwissenschaften.

Die Verbindung von Philosophie und Philologie ist seither stets enger geworden, begleitet von einer später einsetzenden, seit den sechziger Jahren unseres Jahrhunderts aber parallel laufenden Entwicklung: der Verquickung von Philosophie und Sozialwissenschaften. Die Benennung der Fachbereiche an den neuen und an den reformierten alten Universitäten zeigt deutlich diese Alternative: Während in Göttingen das Philosophische Seminar dem

„Historisch-Philologischen Fachbereich“ zugeschlagen wurde, man in Bielefeld eine „Fakultät für Geschichtswissenschaften und Philosophie“ gründete, gibt es in Berlin wie in Hamburg den „Fachbereich für Philosophie und Sozialwissenschaften“. Von Verlegenheit zeugt die Bochumer Lösung: „Fakultät für Philosophie, Pädagogik und Publizistik“. Mutig und einzig konsequent verfuhr man in Gießen, wo man die Philosophie sozusagen über den Köpfen der einzelnen Fachbereiche ansiedelte und ein „Zentrum für Philosophie und Grundlagen der Wissenschaft“ gründete.

Diese Vielfalt der Etiketten zeigt deutlich, daß man so recht nicht weiß, was der Philosophie nach der Ausdifferenzierung und dem Erfolg der Einzelwissenschaften noch zu tun bleibt. Die Gießener Lösung deutet an, daß es ihr nach wie vor ums Ganze geht, um die „Grundlagen“. Die Philosophie – man hat es oft gesagt – denkt über das Denken nach, will die „Selbsterhellung der Vernunft“ betreiben, fragen, was es bedeutet, daß etwas wahr oder falsch, gut oder böse, schön oder häßlich ist. Die Wege, die sie dabei geht, führen allerdings heute in unterschiedliche Richtungen. Wissenschaftstheoretische, hermeneutische, sprachanalytische, sozialphilosophische Ansätze driften auseinander, haben sich meist nur wenig zu sagen und drohen den Sinn, von „der“ Philosophie zu sprechen, in Frage zu stellen. Den gemeinsamen Nenner bilden dann nur noch die alten „heiligen“ Schriften, denen sich auch jene, die lange auf sie verzichten zu können glaubten, wieder zuwenden.

Doch das, was als Krisensymptom erscheint und vom „Ende der Philosophie“ sprechen läßt, scheint zu ihrem Wesen zu gehören. Seitdem Sokrates die Athener Bürger mit bohrenden Fragen belästigte, ist Philosophieren das Denken, das sich nicht zufriedengibt, das die Ergebnisse, zu denen es gelangt, stets hinterfragt. Die Philosophie ist also Krise in Permanenz. Wo sie sich zudem noch mit dem unüberschaubaren Feld der Einzelwissenschaften auseinandersetzen muß, würde es verwundern, wenn ihr Antlitz keine konfusen Züge trüge.

Die Frage bleibt, wie man sich in diesem Dickicht von Teildisziplinen und Schulen zurechtfindet. Denn die Philosophie hat an Attraktivität nichts verloren. Die Studentenzahlen steigen, wie Stichproben zeigen, leicht an. In Berlin ist der Trend deutlich: Im Wintersemester 1983/84 studierten dort 1464 Studenten Philosophie als Hauptfach. Im Wintersemester 1987/88 waren es 2016.

Auch neue Tätigkeitsfelder eröffnen sich für Absolventen eines Philosophie-Studiums. In der neuen gymnasialen Oberstufe gibt es Philosophie erstmals nicht nur als Arbeitsgemeinschaft, sondern als reguläres Unterrichtsfach. Lehrer können also, wenn sie Philosophie als drittes Fach belegten, damit etwas anfangen. Aber auch außerhalb von Schule und Universität macht sich ein Bedarf bemerkbar. Ein privates Philosophie-Institut in Bad Homburg bietet nicht nur eine Art Volkshochschulprogramm für interessierte Bürger an, sondern beginnt auch damit, Manager in speziellen Kursen in die Philosophie einzuführen. Die Institutsleiter meinen, daß philosophisches Denken Managern helfen könnte, ihre Entscheidungs-Kompetenz und die Fähigkeit, Entscheidungen nach außen zu vertreten, zu stärken. Ein Kölner „Institut für Philosophische Praxis“ hat damit begonnen, „praktische Philosophen“, die als eine Art gebildete Gesprächstherapeuten tätig sein sollen, auszubilden.

Wenn also Interesse besteht und sich auch neue Berufsmöglichkeiten abzuzeichnen scheinen: Wie soll man Philosophie studieren? Es war davon die Rede, daß zwei Tendenzen die jüngste Geschichte des Fachs in Deutschland prägten: das Selbstverständnis als philologisch-hermeneutische Wissenschaft einerseits, die Verbindung mit Sozialwissenschaften andererseits. Dem entsprechen die Fächerkombinationen, die seit den siebziger Jahren beliebt sind. Man studiert Philosophie im Magisterstudiengang als Haupt- oder Nebenfach in Verbindung mit einer Kunst-Wissenschaft und Soziologie oder Geschichte, eventuell auch mit Psychologie oder Pädagogik. Diese Entwicklung ist problematisch. Es scheint mitunter, als seien diese Fächer nicht „hart“, nicht gewichtig genug, um das philosophische Fragen zu stimulieren. Dominant ist dann das Interesse an Textinterpretation.

Als kürzlich ein Philosoph zusammen mit einem Politologen ein Seminar über Hegels Staatsphilosophie anbot, fragten die Dozenten, ob sich unter den sehr zahlreichen Teilnehmern ein Jurist befinde. Es meldete sich niemand. Einer der Professoren stöhnte: Aber sicher seien viele Germanisten im Raume. Er hatte recht. Und er hatte auch recht, ungehalten zu sein. Was ist von Germanisten oder Soziologen an Beiträgen oder an produktiven, aus Sachkenntnis erwachsenden Fragen zu jenen naturrechtlichen und staatsrechtlichen Problemen zu erwarten, um die es bei Hegel geht? Außerdem scheint jemand, der die beschriebene Kombination studiert, eine eher diffuse Identität auszubilden. So richtig Bescheid weiß er nirgends, und später weiß er nicht recht, welchem Berufsbild er sich zurechnen soll.

Es sei hier deshalb für ein vielleicht altmodisches Ideal plädiert: Man sollte Philosophie als zweites Hauptfach belegen, als erstes aber Medizin, Physik, Rechtswissenschaft oder eine strenge philologische Disziplin. Man begegnet zuweilen, aber zu selten ambitionierten Kommilitonen, die sich die Belastung, die ein solches Doppel-Studium bedeutet, zutrauen. Sie werden später nicht darauf angewiesen sein, mit der Philosophie ihr Geld zu verdienen. Werden sie Ärzte, Naturwissenschaftler oder Richter, so werden sie sich der anthropologischen, erkenntnistheoretischen und ethischen Problematik ihres Handelns in hohem Maße bewußt sein. Vor allem für sie hat die Philosophie nicht nur historische Bedeutung. Und sie könnten es sein, die das philosophische Denken durch systematisches, bohrendes Fragen bereichern.

Physik

Auf Entdeckungsfahrt in die Tiefen des Kosmos

Von Ullrich Hnida

Isaac Newton war vielleicht der wichtigste Naturwissenschaftler dieses Jahrtausends. Newton gilt als Begründer der klassischen theoretischen Physik. Besonders seine „Regeln zur Erforschung der Natur“ werden heute als bahnbrechend gefeiert. Doch seine Enkel und Urenkel waren nicht weniger ruhmreich. Eine ganze Generation namhafter Physiker entwickelte zu Beginn dieses Jahrhunderts neue Vorstellungen über das Wesen des Mikrokosmos – die Quantentheorie. Albert Einstein schuf mit seiner Relativitätstheorie eine wissenschaftliche Grundlage, auf der ein neues umfassenderes Verständnis des Kosmos möglich war.

Die Physik hat das Weltbild des modernen Menschen entscheidend geprägt. Nicht von ungefähr gilt die Physik deshalb als Mutter aller Naturwissenschaften. In keinem anderen Fach, das den exakten Wissenschaften zugerechnet werden darf, hat ein Student heute die Möglichkeit, sich ein so breit angelegtes Wissensfundament anzueignen. Wie kein anderer Natur- und Ingenieurwissenschaftler ist der Physiker Generalist. Seine Stärke ist die wissenschaftliche Methodik. Freilich lernt er nur wenig von dem, was sich unmittelbar technisch verwenden läßt. Vielmehr ist das erste Ziel in seiner Ausbildung, Verständnis für das Wesen und die grundlegenden Gesetzmäßigkeiten zu entwickeln.

Physiker leisten sich bis heute den Luxus, zunächst einfach „nur“ Physik zu studieren. Daran hat sich in den vergangenen Jahren recht wenig geändert. Zwar verhallte angesichts knapper werdender Forschungsmittel auch in den physikalischen Fakultäten die Frage nach dem Sinn wissenschaftlichen Tuns nicht, und auch der Ruf nach mehr Technologietransfer blieb nicht völlig ungehört. Doch Berührungspunkte mit industrieller Forschung ergaben sich in der experimentellen Physik – schon in der Vergangenheit – nahezu zwangsläufig. Man mußte also nur ein wenig mehr auf sie aufmerksam machen. Auch starre Regelstudienzeiten konnten weitgehend vermieden werden. Das völlige Fehlen einer der chemischen Industrie vergleichbaren „Physikalischen Industrie“ – für den arbeitslosen Physiker von Nachteil – half überdies, Unabhängigkeit zu bewahren. Das Selbstverständnis des Physikers – zu wissen, was die Welt zusammenhält, und über die anspruchsvolle Methodik zu verfügen, dies Wissen zu erlangen – tut dazu ein übriges.

Wer als angehender Physiker auf wissenschaftlichen Pfaden in die Tiefen des Kosmos vordringen will und dazu auch noch verstehen möchte, „was die Welt im Innersten zusammenhält", muß sich freilich zunächst einmal quälen: Physik studieren heißt Mathematik zu erlernen. Physiker befassen sich mit der Beobachtung der Natur und suchen, die ihr zugrunde liegenden Gesetzmäßigkeiten zu erfassen. Die mathematische Formulierung eines Naturgesetzes – die Suche nach der Weltgleichung – ist gleichsam das Endziel aller physikalischer Forschung. Besonders im Grundstudium nimmt die Mathematik deshalb breiten Raum ein. Auch treibt die Konfrontation mit Vorlesungen über theoretische Physik so manchem Studenten den Schweiß auf die Stirn. Die meisten müssen viel Zeit für ihr Studium investieren – und Erlerntes in Klausuren belegen. All das wirkt wie ein Sieb: Gut die Hälfte derer, die das Physikstudium beginnen, erreicht auch das Diplom. Und der Erfolg läßt auf sich warten: Etwa 13 Semester braucht ein noch nicht einmal fauler Student schon, bis er sein Diplom in der Tasche hat.

Die Diplomarbeit nimmt bei den Physikern – anders als bei Chemikern oder Ingenieuren – einen großen Raum ein. Eineinhalb Jahre sitzt man in der Regel an seinem – in der Regel experimentellen – „Werk". In dieser Zeit haben sie meist den ersten Kontakt zu „High-Tech", zum Beispiel in der Beschleunigertechnik, der Tieftemperaturphysik oder bei der Entwicklung neuer Werkstoffe. In Praktika konnte der Student zuvor den Umgang mit dem Handwerkszeug trainieren.

Manche behaupten, daß dieses recht lange Studium bis zum Diplom die Gesamtstudientzeit letztlich verkürzt. Denn eine Promotion hat bei Physikern nicht die Bedeutung, die sie etwa in der Chemie erlangt hat. Nur etwa ein Viertel der Studienabgänger erwerben den Doktorhut. Würde man das Studium zeitlich begrenzen, so könnte das Diplom, das heute – anders als bei den Chemikern – als qualifizierender Abschluß gilt, seine Bedeutung verlieren. Eine mehrjährige Promotion wäre die Folge.

Auf den ersten Blick mag es verwundern, daß die Industrie – und sie ist der größte Arbeitgeber für die Physiker – überhaupt bereit ist, Forscher zu beschäftigen, die eigentlich „nichts Rechtes" gelernt haben. Es hat sich aber gezeigt, daß sich fast jede physikalische Entdeckung, wenn auch häufig mit großer zeitlicher Verzögerung, auf den technischen Fortschritt auswirkt und ihn ermöglicht. Die Entwicklung des Lasers ist hierfür ein typisches Beispiel. Außerdem gehören Physiker zu den ersten, die neue Techniken in ihren Experimenten anwenden. Dies macht das Studium – besonders in höheren Semestern – reizvoll und schafft Chancen am Arbeitsmarkt. Physiker finden deshalb immer dort eine Aufgabe, wo Spezialisten fehlen oder fehl am Platz wären.

Zwar konkurrieren sie mit Fachingenieuren, doch haben sie ihnen gegenüber den Vorteil, sich wegen ihrer breiten Ausbildung schnell umorientieren zu können. In Zeiten immer schnellerer Innovationsrhythmen kann gerade ein Studium, in dem man Wert auf eine breite Wissensgrundlage legt und Methodisches lehrt, vorteilhafter sein als die Ausbildung zum Spezialisten. Die Fähigkeit des Physikers, sich recht schnell in fast jedes technische Gebiet einarbeiten zu können, eröffnet ihm zahlreiche Möglichkeiten. Jahrelang hat der Mangel an Spezialisten in verschiedenen Bereichen den Physikern glänzende Berufsaussichten beschert. Diese Situation hat sich heute etwas normalisiert. Die zunehmende Zahl von Fachleuten – besonders in den Bereichen Elektrotechnik, Maschinenbau und Informatik – hat in letzter Zeit zu einem geringeren Bedarf an Physikern geführt: Ansteigende Arbeitslosenzahlen, gerade bei berufserfahrenen Wissenschaftlern, sind die Folge. Gleichwohl können die beruflichen Perspektiven nach wie vor als gut beurteilt werden.

Physik ist kein Modefach. Die Entwicklung der Studentenzahlen blieb von stürmischen Entwicklungen verschont, obwohl in den letzten zehn Jahren die Zahl der Physikstudenten stetig gestiegen ist. 1978 gab es 14000 Physikstudenten. Jetzt sind es mehr als 30000. Im vergangenen Jahr beendeten etwa 3000 angehende Physiker ihr Studium. Am Arbeitsmarkt sind sie in der Regel gern gesehen, denn physikalische Technik hat Hochkonjunktur. Dies gilt für die Lasertechnik, die Nachrichtentechnik oder die Datenverarbeitung, wo Physiker von jedem Ingenieurmangel profitieren. Doch auch in der optischen Industrie und bei der Suche und der Weiterentwicklung neuer Werkstoffe sind Physiker gefragt.

Etwa 35000 Physiker stehen derzeit im Berufsleben und sind mit recht unterschiedlichen Aufgaben betraut. Neben den klassischen Arbeitsgebieten Forschung und Entwicklung werden Physiker gerne in den Vertriebsabteilungen der Unternehmen beschäftigt. Technisch aufwendige, teure Investitionsgüter erfordern einen fachkundigen Vertriebsingenieur, der häufig ein Vertriebs„physiker“ ist. Ein weiteres Tätigkeitsfeld sind die Patentabteilungen. Dort müssen Physiker Patentansprüche prüfen und diese in geeigneter Form darstellen. Das erfordert eine intensive Zusammenarbeit mit Kollegen aus Forschungs- und Entwicklungsabteilungen. Weitaus geringere Chancen bieten sich dem Physiker hingegen in Forschung und Lehre an den Hochschulen. Die wenigen Stellen sind meist befristet, viele sind durch vergleichsweise junge Dozenten auf absehbare Zeit blockiert. Wer heute die Laufbahn eines Hochschullehrers einschlägt, hat eine recht ungewisse Zukunft vor sich.

Politikwissenschaft

Die Gründungsväter nach dem Krieg nannten sie „Demokratiewissenschaft“

Von Peter Haungs

Die Gründungsväter der Politikwissenschaft nach dem Zweiten Weltkrieg sahen ihre Aufgabe vor allem in einer Verbesserung der politischen Bildung innerhalb und außerhalb der Universitäten. Politikwissenschaft wurde – in Reaktion auf Erfahrungen der Weimarer Republik und des Dritten Reiches – als „Demokratiewissenschaft“ verstanden. Doch sollte die Politikwissenschaft auch für eine spätere Berufstätigkeit qualifizieren: insbesondere durch die Ausbildung von Lehrern, aber auch von Bewerbern für den öffentlichen Dienst. Während hier bis heute nicht allzu viele Politologen zum Zuge gekommen sind, bildeten Studenten, die das Staatsexamen für das Schulfach „Sozialkunde“ (für das auch andere Bezeichnungen üblich sind) zusammen mit einem oder mehreren anderen Fächern (meist Deutsch, Fremdsprachen, Geschichte oder Geographie) anstrebten, an den meisten Universitäten in den sechziger und siebziger Jahren das Gros der Politikstudenten.

Die Lehrerausbildung hat entscheidend zur Etablierung der Politikwissenschaft an den Universitäten der Bundesrepublik beigetragen, wenn auch die Zahl der Professoren an vielen, selbst namhaften Universitäten bis heute recht bescheiden geblieben ist. Gleichzeitig hat die Vermehrung des wissenschaftlichen Personals die Ausdifferenzierung und wissenschaftliche Entwicklung des Faches gefördert. Zahlreiche Forschungsprojekte und Publikationen galten als Bestätigung, daß man mit den etablierten Universitätsdisziplinen gleichgezogen und damit die – eher durch praktisch-politische Intentionen gekennzeichnete – Gründungsphase überwunden habe.

Eine solche Sichtweite hat ihre Berechtigung, ist aber auch fragwürdig: Die Entwicklung aller Wissenschaften ist durch Ausdifferenzierungs- und Spezialisierungsprozesse gekennzeichnet, die als Voraussetzungen „wissenschaftlichen Fortschritts“ gelten. Die Politikwissenschaft hat davon keine Ausnahme gemacht, ebenso wie sie sich der in den Sozialwissenschaften verbreiteten Tendenz zur Orientierung an quasi naturwissenschaftlichen Standards nicht zu entziehen vermochte. Allerdings sind dadurch die Absichten der Gründungsphase keineswegs „überholt“, zumal kein Widerspruch zwischen wissenschaftlicher Forschung und politischer Bildung (sie ergänzen sich) sowie einer besonderen Verantwortlichkeit der Politikwissenschaft für den demokratischen Verfassungsstaat, besonders im eigenen Lande, besteht.

Mögen wissenschaftliche Spezialisierung und „Scientifizierung“ gerade aus der Sicht der Politikwissenschaft ihre problematische Kehrseite haben, so haben diese Entwicklungen doch auch zusätzliche Berufschancen eröffnet. Dies gilt namentlich für die Beschäftigung mit den verschiedenen Politikbereichen, die sich in den letzten Jahren stark ausgeweitet hat. Politikwissenschaftler scheinen dort relativ gute Beschäftigungschancen zu haben, wo staatliche Verwaltungen, Betriebe oder Organisationen mit neuen Problemen und Aufgaben konfrontiert sind.

Hinzu kommt eine ganze Reihe von Berufstätigen, für die das Studium der Politikwissenschaft eine sinnvolle Grundlage bildet: Neben der bereits erwähnten politischen Bildung (nachdem über Jahre hinweg kaum mehr Lehrer eingestellt wurden – künftig dürften es wieder mehr sein –, namentlich Tätigkeiten in außerschulischen Institutionen) sind Forschungsaufgaben (innerhalb und außerhalb der Hochschulen), Journalismus, die vielfältigen parlamentarischen Hilfsdienste vor allem des Bundestags und Bundesrats sowie der Landesparlamente, aber auch großer Städte, Tätigkeiten in Parteien, Verbänden und internationalen Organisationen sowie in Wirtschaftsunternehmen zu nennen, neuerdings auch in großstädtischen alternativen Subkulturen (allerdings in der Regel mit niedriger Bezahlung). Bekanntlich haben auch einige Politiker Politikwissenschaft studiert: Hans Maier, Werner Münch und Bernhard Vogel sind wohl die namhaftesten.

In allen diesen Bereichen haben die Absolventen der Politikwissenschaft mit denjenigen anderer Fächer zu konkurrieren. Das gilt vor allem auch für die öffentliche Verwaltung, wo nach wie vor Juristen dominieren, zumal nachdem die Planungseuphorie längst wieder abgeklungen ist, die Ende der sechziger Jahre Sozialwissenschaftlern zugute kam. Sofern Politologen in der Verwaltung Fuß gefaßt haben, handelt es sich vor allem um die Absolventen von Studiengängen, die neben Politikwissenschaft einen erheblichen Anteil anderer Fächer (Öffentliches Recht und Wirtschaftswissenschaft etwa) aufweisen. Als Beispiel wäre der Konstanzer Studiengang „Verwaltungswissenschaft“ zu erwähnen: Hier scheinen insbesondere die Verwaltungspraktika den Zugang zu späterer Berufstätigkeit in diesem Bereich zu erleichtern.

Der Rückgang der Lehramtsstudenten hat den Ruf nach mehr Praxisbezug von Lehre und Studium verstärkt, zumal damit kein entsprechender Rückgang der Studentenzahlen verbunden war. Diese Diskrepanz ist für die Politikwissenschaft wie für andere Fächer das eigentliche Problem: Die insgesamt wenig erfreulichen Berufsperspektiven ihrer Absolventen resultieren meist nicht aus mangelnder Qualifikation – wenn bei manchen auch die politische Motivation größer sein mag als das Interesse an spezifischen Fachkenntnissen –, sondern daraus, daß mit der Expansion der Studentenzahlen (in Berlin haben sie sich in den letzten zehn Jahren verdreifacht) keine entsprechende Ausweitung akademischer Berufspositionen einherging. Im Ge-

genteil: In dem für Politologen besonders wichtigen öffentlichen Bereich wurden sogar Stellen gestrichen. Der drastische Rückgang des Lehrerbedarfs hat aber auch ein altes Dilemma der Politikwissenschaft hinsichtlich der Orientierung von Lehre und Studium verschärft. Es besteht darin, daß die Politikwissenschaft Kompetenzen für ein breites Spektrum von Tätigkeitsbereichen vermittelt, so daß die Ausrichtung der Ausbildung auf einen oder einige wenige Berufe zu Lasten aller anderen ginge.

Dieses Dilemma besteht unabhängig davon, ob das Studium im Rahmen eines Magisterstudiengangs (der an fast allen Universitäten angeboten wird) oder eines Diplomstudiengangs (bisher nur an etwa einem Dutzend Universitäten eingeführt, allerdings mit zunehmender Tendenz) organisiert ist. Auch integrierte sozialwissenschaftliche Studiengänge (mit variierendem Anteil der Politikwissenschaft) stellen in dieser Hinsicht kein Patentrezept dar. Ohnehin sollte man die formalen Unterschiede der Studiengänge nicht überbewerten. So gilt zwar die stärkere Reglementierung als Merkmal des Diplomstudiums, doch hört man etwa aus Berlin, das seit den fünfziger Jahren die weitaus meisten Diplom-Politologen hervorgebracht hat, daß individuelle Gestaltung des Studiums – die spezifische Stärke des Magisterstudiengangs – durch Studien- und Prüfungsbestimmungen kaum gehemmt werde. Bedeutsamer sind Größe, Qualität und fachliche Breite des Lehrkörpers sowie die sonstigen Studienbedingungen, die erheblich variieren. Es gibt nicht nur überfüllte Fachbereiche (wie an den meisten alten Universitäten) und günstige Zahlenverhältnisse (wie an einigen Neugründungen), es gibt auch immer noch Universitäten mit nur einer politikwissenschaftlichen Professur und auf der anderen Seite die absolute Ausnahme der Freien Universität Berlin mit über 50 Professoren

– dazwischen liegt die breite Mitte mit einer Ausstattung von meistens etwa 4 bis 6 Professoren, die als einigermaßen angemessen gelten kann.

Der Übergang von integrierten sozialwissenschaftlichen Studiengängen zur Vermittlung von politikwissenschaftlichen Zusatzqualifikationen für Studenten anderer Disziplinen ist fließend. Darin sollte die Politikwissenschaft eine wichtige, bewußt akzeptierte Aufgabe sehen, zumal sie bereits jetzt in beträchtlichem, zunehmendem Umfang wahrgenommen wird, ob nun Politikwissenschaft in wirtschaftswissenschaftlichen oder geographischen Studiengängen als Wahlpflichtfach vorgesehen ist oder ob Studenten anderer Fächer sie als freiwillige Ergänzung wählen. Neben der Vermittlung spezieller fachlicher Qualifikationen sollte sich die Politikwissenschaft auch politischer Bildung im weitesten Sinne widmen. Die Förderung politischer Urteils- und Handlungsfähigkeit, zu der die meisten Universitätsdisziplinen ja nichts oder wenig beitragen, dürfte als Bestandteil eines akademischen Studiums heute ebenso unentbehrlich sein, wie sie es bei der akademischen Rückkehr der Politikwissenschaft nach dem Zweiten Weltkrieg gewesen ist.

Nach der Vereinigung der beiden deutschen Staaten gilt dies erst recht. Das Verständnis von Politikwissenschaft als „Demokratiewissenschaft" ist aktueller denn je: in den neuen Bundesländern kann sie zur Bewältigung der Probleme beitragen, die sich in einer Situation des Übergangs von einer bürokratischen Diktatur zu einem freiheitlich-rechtsstaatlichen Gemeinwesen ergeben. Vor allem im Hinblick auf die Aus- und Fortbildung der Lehrer ist das Fach gefordert, zumal die frühere, der politischen Indoktrination dienende „Staatsbürgerkunde" eine schwere Hypothek jeglicher Bemühungen um politische Bildung in den neuen Bundesländern darstellt. Allerdings muß die Politikwissenschaft dort erst noch aufgebaut werden. Dieser Prozeß ist – unter maßgeblicher Beteiligung führender westdeutscher Fachvertreter – im Gange, wird aber noch einige Zeit beanspruchen. Immerhin kann das Fach bereits im Wintersemester 1991/92 an einigen Universitäten (Humboldt-Universität Berlin, Dresden, Halle, Jena, Leipzig, Potsdam) studiert werden.

Psychologie

Mit Freud allein kommt heute niemand weit

Von Paul Walter

Längst hat sich die Psychologie vom Image befreien können, eine „exotische“ Wissenschaft zu sein, die mit undurchschaubaren Methoden in geheimnisvolle Seelentiefen vorzudringen versucht. Kompetenter psychologischer Rat wird heute von vielen Personen und Institutionen gesucht und genutzt – ob es um die Betreuung von geistig behinderten Kindern oder um die menschengerechte Gestaltung von Computerarbeitsplätzen in der Industrie geht. Das Psychologiestudium kann verständlicherweise nicht auf alle berufspraktischen Aufgaben vorbereiten. Es können nur die wissenschaftlichen Grundkenntnisse und Methoden vermittelt werden, die man für jede fachpsychologische Tätigkeit benötigt und die später im Beruf vertieft werden müssen.

Die erste Hürde, die der künftige Diplom-Psychologe zu überwinden hat, ist die Zulassung zum Studium an einer der 41 in Psychologie ausbildenden Hochschulen über die ZVS, die Zentralstelle für die Vergabe von Studienplätzen in Dortmund. Für das Wintersemester konkurrierten in den vergangenen Jahren nach Angaben der Pressestelle der ZVS meist annähernd 7000 Bewerber um die rund 2900 Studienplätze, die an 36 Ausbildungsstätten in den „alten“ Bundesländern verfügbar waren. Für das Wintersemester 1990/91 erhöhte sich die Zahl sogar auf 8155 Bewerber. Wer auf Anhieb einen der begehrten Plätze erhalten möchte, muß deshalb mittlerweile eine durchschnittliche Abiturnote zwischen 2,0 und 2,7 (je nach Bundesland) vorweisen können. Reicht der Notendurchschnitt nicht aus, muß man bis zu fünf Semester warten, die Zeit durch eine sinnvolle Tätigkeit außerhalb der Hochschule überbrücken. An wohnortnahen Universitäten ist im übrigen die Chance auf einen Studienplatz hier wie in anderen Studienfächern mit Numerus clausus am größten. Mit den neuen Bundesländern sind fünf weitere Ausbildungsstätten und zusätzliche Studienbewerber hinzugekommen. Wegen des Bonus für einen wohnortnahen Studienplatzwunsch und aus wirtschaftlichen Gründen ist nach Angaben der ZVS zunächst noch kein größerer Wechsel der Bewerber zwischen den „alten“ und den „neuen“ Bundesländern zu erwarten.

Durch die 1973 von der Kultusministerkonferenz erlassene Rahmenordnung für die Diplomprüfung in Psychologie ist der erste Studienabschnitt, der mit der Diplom-Vorprüfung endet, an den Universitäten weitgehend vereinheitlicht. Der Student wird in psychologische Grundlagenfächer (Allgemeine Psychologie, Persönlichkeitsforschung, Entwicklungs- und Sozialpsychologie) eingeführt, er muß sich in Forschungsthemen wie Wahrnehmung, Denken, Gedächtnis, Motivation oder Kommunikation einarbeiten. Ein eigenes Prüfungsfach ist für die physiologischen Grundlagen menschlichen Erlebens und Verhaltens reserviert.

Für viele mathematisch-naturwissenschaftlich nichtinteressierte Psychologiestudenten stellt im ersten Studienabschnitt vor allem das Fach „Methodenlehre“ einen Stolperstein dar. Hierfür sind Kenntnisse über die wichtigsten psychologischen Forschungsmethoden – Beobachtung, Datenerhebung, Experiment – zu erwerben sowie statistische Methoden zur Auswertung und Beurteilung von Forschungsergebnissen zu erlernen. Wer sein Psychologiestudium mit der Erwartung aufnimmt, unmittelbar in die psychologische Praxis des Beratens und Helfens eingeführt zu werden, für den ist der erste Studienabschnitt sicherlich eine Durststrecke. Mancher resigniert – man könnte sagen – rechtzeitig; andere versuchen dagegen, ihre überhöhten Vorstellungen von den Möglichkeiten der Psychologie mit der Wirklichkeit in Übereinstimmung zu bringen.

Nach der Vorprüfung kann sich der Student in einem der am Studienort angebotenen psychologischen Anwendungsfächer vertiefen und sich so an die spätere Berufspraxis herantasten – wozu auch die vorgeschriebenen Berufspraktika beitragen. Die Pädagogische, die Arbeits-, Betriebs- und Organisations- sowie die Klinische Psychologie werden am häufigsten als Schwerpunkte angeboten. Unter Studenten rangiert indessen die Klinische Psychologie bisher unangefochten an der Spitze der Beliebtheit, so daß wegen der großen Nachfrage nicht jeder diesen Anwendungsschwerpunkt wählen kann. Die Vorliebe für die Klinische Psychologie ist leicht zu erklären: Mit Diagnostik, psychologischer Behandlung und Psychotherapie seelischer Störungen nimmt sie die Aufgaben wahr, die in der Öffentlichkeit mit Psychologie gemeinhin assoziiert werden. Zudem stellen nach Angaben des Statistischen Bundesamtes die klinischen Psychologen mit einem Anteil von zirka 56 Prozent die größte Gruppe unter den erwerbstätigen Psychologen.

Um die Berufschancen der Hochschulabsolventen auf dem für Psychologen knappen Stellenmarkt zu verbessern, wird vorgeschlagen, die zum Teil sehr einschränkende Spezialisierung abzuschwächen. So empfahl 1985 die Studienreformkommission Psychologie, ein mit Hochschulvertretern und mit Vertretern staatlicher Stellen und der Berufspraxis besetztes Gremium, im zweiten Studienabschnitt künftig den Studenten eine hinreichende Ausbildung nicht nur in einem, sondern in den wichtigsten Gebieten der angewandten Psychologie zu vermitteln und darüber hinaus auch die methodischen Kenntnisse angemessen zu erweitern und zu vertiefen. Neben der anstehenden Reform der mittlerweile „in die Jahre gekommenen“ Rahmenprüfungsordnung gilt es in nächster Zeit, die Studien- und Prüfungsordnungen für Psychologen in den „neuen“ Bundesländern mit denen der gesamten Bundesrepublik zu harmonisieren. Nach den Worten von Dr. Hermann Zayer, im Berufsverband Deutscher Psychologen (BDP) für Ausbildungsfragen zuständig, ist in den neuen Bundesländern vornehmlich das Angebot in den meisten anwendungsbezogenen Fächern, beispielsweise in der Arbeits-, Betriebs- und Organisationspsychologie oder in Forensischer Psychologie, zu erweitern. Dagegen scheint die Klinische Psychologie dort vergleichsweise gut entwickelt zu sein.

Die für das Psychologiestudium charakteristische Betonung der „Methoden“ und die methodische Bemühung um Objektivität mag man als Versuch interpretieren, der Naturwissenschaft und ihren Erfolgen nachzueifern, obgleich die Psychologie wegen der Nähe zu den Geistes- und Sozialwissenschaften und wegen ihrer schwer greifbaren Themen dieses Ziel kaum erreichen kann. Anzuerkennen ist jedoch, worauf 1987 die damalige Präsidentin des BDP, Dr. Angela Schorr, in einer Abhandlung hinweist, daß „in bezug auf die Vielfalt der verwendeten Methoden“ die Psychologie über ein Wissen verfüge, „an das keine andere wissenschaftliche Disziplin heranreicht“. Mit Gewißheit ist dieses hohe methodische Niveau dafür verantwortlich, daß bevorzugt Diplom-Psychologen als Mitarbeiter in nichtpsychologischen Forschungsprojekten etwa zu fremdsprachendidaktischen oder körpermedizinischen Fragestellungen angestellt werden. Wegen der begrenzten Dauer solcher Projekte und fehlender Weiterbeschäftigungsmöglichkeit im fachfremden Berufsfeld erweist sich ein solcher Berufseinstieg nicht selten als Sackgasse.

Generell ist der Berufseinstieg für Diplom-Psychologen sehr schwierig. Mitverantwortlich ist ihre große Zahl, der nur ein begrenztes Angebot an Psychologenstellen gegenübersteht. Nach Schätzungen des BDP verfügt die Bundesrepublik Deutschland über rund 35 000 ausgebildete Psychologen (einschließlich der knapp 4000 Psychologen in den „neuen“ Bundesländern). 1987 nahm die damalige BDP-Präsidentin an, daß weniger als 50 Prozent der Diplom-Psychologen tatsächlich in ihrem Beruf tätig werden können. Für 1988 bezifferte das Statistische Bundesamt die Zahl der in ihrem Fach erwerbstätigen Diplom-Psychologen immerhin auf ungefähr 18 500. 19 Prozent der Diplom-Psychologen, so die Statistiken für 1988, arbeiten dagegen in anderen Berufen, meistens als Lehrer.

Erschwert wird der Eintritt ins Berufsleben außerdem dadurch, daß auf Psychologen-Stellen häufig Zusatzqualifikationen verlangt werden, die erst nach dem Studium erworben werden können. Beispielsweise qualifiziert auch der Studienschwerpunkt „Klinische Psychologie“ noch keineswegs zur verantwortlichen Durchführung von Psychotherapie. Hierzu ist eine mehrjährige, berufsbegleitende und zum Teil kostenaufwendige Zusatzausbildung erforderlich, die bislang meist private Institute bestimmter Therapie-„Schulen“ organisieren. Konkurrenz auf dem Arbeitsmarkt kommt darüber hinaus aus anderen Berufssparten, vor allem von Sozialarbeitern und Medizinern, die sich psychotherapeutisch weitergebildet haben.

Das größte Hindernis für die Erweiterung des psychologischen Beratungs- und Behandlungsangebots stellt die derzeit noch unzureichende rechtliche Absicherung der heilkundlichen Tätigkeit von Diplom-Psychologen dar. Angesichts der vielen unversorgt bleibenden, einer psychotherapeutischen Behandlung bedürftigen Patienten wird jedoch inzwischen von Verantwortungsträgern aller politischen Parteien die baldige Verabschiedung eines Psychotherapeuten-Gesetzes angestrebt. Es soll die Qualifikationsanforderungen für Psychotherapeuten und die diesen bisher zum Teil vorenthaltenen Rechte, etwa zur eigenverantwortlichen Durchführung der Behandlung und zur selbständigen Abrechnung der erbrachten Leistungen mit den gesetzlichen Krankenkassen, festlegen. Ein Anfang Juli 1991 vom Bundesministerium für Gesundheit veröffentlichtes, von Experten aus verschiedenen Wissenschaftsdisziplinen erstelltes Forschungsgutachten schlägt vor, einen „Fachpsychologen für Psychotherapie“ zu schaffen. Dieser Fachpsychologe hätte nach Abschluß des Diplomstudiums der Psychologie eine mindestens dreijährige Zusatzausbildung zu absolvieren, um sein theoretisches Wissen zu vertiefen und praktische Behandlungskompetenzen unter Anleitung erfahrener klinischer Psychologen zu erwerben. Nach dieser Regelung, die der Facharztausbildung ähnlich ist, würde künftig für den psychotherapeutisch tätigen Teil der Diplom-Psychologen sozusagen ein Studium nach dem Studium obligatorisch werden.

Die Frage, ob es sich lohnt, Psychologie zu studieren, läßt sich nicht pauschal beantworten. Wer eine sichere oder steile berufliche Karriere anstrebt, sollte besser ein anderes Studienfach auswählen. Wer Psychologie auf die Psychoanalyse Freuds beschränkt, wird sich allenfalls an einigen Studienorten „zu Hause“ fühlen. Wer jedoch seine professionelle Kompetenz der Aufgabe widmen möchte, zur Lösung psychischer Konflikte und zur Verbesserung zwischenmenschlicher Beziehungen beizutragen, dem bietet das Studium der Psychologie – eine ausreichende psychische Stabilität für die emotionalen Belastungen dieses Berufs vorausgesetzt – die Aussicht auf eine interessante, nie langweilige Berufstätigkeit.

Rechtswissenschaft

Gesetze muß man verstehen – nicht nur büffeln

Von Fernando Wassner

In einem ordentlich verwalteten Rechtsstaat werden „Bürokraten" – das sind Juristen auch, und zwar in einem hohen Maß – unablässig und überall gebraucht. Das gilt auch für die Wirtschaft. Denn wenn es richtig ist, daß große Unternehmen große Bürokratien sind, dann verwundert es nicht, daß in ihren Spitzen Juristen in einem Maße vertreten sind, das weit über ihrem Anteil an allen Akademikern liegt, wie Max Kruk, seinerzeit verantwortlicher Redakteur der Frankfurter Allgemeinen Zeitung, festgestellt hat – Juristen haben Bürokratie eben von der Pike auf gelernt. Das ist nun einmal die Lebensaufgabe: den Bürger mit Regeln, die er gewöhnlich nicht verstehen will und häufig nicht verstehen kann, zu versehen und zu versöhnen. Übrigens ist Bürokratie, richtig verstanden, durchaus nicht langweilig, sondern eine nicht abreißende Kette von Denksportaufgaben. Wer nicht nachdenken mag, sollte die Finger davon lassen.

Wo soll man sein Metier lernen? Der Studienort ist heutzutage einigermaßen gleichgültig geworden. Das war nicht immer so. Vor dreißig Jahren waren Tübingen, München und Münster, Freiburg, Hamburg, Köln und vielleicht noch Bonn „die" Studienorte. Hier lehrten die Professoren, die die Lehrbücher schrieben und damit die juristische „öffentliche Meinung" machten. Damals spöttelte man etwa über den „Dr. Würz", wenn einer in Würzburg den juristischen Doktortitel erworben hatte. Damals sah ein bedacht kalkuliertes Studium so aus, daß man es in einer Gegend mit hohem Freizeitwert begann, zwischendurch an einer Großstadt schnupperte und schließlich eben an einer Prestigefakultät abschloß. Prestigefakultäten gibt es derzeit nicht, und in der ganzen Welt kommt, wer will, ohnehin herum.

Bestimmte Universitäten sind keine Anziehungspunkte mehr. Folgt man akademischem Klatsch, dann gibt es unter den 31 denkbaren rechtswissenschaftlichen Bildungsanstalten allenfalls Universitäten, die der angehende Student der Rechte nach Möglichkeit meiden sollte. Bremen, Hamburg II und Hannover wurden da genannt. Das Bild verschiebt sich von Zeit zu Zeit. Die meisten anderen Fakultäten gleichen sich, weil es so viele geworden sind: ein, zwei wirklich namhafte Professoren, die häufig für die und wegen einer Neugründung gewonnen wurden, der Rest ähnelt sich. Wohlgemerkt: Das muß für den Studenten kein Nachteil sein, denn schon immer war wissenschaftliche Hochleistung durchaus nicht deckungsgleich mit pädagogischer

Vermittlungsfähigkeit. Es gab und gibt Professoren, von deren Vorlesungen ihre Hörer bis ins hohe Alter schwärmen – und die keinerlei wissenschaftliche Leistung hinterlassen. Bei den Juristen ist es da nicht anders als in anderen Disziplinen. Deshalb könnte ein Student, der seinen Studienort nach Warentest-Gesichtspunkten auswählen wollte, nach „pädagogischer Qualität" forschen: Wieviel Lehrer (das sind nicht nur Professoren, sondern auch Assistenten und Lehrbeauftragte) widmen sich in dieser oder jener Fakultät wieviel Studenten? Wieviel Bücher enthält pro Kopf der Studenten die Bibliothek? Gießen oder Bochum etwa gelten unter solchen Gesichtspunkten als guter Studientyp, um nur zwei zu nennen.

„Das Studium", so hat vor zwanzig Jahren ein akademischer Vater seinem angehenden akademischen Sohn erklärt, „ist eine Zeit geregelter Muße." Auch das stimmt inzwischen wohl nicht mehr so ganz. Die „Verschulung" hat auch die Rechtsfakultäten eingeholt. Zwar ist das große Durcheinander mit verschiedenen „Reform"-Studiengängen vorbei, der Fächerkatalog ähnelt in der Sache und in der Abfolge wieder demjenigen, der älteren Semestern noch vertraut war. Aber mittlerweile muß nach zwei Jahren eine Zwischenprüfung abgelegt werden, das bringt mehr Streß in das Studium, bewahrt aber auch allzu hoffnungslose Fälle vor vergeblichen Anstrengungen. Vielleicht keine sinnlose Sache, wenn man sieht, daß sich in den letzten Jahren eine ziemliche Schere aufgetan hat zwischen der Zahl derjenigen, die das Studium beginnen, und derjenigen, die es beenden.

Die Universität Bielefeld hat einmal in einer kleinen Werbeschrift ein Bild veröffentlicht. Da stehen vor büffelnden Studenten dicke Bücher mit Gesetzestexten. Die Unterzeile zu dem Bild lautet: „Juristische Ausbildung besteht im wesentlichen in intensivem Studium der Gesetzestexte." Das ist barer Unsinn. Eine Sammlung aller Bundesgesetze macht 37 Bände nebst Registerband aus. Dazu kommen für jedes Bundesland würfelförmige Bände mit zehn bis fünfzehn Zentimeter Kantenlänge (die Seiten sind aus sehr dünnem Papier), die das wesentliche Landesrecht enthalten. Wie viele Gesetze und Verordnungen und Dienstanweisungen an den Staatsapparat – den Oberbegriff „Normen" muß man halt lernen – es wirklich gibt, weiß im Grunde niemand. Wollte man sie alle auch nur einmal flüchtig durchlesen, dann würde das wohl genau die Zeit verschlingen, die heute für eine komplette juristische Ausbildung (so an die sieben bis acht Jahre, wenn man die praktische Ausbildung zum Assessor mitzählt) verwendet wird. Verstehen oder behalten würde der Student nicht das geringste.

Woraus also besteht die juristische Ausbildung? Aus der Einübung des Umgangs mit einem Orientierungsapparat in diesem gleichsam dreidimensionalen Paragraphendschungel. In Deutschland heißen diese Dimensionen bürgerliches Recht, Strafrecht und öffentliches Recht. Mit einer beliebigen

Frage konfrontiert, sucht der juristische Radar unweigerlich an diesen drei Achsen entlang: Hat hier ein Bürger mit einem anderen Bürger ein Problem? Hat hier ein Bürger mit dem Staat ein Problem? Oder hat hier ein Bürger mit einem anderen Bürger oder dem Staat ein Problem, in das sich der Staat in Gestalt des Strafrichters einmischt? Näheres zu den Problemen, die in diesen Fragen stecken, und zu den „Problemlösungen" (neudeutsch), die am Rande jeder Frageachse bereitgehalten werden, erfährt der Student beim Studium. Daraus besteht die juristische Ausbildung. Sicherlich, wer nicht „weiß", daß es dieses fundamentale Gesetz, jenen „einschlägigen" Eck-Paragraphen gibt, der bleibt hilflos. Aber namentlich der Rückblick auf bestandene Examina zeigt, daß sehr viel wesentlicher die Fähigkeit ist, nach einschlägigen Paragraphen erfolgreich zu suchen. Verständnis fürs System ist überwiegend „wirtschaftlicher" als das Auswendiglernen dieses oder jenes Textes.

Die Rechtsfakultäten haben in den letzten Jahrzehnten einige Anstrengungen gemacht, auch pädagogischen Forderungen gerecht zu werden. Die Zahl der Übungen und Übungsmöglichkeiten hat zugenommen. Modewellen wie das „programmierte Lernen" haben hinterlassen, was in ihrem Kern berechtigt war. Manche Fakultäten, etwa Passau, reichern die Anfangssemester mit nichtfachlichen Angeboten kulturell an. Trotzdem sind jene „Paukanstalten" nicht ausgestorben, die bei den Juristen Repetitoren heißen und die abseits des offiziellen Universitätsbetriebs auf privatwirtschaftlicher Basis, nämlich gegen einiges Entgelt, Unterricht erteilen. Wie soll der Student es mit ihnen halten? Kurz gesagt: wie er will. Es gibt Menschen, die lernen lieber lesend, weil sie ihre Aufnahmegeschwindigkeit ihrer Aufnahmefähigkeit nur beim gedruckten Text am besten anpassen können. Es gibt andere, die schlafen über Texten ein, „brauchen" das gesprochene Wort. Wie es bei ihm damit steht, muß jeder für sich selbst entscheiden und dann die ihm gemäße Lern-Mischung aus Wort und Schrift herausfinden. Repetitoren können (auch mit ihren Übungsheften) durchaus eine Lücke im akademischen Angebot füllen. Ein „Muß" oder das Gegenteil sind sie nicht. Und auch wenn sie natürlich gerne hören, daß Studenten es glauben: Unfehlbare Geheimtips für brillante Examina haben sie nicht – selbst angebliche Prüfer-Vorlieben können sich über Nacht ändern und denjenigen in schädlichste Verwirrung versetzen, der nur für die Vorliebe gelernt hat. Übrigens: Der Arbeitsmarkt schätzt Eile ohne Weile beim Studium. Sechs Semester mit mäßigem Examensergebnis sind besser als zwölf mit vortrefflichem Ausgang. Die „Weile" darf sich der Referendar in der praktischen Ausbildung nehmen, am besten im Ausland.

Rhetorik

Beredsamkeit ist eine Zier

Von Gert Ueding

Die vielberedete Krise der Geisteswissenschaften hängt nicht nur mit dem Verfall ihrer öffentlichen Geltung zusammen. Seit Jahrzehnten haben sich die geisteswissenschaftlichen Fakultäten unserer Universitäten weitgehend widerstandslos auf Lehrerausbildungsinstitute reduzieren lassen, und es kann niemanden verwundern, daß sie in dem Augenblick gesellschaftlich funktionslos zu werden drohten, da der Bedarf an Lehrern drastisch sank. Inzwischen ist die Zahl der Philologie-, Geschichts- oder Philosophiestudenten zwar nicht gesunken, doch wird von ihnen immer seltener das für eine Lehrerlaufbahn vorausgesetzte Staatsexamen angestrebt und statt dessen auf einen Magisterabschluß hin studiert, was als vollkommen hinreichende oder gar besser qualifizierende Voraussetzung für eine Tätigkeit in Verlag, Presse, Funk oder Fernsehen, kurz: in der Kulturindustrie, angesehen wird. In den meisten Fällen zu Unrecht, denn diese Umorientierung bedeutet oft bloß einen Etikettenwechsel, die Studieninhalte sind gleich geblieben, und gerade die Fertigkeiten, die zu einer berufszieloffenen Qualifizierung in den Geisteswissenschaften nötig wären, bleiben in Studium und Lehre weiterhin unberücksichtigt.

Dieser Mißstand ist mancherorts aber erkannt worden, schon 1982 hat die Studienreformkommission für die Sprach- und Literaturwissenschaften die Einarbeitung von Studienangeboten aus dem Gebiet der Rhetorik gefordert. Zusatz- und Aufbaustudiengänge oder die Kombination mit Studienanteilen aus kommunikations- und publizistikwissenschaftlichen Studiengängen sollen Abhilfe schaffen. An der TU Berlin oder Universität Marburg können Germanistikstudenten ihr Fach mit dem Schwerpunkt Medienwissenschaft studieren oder sich sogar als Diplommedienberater ausbilden lassen und lernen dabei neben den theoretischen, historischen und wissenschaftlichen Grundlagen auch Techniken des Wissenschaftsjournalismus oder der Text- und Radioredaktion. An anderen Universitäten wie Frankfurt, Bochum oder Köln hat die „Theater-, Film- und Fernsehwissenschaft" die Aufgabe übernommen, den Studenten wenigstens einige praktische Fertigkeiten zu vermitteln. Doch meist stehen vereinzelte praktische Übungen recht isoliert inmitten des immer noch überwiegend theoretischen Lehrangebots. „Eine berufspraktische Ausbildung für die Medien Theater, Film und Fernsehen findet nicht statt", warnt ein Informationsblatt die Studienanfänger in Köln.

Andere neu eingerichtete Studiengänge betonen gerade die Verbindung zur Praxis, der zweisemestrige Aufbaustudiengang Literaturkritik in München „orientiert sich an der Praxis der kritischen Literaturvermittlung“, in dem zum WS 1991/92 einsetzenden viersemestrigen Aufbaustudiengang „Medienwissenschaft–Medienpraxis“ in Tübingen wird mehr als die Hälfte der Studienzeit auf die Ausbildung für die Redaktionsarbeit mit der Videokamera, im Ton- und Fernsehstudio verwendet.

Alles in allem ein unübersichtliches, widerspruchsvolles Bild, wobei auch die neuen Strukturvorstellungen nur selten zureichend mit den bisherigen Ausbildungsgängen vermittelt sind, allzusehr auf die modische Attraktivität der neuen Medien setzen und ihren theoretischen, wissenschaftlichen Grundlagen nach durchaus noch ungeklärt sind. Nachteile, die einem Fach zugute kommen, das trotz einer langen, wirkungsmächtigen europäischen Tradition in Deutschland nur an einer einzigen Universität existiert, dort seit 1967 einen wichtigen Beitrag zur berufszieloffenen Ausbildung in den geisteswissenschaftlichen Fächern leistet und seine steigende Anziehungskraft mit inzwischen über 700 Studenten dokumentieren kann: die Allgemeine Rhetorik in Tübingen. Wegen des überproportionalen Anstiegs der Studentenzahlen in den letzten Jahren mußte ab WS 1991/92 zunächst probeweise der Numerus clausus eingeführt werden.

Wer das Wort Rhetorik hört oder liest, denkt freilich zuerst an Redeschulung, an jene populären Kurse und Trainingsprogramme also, die rednerische Selbstsicherheit und Selbstbewußtsein versprechen und deren Bandbreite von Gelegenheits- und Festreden bis zum politischen Statement und journalistischen Schreibweisen, von der Anleitung zu Kondolenzbriefen und

Bewerbungsschreiben bis zur Verkäuferschulung und Argumentationshilfe in allen Lebenslagen reicht. Diese populäre, angewandte Rhetorik, wie sie Volkshochschulen und Verbände, Weiterbildungsakademien und private Institute mit großem Erfolg anbieten, gehört nur am Rande und dann vor allem als Gegenstand kritischer Untersuchung in den Studienbereich der in Tübingen gelehrten Rhetorik.

Ihren Schwerpunkt hat sie in der in schriftlicher oder mündlicher Form gefaßten öffentlichen Rede, umfaßt also die juristische und politische Beredsamkeit ebenso wie Werbung und Wissenschaftssprache. In fächerübergreifenden Studienangeboten, Schreibseminaren und praktischen Übungen vor der Kamera soll sich der Student nicht nur Theorie und Methode der wissenschaftlichen Auseinandersetzung mit den verschiedenen Formen, Produktions- und Rezeptionsweisen der wirkungsbezogenen Rede und Schrift aneignen, sondern auch ganz praktisch auf der Grundlage des seit der Antike überlieferten rhetorischen Systems lernen, sich wirkungsvoll und angemessen auszudrücken, ob er dies nun im Bereich der Massenmedien, der Wirtschaft, als Arzt oder Lehrer ausüben will. Das Spektrum reicht von der rhetorischen Textanalyse von Dramen, Romanen, Fernsehspielen bis zur Rhetorik der Massenmedien, von der politischen Rhetorik der Aufklärung über Bismarcks Beredsamkeit bis zur Untersuchung des parlamentarischen Sprachgebrauchs, von der Geschichte der Presse bis zu den Schreibweisen des Feuilletons, von der Rhetorik im Wahlkampf bis zur körperlichen Beredsamkeit im Alltag, von Platons Auseinandersetzung mit der sophistischen Rhetorik bis zur Geschichte der Rhetorikverachtung in Deutschland. Probleme aus den Bereichen der Literatur und Politik, der Philosophie und Wirtschaft, des Journalismus und der Jurisprudenz bestimmen den interdisziplinären Charakter des Studiums, das in der Regel nach mindestens acht Semestern mit dem Magister abgeschlossen wird, aber dann als Promotionsstudiengang fortgesetzt werden kann. Doch auch wer sein Studium in einem anderen Fach durch ein Diplom, durch Magister- oder Staatsexamen beendet hat, kann in Rhetorik promovieren und sich damit ein gutes Sprungbrett etwa in den Wissenschaftsjournalismus verschaffen.

Im Grundstudium lernen die Studenten die historischen, methodischen und technischen Voraussetzungen für die wissenschaftliche und praktisch-rhetorische Tätigkeit. Neben Proseminaren, die in Theorie, Geschichte und Systematik des Faches einführen, treten auch hier schon Schreibseminare und praktische Übungen (z. B. Literaturkritik, Reportage, Creative Writing), die zur selbständigen Textproduktion (von der Rezension über politische Rede und Sachbericht bis zu Hörspielen oder fiktionalen Texten) anleiten, aber auch die allgemeine Sprach- und Schreibfähigkeit fördern sollen. Auf ihr liegt das Schwergewicht der praktischen Ausbildung – der rhetorischen

Überzeugung gemäß, daß die Sprache allen anderen Formen der Kommunikation vorausliegt und sie bestimmt, überdies die Fähigkeit zu ihrem wirkungsvollen Gebrauch in keinem anderen Medium entbehrt oder dadurch gar ersetzt werden kann.

Das Ziel des Hauptstudiums ist die Erweiterung und Differenzierung der wissenschaftlichen Kenntnisse auch hinsichtlich des angestrebten Berufsziels, wobei sich der Student den Arbeitsschwerpunkt selbst wählt. Neben historisch ausgerichteten Hauptseminaren und die weiterhin obligatorischen Praxisseminare treten dabei Veranstaltungen, die einen Beitrag zur methodischen und methodologischen Weiterentwicklung der Rhetorik leisten sollen oder interdisziplinäre Forschungsziele verfolgen (Literatur im Fernsehen, Rhetorik des Kriminalromans, Rechtsrhetorik, Romanverfilmung, Sprache der Massenmedien, literarische Übersetzung, Verlagswesen, Propaganda, Öffentlichkeitsarbeit und Werbung, Theorien der New Rhetoric, Argumentationslehre).

Über die Berufsaussichten entscheiden dann auch die besonderen Qualifikationen des einzelnen, die er sich in seinen anderen Fächern, durch ein vorausgegangenes Fachstudium oder durch Praktika erworben hat. Die Möglichkeiten liegen im Bereich der kulturellen Praxis (Verlag, Presse, Funk, Fernsehen, staatliche und kommunale Kulturarbeit), in der Weiterbildung (der Verbände, Parteien, staatlichen Institutionen und privaten Unternehmen) und in allen Berufen, in denen die Fähigkeit zur Textproduktion und Textanalyse erwartet oder gewünscht wird (Sprachnormung, Informationswesen, Lexikographie). Wegen der Erfordernisse einer sich zunehmend versprachlichenden Gesellschaft, in welcher der Fähigkeit, sich rhetorisch wirkungsvoll und sachbezogen auszudrücken, berufsentscheidende Bedeutung zukommt, braucht das Fach um seine Zukunft nicht besorgt zu sein. Das Vorbild der amerikanischen Universitäten mit ihren Departements of Rhetoric wirkt dabei ebenso ermutigend wie die Bemühungen, im europäischen Ausland, etwa in Spanien (Salamanca) und Italien (Bologna), Rhetorikinstitute an den Universitäten neu einzurichten.

„Rede, damit ich dich sehe“ – diese rhetorische Kernüberzeugung seit der Antike ist heute nicht weniger aktuell als vor 2000 Jahren.

Romanistik

Die Sehnsucht nach dem südlichen Lebensstil

Von Hans Ulrich Gumbrecht

Wenn man einen der im Zweijahres-Rhythmus stattfindenden deutschen Romanistentage aus ethnologischer Perspektive beschriebe, so müßte gewiß festgehalten werden, daß stets eine erstaunlich große Zahl der Teilnehmer Baskenmützen trägt, daß viele von ihnen – nicht selten: mühsam – eine spezifische Distanz zur Norm „korrekter Alltagskleidung" unter Beweis zu stellen suchen, daß man kaum eine Gelegenheit verstreichen läßt, mit der möglichen Annäherung an je spezifische Gestik und Mimik französisch, spanisch oder italienisch zu sprechen. Denn ganz abgesehen von ihrem wissenschaftlichen oder bildungspolitischen Ertrag geben Romanistentage den Romanisten einen willkommenen Rahmen, um ihre Sehnsucht nach einem „anderen Lebensstil" vor sich selbst zu inszenieren.

Natürlich haben solche Kollektivrituale des Exzentrisch-Seins etwas unfreiwillig und unvermeidlich Komisches. Aber sie objektivieren auch das, was seit ihren romantischen Ursprüngen die Stärke und der Lebensnerv der deutschen Romanistik war – und vielleicht immer noch sein kann. Die Begeisterung vieler deutscher Romantiker für die Kulturen der romanischen Länder war motiviert durch den Eindruck, daß dort – vor allem in Spanien – noch Spuren der in Mitteleuropa bereits gänzlich verlorenen Welt des christlichen Mittelalters zu finden und zu erleben wären. Man suchte in den romanischen Ländern eine Ideal-Welt, die „ideal" durch den Kontrast zur eigenen – deutschen – Welt war. Die aus solchem Enthusiasmus im frühen 19. Jahrhundert entstandene wissenschaftliche Disziplin – „Romanistik" oder „Romanische Philologie" – ist also eine deutsch-romantische Erfindung.

Warum die Romanistik in Deutschland nach 1945 in mancher Hinsicht bessere Startbedingungen hatte und haben mußte als etwa die Germanistik, ist evident. Ernst Robert Curtius, damals an der Universität Bonn der führende Vertreter seines Faches, nutzte diese Chance, indem er die Konstanz gewisser rhetorischer Formen und literarisch-inhaltlicher Motive in der europäischen Dichtung seit dem lateinischen Mittelalter nachwies und aus dieser Konstanz vor seinen Studenten und Lesern auf eine Einheit und Kontinuität der europäischen Kultur schloß, aus der man Deutschland nicht eliminieren können sollte. Doch im Zuge der Expansion des sekundären und des akademischen Bildungssystems, durch die studentenrevolutionäre Kritik an der vermeintlichen „Funktionslosigkeit" der geisteswissenschaftlichen Diszipli-

nen – vielleicht auch infolge der neuen deutsch-französischen Politik – wurde das Fach „Romanistik" bald „praktischer" und enger. Nicht wenige Kommilitonen verstanden wohl um 1970 den Namen „Romanistik" als ein Synonym für die Fach-Bezeichnung „Französische Philologie", und in nicht enden wollenden „Studienreformen" wurde die „Romanische Philologie", die in ihrer „klassischen" Form aus den Komponenten „Sprachgeschichte" und „Literaturgeschichte" bestand, um „Fachdidaktik" und „Landeskunde" (bald „Landeswissenschaft") erweitert. Damals galten Studienanfänger, die ein anderes Berufsziel als das des „Französischlehrers" angaben, als weltfremd oder überheblich. Und komplexe Studienordnungen mit wohldosierter „didaktischer Progression" bereiteten sie so zielorientiert auf diese Berufsrolle vor, daß bald schon die Berechtigung sprach- und literaturwissenschaftlicher Lehr- und Lernkomponenten zur Diskussion stand. Während aber bis in die siebziger Jahre hinein selbst ein unter solchen Vorzeichen intellektueller Askese vorgenommenes Romanistik-(Französisch-)Studium geradezu unvermeidlich mit einer Lebenszeitstelle im sekundären Bildungsbereich prämiert wurde, bleibt es heute für die Romanistik-Absolventen im Hinblick auf ihre Berufschancen scheinbar unerheblich, ob sie „mit Auszeichnung" oder „ausreichend" abschließen. Denn institutionalisierte Berufsrollen oder garantierte Berufschancen für junge Romanisten gibt es nicht mehr. Diese Entwicklung auf dem Arbeitsmarkt (an der die Orientierungslosigkeit kultusministerieller Zukunftsplanung in den siebziger Jahren erhebliche Schuld trägt) hat aber erstaunlicherweise nicht zu einem Rückgang der Studentenzahlen im erwartbaren Umfang geführt, und qualitativ hat sich das Studienverhalten der jungen Romanisten eher verbessert. Längst haben sie sich nämlich wieder aufgemacht, die Weite und Vielfalt jener kulturellen Räume zu erschließen, in denen romanische Sprachen gesprochen werden; nie zuvor galten den südamerikanischen und den romanisch-afrikanischen Sprachen und Literaturen so zahlreiche Lehrveranstaltungen und Forschungsprojekte wie heute.

Die Ergebnisse solcher „Südamerikanistik“ oder „Afrikanistik“ gehören zwar nur selten zu den kulturwissenschaftlichen Gipfelleistungen: Oft dominiert ein fröhlicher Dilettantismus, viele Studenten der Romanistik beginnen ihre Ausbildung mit einer Bildung, die so schmal ist, daß zu ihr Namen wie „Balzac“ oder „Cervantes“ nicht mehr gehören, und schließlich hat eine auf die Ausbildung von „Sprachlehrern“ bezogene Sprachwissenschaft viel von ihrer ursprünglichen Attraktivität verloren. Doch eine erstaunlich große Zahl von den Studenten, die im ersten Semester nicht wissen, daß in Brasilien Portugiesisch gesprochen wird und daß Dante der italienische Nationaldichter ist, lassen sich heute in kürzester Zeit zu einer Begeisterung für die entlegensten Inhalte der Romanistik bringen.

An manchen deutschen Universitäten stoßen sie freilich auf Institute und Fachvertreter, die fast alles tun, um solchen Enthusiasmus erst gar nicht aufkommen zu lassen. Dort schleust man die Studenten weiterhin durch entbehrungsreich propädeutische „Grundstudiums“-Semester, bereitet sie „einführend“ auf eine Vielfalt von wissenschaftlichen Aufgaben vor (mit denen sie später nie konfrontiert werden) und rät von nichts entschiedener ab als von einer durch Neigungen und primäre Interessen bestimmten Zusammenstellung des Studienplans.

Solch guter Wille zur Systematik kann verheerende Folgen haben: etwa Magisterstudiengänge, in denen ganze zehn Prozent der Studienanfänger zu einem Studienabschluß gelangen. Gerade deshalb liegt weiterhin die wichtigste Voraussetzung für ein Studium der Romanistik in der Bereitschaft, sich von kulturell Fremdem faszinieren zu lassen; und diese Bereitschaft sollte verbunden sein mit der Fähigkeit, den ersten Enthusiasmus schon bald umzusetzen in differenziertere Interessen und klare eigenständige Forschungsinitiativen. Das gilt nicht nur hinsichtlich der Inhalte von Vorlesungen und Seminaren, sondern sollte sich auch in der Initiative zu einem längeren Auslandsstudium unter den „Normalbedingungen“ des jeweils fremden Landes manifestieren. Selbstverständlich sind solche Initiativen für Romanistikstudenten heute jedenfalls nicht mehr, denn an manchen Universitäten liegt mittlerweile die Zahl der zu vergebenden Auslandsstipendien höher als die Zahl der Stipendienbewerber.

Doch nichts führt an der Tatsache vorbei, daß auch das längste Auslandsstudium, die ertragreichste Abschlußarbeit und das brillanteste Examen für einen Absolventen des Romanistikstudiums keine gesicherte Berufsperspektive mehr erschließt. Der Romanistenverband und seine rührigen Vorsitzenden werden nicht müde, für die Besetzung von „Kulturvermittler"-Rollen mit jungen Kolleginnen und Kollegen aus ihrem Fach zu werben. Doch gerade die Erfahrung der letzten Jahre zeigt, daß kulturelle Rahmenverträge und Sonntagsreden zur Kulturpolitik nicht ohne weiteres die entsprechenden Bedürfnisse, Funktionen und Stellen schaffen. Und außerdem würde auch die größte (realistisch) denkbare Zahl von Stellen für Kulturattachés an Botschaften in romanischen Ländern, für Lehrer in den romanischen Sprachen oder für Hochschullehrer nicht ausreichen, um das Existenzproblem der Romanistik-Absolventen institutionell zu lösen.

Trotzdem gelingt es einer erstaunlich großen Zahl solcher Absolventen, durchaus respektable Berufspositionen zu erlangen. Das scheinen am ehesten jene Jung-Romanisten zu schaffen, die nicht mehr davon ausgehen, daß die in ihrem Studium angeeigneten Inhalte und Kompetenzen in der Berufspraxis direkt „zur Anwendung kommen" sollten. Vielleicht beschreibt ein traditioneller Bildungs-Begriff, der ja nicht mit „Gelehrsamkeit" verwechselt werden darf, was der Wert eines Romanistik-Studiums immer noch sein kann. Das Vertrautwerden mit fremden Kulturen und die Relativierung der eigenen Sozialisation, die Nutzung eines Freiraums zur Entfaltung individueller Interessen – all das sind Erfahrungen, die zwar kaum mehr auf eine spezifische, institutionalisierte Berufspraxis vorbereiten, deren Bildungswert aber neuerdings (auch materiell) wieder gewürdigt zu werden scheint.

Diese Beobachtung bleibt freilich ein schwacher Trost für eine(n) Romanistik-Absolventen/in, der/die sich jahrelang vergeblich um eine Stelle bemüht hat. Es könnte allerdings sein, daß sich in dieser Tendenz ein übergreifender Wandel des „Gebrauchswerts" akademischer Studien abzeichnet. Er ließe sich vielleicht mit der Formel „Bildung statt Ausbildung" charakterisieren. Was ganz im Sinn der Romanistik-Tradition läge.

Sinologie

Abertausend Schriftzeichen, Konfuzius' Lehre und das Massaker in Peking
Von Petra Kolonko

Zuerst waren es die Maoisten, die in den sechziger und siebziger Jahren neuen Zustrom für das Fach Sinologie brachten. Als die Begeisterung für den Genossen Mao abebbte, wurde die Sinologie wieder zum Orchideenfach. Dann aber macht Deng Xiaopings Reformpolitik im Ausland Schlagzeilen, und viele Jobsuchende witterten ihre Chance im Wirtschaftswunderland China. Doch nach dem Massaker in Peking im Jahr 1989 ist das Interesse an China rapide gefallen, und die Neuanfänger in der Sinologie sind wie einst wieder ein kleines Häufchen von Exoten. Der Zulauf im Fach Sinologie spiegelt die China-Stimmung wieder, zeigt aber auch, daß sich mit etwas zeitlicher Verschiebung die Erkenntnis durchgesetzt hat, daß die Karriereaussichten „mit China" sehr begrenzt sind.

Die Sinologie – Chinakunde – gehört an den meisten deutschen Universitäten zu den „Kulturwissenschaften" oder zu den „Altertumswissenschaften". Trotzdem umfaßt das Fach in unbescheidenem Anspruch alles, was mit China zu tun hat: Sprache, Geschichte, Literatur, Philosophie, Kunst, Politik und Wirtschaft. Während in Ländern wie den Vereinigten Staaten und Großbritannien eine „Sinologie" in diesem Sinne nicht mehr existiert und Chinesisches den jeweiligen Fachbereichen zugeordnet wurde, steckt hierzulande an den meisten Universitäten noch alles in einem Topf, und der Sinologe ist noch heute idealerweise ein Mensch, der sich mit möglichst vielen Aspekten des Landes befaßt hat.

Mehr als bei anderen Fächern tun Studenten gut daran, sich für ein Studium der Sinologie die Universität sorgfältig auszusuchen. Statt der Aufteilung in verschiedene Fakultäten, die nur in Bochum vollzogen wurde, gibt es in Deutschland eine – allerdings nicht konsequent abgestimmte – Arbeitsteilung der verschiedenen Universitäten. So spezialisiert sich etwa München auf alte Philosophie und Geschichte, Kunst und Archäologie. Bochum bietet Modernes an, Literatur, Geschichte, Politik, ebenso wie die Freie Universität in Berlin. Auch die China-Studien in der ehemaligen DDR waren vornehmlich modern ausgerichtet. In Heidelberg und Köln kann man chinesische Kunst studieren.

Die meisten alten Institute wie München, Hamburg, Köln, Heidelberg, Würzburg hatten einen klassischen Schwerpunkt und haben sich aber unter dem Ansturm der Studenten in der Mitte der achtziger Jahre dazu entschlossen, auch Seminare und Übungen zum modernen China anzubieten, um dem Interesse der Studenten entgegenzukommen, die zumeist in die Wirtschaft gehen wollten.

In jedem Fall kommen die Studenten jedoch nicht daran vorbei, die chinesische Sprache zu erlernen. Das Studium beginnt mit vier Semestern Sprachkursen und -übungen, die von chinesischen Lektoren und deutschen Dozenten gehalten werden. Je nach dem Schwerpunkt der Universität wird danach das Erlernen des klassischen Chinesisch Pflicht, der Schriftsprache, in der in der Kaiserzeit alles niedergelegt wurde und deren Kenntnis unentbehrlich ist, wenn man sich mit Aspekten des alten China befassen will. Die chinesische Sprache, besonders die Schrift, lernt sich schwer, und nicht wenige kapitulieren nach dem ersten oder zweiten Semester vor der Masse der Schriftzeichen.

Dabei ist die Sprache innerhalb des Sinologie-Studiums nur ein Teil, und wer „nur" Chinesisch lernen will, tut eigentlich besser daran, ein Dolmetscher-Institut zu besuchen. Von Sinologie-Studenten wird erwartet, daß sie sich von Anfang an mit anderen Themen befassen. Je nach Universität mag das die Einführung in die chinesische Philosophie, die Literatur des 20. Jahrhunderts oder die Wirtschaftsgeschichte der Song-Dynastie sein. Dazu werden für den Magisterstudiengang zwei Nebenfächer verlangt. Vorschriften und Empfehlungen über die Fächerkombinationen variieren von Hochschule zu Hochschule. Häufig wird Japanologie als Nebenfach vorgeschrieben, nicht zuletzt deswegen, weil es immer wichtiger wird, die umfangreiche japanische Sekundärliteratur heranzuziehen.

In den letzten Jahren hat es vielerorts Bemühungen gegeben, das Studium besser zu ordnen und dem Studenten mehr Orientierungshilfe in dem Wust von Stoff zu geben, in dem man leicht das Gefühl des Ertrinkens bekommt. Diese Unbegrenztheit des Faches macht aber auch ein Teil seines besonderen Charmes aus. Es kann interessant und erhellend sein, sich gleichzeitig mit den Biographien taoistischer Heiliger und der Volksliteratur des 17. Jahrhunderts und der Reformpolitik Deng Xiaopings zu befassen. Jedoch dient ein solches Vorgehen natürlich nicht der allseits gewünschten Verkürzung der Studienzeit. Es besteht außerdem die Gefahr, daß man zur Magisterprüfung mit einem Stückwerk von Wissen, aber ohne einen soliden „Unterbau" antritt. So ist auch hier anzuraten, sich vom universalistischen Anspruch nicht verführen zu lassen und sich nicht zu spät auf ein Spezialgebiet zu konzentrieren.

Zu dem Studium der Sinologie gehört auch ein längerer Aufenthalt in China. Der Deutsche Akademische Austauschdienst vergibt etwa 30 Stipendien jährlich für die Volksrepublik.

Viele Universitäten haben Austauschprogramme mit chinesischen Universitäten in der Volksrepublik. Nachdem in den letzten Jahren die Nachfrage nach Studienplätzen in China übergroß war, hat man jetzt oft Schwierigkeiten, Stipendienplätze zu besetzen. Viele Studenten ziehen Taiwan für einen Studienaufenthalt vor. Dort ist es leichter als in der Volksrepublik, sich unters Volk zu mischen und in einer chinesischen Familie zu leben, was in der Volksrepublik unmöglich ist.

Das Studium endet in der Regel nach fünf Jahren mit einer Magisterprüfung, die aus Magister-Hausarbeit, einer Sprachprüfung und Prüfung über Fachgebiete besteht. Außer den klassischen Berufsmöglichkeiten für die Absolventen eines philologischen Studiums, der akademischen Laufbahn oder der Tätigkeit in der Publikzistik, bietet sich für Sinologen noch die Tätigkeit als Übersetzer oder Dolmetscher an – hierfür ist allerdings noch eine staatliche Prüfung Voraussetzung. Einige wenige Stellen gibt es in staatlichen Organisationen und Stiftungen, die mit China befaßt sind. In den letzten Jahren sind etliche Sinologen in der Wirtschaft untergekommen. Jedoch ist für eine solche Laufbahn nach Meinung der Wirtschaftsvertreter ein Magister in Sinologie keine ausreichende Qualifikation. Banken und große Firmen nehmen gelegentlich Sinologen als „trainee“ auf, in einer ein- bis zweijährigen Berufsausbildung können sie sich dann noch zusätzliches Fachwissen aneignen. Doch auch hier zeigt sich das Ende des China-Booms – es gibt weniger Trainee-Stellen für Sinologen, und wer seine Ausbildung beendet, wird nicht unbedingt eine mit China in Zusammenhang stehende Tätigkeit ausüben.

Wer eine Karriere mit Chinesisch in der Wirtschaft anstrebt und vor hohem Arbeitsaufwand nicht zurückschreckt, sollte sich daher überlegen, ob er nicht ein „praktisches“ Fach – Jura oder Betriebswirtschaftslehre – studiert und „nebenbei“ Chinesisch lernt. Einige Universitäten lassen auch Doppelstudiengänge zu. Auf der anderen Seite wäre es aber auch wünschenswert, wenn von potentiellen Arbeitgebern Kenntnisse über chinesische Philosophie, Literatur oder Geschichte nicht grundsätzlich als „nutzlos“ betrachtet würden. In dem vom Westen vielbewunderten Prüfungssystem der chinesischen Kaiserzeit, das die einzig mögliche Qualifikation für die Beamtenlaufbahn darstellte, war die „Klassische Bildung“ der einzige Prüfungsstoff.

Slawistik

Nicht jeder kann Rußland-Korrespondent werden

Von Klaus-Peter Walter

Slawisten – zumindest in den alten Bundesländern – können ein Lied davon singen: Weil der Absender mit dem Wort „Slawistik" nichts anfangen kann und glaubt, sich verhört zu haben, geht auf dem Weg an ein – möglicherweise imaginäres – „Institut für *Statistik*" die Post verloren, die der Slawist in seinem Institut für *Slawistik* verzweifelt erwartet. Hier offenbart sich das lückenhafte Image des Faches: Wenige wissen, was es leistet, wozu es gut ist. Bildungspolitiker am allerwenigsten.

Also: Slawistik ist eine junge Wissenschaft, gegen Ende des vorigen Jahrhunderts zum Teil gegen den Widerstand der klassischen Philologen etabliert von Pionieren wie Leskien oder Jagić. Sie kann als Literatur und/oder Sprachwissenschaft an nahezu jeder westdeutschen Hochschule und an allen Universitäten der neuen Bundesländer studiert werden. Die Popularität Michail Gorbatschows bescherte ihr einen enormen Zulauf an Studenten, der auch nach sechs Jahren Perestroika nur unwesentlich nachgelassen hat.

Vor Studienbeginn sollte man jedoch tunlichst sein Durchhaltevermögen kritisch prüfen, denn es gilt, eine slawische Sprache, meist das Russische, bis zur Aufsatzreife zu erlernen. Wer nicht aus den neuen Bundesländern stammt, dürfte wohl höchstens ein paar magere Russischkenntnisse aus Schule oder Volkshochschule mitbringen. Bis zur Doktorprüfung werden Kenntnisse zweier weiterer slawischer Sprachen verlangt, und an einer wenigstens kursorischen Beschäftigung mit der ältesten überlieferten von ihnen, dem Altkirchenslawischen, führt selten ein Weg vorbei. Hinzu treten in den Magister- und Promotionsstudiengängen zwei Nebenfächer. Das alles bedeutet: lesen, lesen, lesen. Die Universitäten versuchen, den Rückstand gegenüber fünf bis neun Jahren gymnasialen Englisch- oder Französischunterrichts durch Intensivkurse aufzufangen. In Mainz umfaßt diese Veranstaltung im Russischen fast dreißig Semesterwochenstunden. Dennoch kommt man ohne Ferienkurse und Auslandsaufenthalte nicht aus. Der Deutsche Akademische Austauschdienst (DAAD) oder eine Studienstiftung können bei rechtzeitig beantragter Förderung finanzielle Unterstützung leisten.

Der Name sagt es: Slawistik beschäftigt sich mit den Literaturen und Sprachen der slawischen Völker und wird gerne in der – sehr sinnvollen – Kombination mit osteuropäischer Geschichte studiert oder, wo dies angeboten wird, mit Balkanphilologie oder Baltistik.

Zu ihren Aufgaben gehörte bislang nicht nur die traditionelle Literaturbeschreibung und -analyse, sondern auch, als eine Art „Osteuropakunde" im Verbund mit den gerade erwähnten verwandten Gebieten, das Erkennen und Benennen gesellschaftlicher Zustände und politischer Wandlungen in den Ländern des früheren Ostblocks. Dort nämlich, wo Soziologie und Demoskopie lange der Ruch der Spionage anhaftete, diente die offizielle, vor allem aber die Untergrund-Literatur als politisches Stimmungsbarometer – man denke nur an Werke wie „Gähnende Höhen" von Alexander Sinowjew, und schon der Ausdruck „Nihilist" beispielsweise wurde von keinem Historiker oder Soziologen geprägt, sondern von dem Schriftsteller Iwan Turgenjew. Seit der Einführung der Glasnost emanzipiert sich die osteuropäische Literatur allerdings zunehmend von außerliterarischen politischen Überfrachtungen, so daß sich die Slawistik in Zukunft wieder verstärkt auf ihre philologischen Wurzeln wird besinnen können.

Slawistik ist in Westdeutschland weder staatlich erwünschtes Symbol der Freundschaft mit sozialistischen Bruderländern wie in der früheren DDR, noch wächst ihr Bedeutung zu aus einer traditionsreichen, engen Kulturgemeinschaft mit Slawen wie in Österreich, wo sie – wie etwa in Wien – mit Selbstverständlichkeit in voller Breite und Tiefe betrieben wird.

Sie ist vielmehr eine pluralistische, dezentral organisierte Wissenschaft ohne eigentliche Hochburg. Schwerpunkte setzen die Forschungsinteressen der jeweiligen Professoren. Der seiner Emeritierung entgegensehende, in Köln als eine Art Papst der sowjetischen Gegenwartsliteratur lehrende Wolfgang Kasack ist dank seiner zahlreichen lexikalischen Veröffentlichungen neben dem Schweizer Dichter-Professor Felix Philipp Ingold der derzeit wohl bekannteste deutschsprachige Slawist.

Slawisten haben aber auch in den letzten Jahren bedeutende Beiträge zur allgemeinen Linguistik geleistet. Bonn, Hamburg und Bochum gelten hier, neben anderen, als gute Adressen. Bei der Wahl des Studienortes sollte jedoch auch das berücksichtigt werden, was über das Themenangebot am gewünschten slawischen Seminar hinaus vielleicht besonderen Interessen oder Forschungsvorhaben dienlich sein könnte. So besitzt die Universität Köln ein Institut für Ostrecht; die Stadt beherbergt das „Bundesinstitut für ostwissenschaftliche und internationale Studien". Mainz bietet – übrigens nicht nur Slawisten – die Möglichkeit, am „Polonicum" in einem Ergänzungsstudium Polnisch zu lernen und hat das Deutsche Polen-Institut des Karl Dedecius in Darmstadt praktisch vor der Haustür; ferner lehren am Mainzer „Schwerpunkt Polen", einer interdisziplinären Einrichtung, polnische Künstler und Wissenschaftler als Gastprofessoren.

Dem Münchner Slawistikstudenten wiederum stellt die Bayerische Staatsbibliothek mit ihrem Sondersammelgebiet „Osteuropa" nahezu jedes Fachbuch am Ort bereit. Schließlich sollte nicht vergessen werden, daß ein Studium in Medienstädten wie Mainz, Köln, Frankfurt oder München helfen kann, durch Ableisten von Volontariaten in Funkhäusern oder Verlagen den Einstieg in ein außeruniversitäres Berufsleben vorzubereiten.

Die Print- und elektronischen Medien weisen zur Zeit noch eine recht große Absorptionskraft für Slawisten auf; der Monitor-Chef Klaus Bednarz (ARD) und die Südosteuropa-Korrespondentin Susanne Gelhard (ZDF) sind zwei sogar bundesweit präsente Fernsehjournalisten mit slawistischer Ausbildung; in vielen Verlagen, zum Beispiel Hiersemann in Stuttgart oder dem Neuen Malik Verlag in Kiel, begegnet man Slawisten als Lektoren oder gar Mitbesitzer.

Es ist darum nicht verkehrt, schon im Studium Flexibilität zu entwickeln und eine Tätigkeit im Journalismus oder im Verlagswesen von vornherein anzupeilen.

Nicht jeder kann nämlich, weil eine florierende Keramikfabrik auf ihn wartet, studieren, was ihm Spaß macht, wie einst der ehemalige BDI-Präsident Nikolaus Fasolt, der in Bonn über Alexander Blok promovierte. Angehende Slawisten sollten sich eines vermögenden Ehepartners versichern und jede Hoffnung auf eine Laufbahn im klassischen slawistischen Arbeitsfeld, der Universität, fahren lassen, denn sie werden in der Regel von ihrem akademischen Lehrer zur Urkunde über ein bestandenes Magister-, Doktor- oder Staatsexamen nur noch ein paar laue Wünsche für eine Zukunft bekommen, die es an den Hochschulen der alten Bundesländer nicht gibt, weil Mitarbeiterstellen – und mit diesen die Chance zur Weiterqualifikation – reihenweise als „k. w." (künftig wegfallend) ausgewiesen werden.

An den vier Universitäten der früheren DDR trifft die rigorose „Abwicklung" gerade die bisher gehätschelte Slawistik hart. Von den etwa einhundertdreißig Stellen für Slawisten, die 1990 allein an der Humbold-Universität bestanden, werden vielleicht ein Drittel übrigbleiben. Damit suchen Dutzende gutausgebildeter, hochspezialisierter Slawisten, teilweise mit jahrzehntelanger Berufserfahrung, neue Arbeitsplätze, desgleichen die zahlreichen entlassenen slawistischen Mitarbeiter von Verlagen wie Volk und Welt oder Reclam Leipzig, deren slawistisches Programm bereits höchst drastisch reduziert wurde.

Der Russisch-Unterricht – den zu erteilen ja ein abgelegtes Staatsexamen voraussetzt – bietet da keine „ökologische Nische", denn auch er sieht sich in den neuen östlichen Bundesländern reduziert: Zum einen war er ohnehin als Pflichtunterricht in einer Art Besatzersprache wenig beliebt, zum anderen fordert die Westorientierung der Bundesrepublik den neuen Bürgern das Erlernen und die Beherrschung des Englischen ab, denn die Sprache von Welthandel und -wirtschaft, von Technik, Tourismus und Populärkulturen ist nun einmal das Englische.

Schon in den alten Bundesländern gibt es nur wenige Schulen mit voll ausgebautem russischem Zweig, und daß den Sprachen unserer neuen östlichen Nachbarn Polen und ČSFR ein ähnlicher Stellenwert in den Schulen eingeräumt würde wie seit jeher dem Französischen – davon ist bislang nichts zu hören. Auch hier ist also keine Entspannung in Sicht.

Der gescheiterte Putsch gegen Michail Gorbatschow im August 1991 dürfte die Sowjetunion endgültig auf den Weg in eine marktwirtschaftliche, rechtsstaatliche Zukunft gebracht haben. Insofern tun diejenigen Studenten sicherlich nichts Falsches, die Slawistik mit zukunftsträchtigen, aussichtsreichen Fächern wie Betriebs- oder Volkswirtschaftslehre, Mathematik und Jura kombinieren. Bei der Entwicklung des Osthandels, im Wissenschaftstransfer und vielem anderen werden sie dem reinen Philologen überlegen sein. Der Nur-Slawist dagegen hat es auf dem Arbeitsmarkt schwer: Als Dolmetscher oder Übersetzer tritt er gegen die sprachlich versiertere diplomierte Konkurrenz an; die Erwachsenenbildung setzt verstärkt Aufbaustudiengänge voraus, der diplomatische, archivalische oder bibliothekarische Dienst mehrjährige Spezialausbildungen, für deren Erlangung hohe Bewerbungshürden zu überwinden sind.

Was die Studienbedingungen für das Fach Slawistik betrifft, so haben die ostdeutschen Universitäten die westdeutschen Studienpläne und Prüfungsordnungen im wesentlichen übernommen. Das bedeutet, daß sich der Student oder die Studentin nicht mehr studienbegleitend auf die Abfassung einer Diplomarbeit vorbereitet und sie abschließend in öffentlichem Disput gegen vorher bestimmte Opponenten verteidigt; das Studium endet jetzt, wie in den alten Bundesländern, mit den herkömmlichen Universitäts- oder Staatsexamina. Die einstmals geradezu paradiesisch anmutenden Studienbedingungen für DDR-Slawisten, mit überreicher Personal- und Sachmittelausstattung, in kleinsten Gruppen und mit Studienaufenthalten, werden in Kürze auf das bundesübliche Niveau herunternivelliert worden sein.

Fazit: Slawistik ist nicht das Fach, dessen Studium Karriere und großes Geld verspricht. Slawisten müssen um ihr Auskommen oft hart ringen, doch sie bekommen es – mit Fleiß, Flexibilität, interdisziplinärem Einfallsreichtum und einer guten Portion Kampfgeist.

Soziologie

Der gewisse „böse Blick" beim Enträtseln der Gesellschaft

Von Dirk Baecker

Manchmal hört man Soziologen aus den alten Zeiten der fünfziger und sechziger Jahre erzählen, als die Soziologie fast überall gebraucht wurde und man dies auch fast überall wußte. Die Soziologie war als Planungswissen ebenso gefragt wie als emanzipatorisches Wissen. Zu spät gekommene Revolutionäre und geschäftige Technokraten erlagen gleichermaßen der Verführung durch eine Disziplin, die doch an beides längst nicht mehr glauben konnte, weder an die Befreiungserwartungen der Veränderung noch an die Kompetenzherrschaft der Verwaltung. Die Verhältnisse sind komplizierter und komplexer.

Heute präsentiert sich die Soziologie als Fach höchst uneinheitlich. Die theoretische und die empirische Forschung folgen wie eh und je eigenen Wegen. Dies ist für die Soziologie als Wissenschaft nicht unfruchtbar, für das Studium der Soziologie jedoch äußerst problematisch. Das wird schon daran deutlich, daß man Soziologiestudenten gegenwärtig nicht ein einziges wirklich gutes Lehrbuch empfehlen kann. Andere Wissenschaften können ihre Studenten auf mehr oder weniger klar abgesteckte Berufsfelder verweisen, die auch dann bedient werden, wenn sich in diesen Wissenschaften vieles ändert. Für die Soziologie kann keine Rede davon sein, daß es außerhalb der wissenschaftlichen Forschung irgendein einheitliches Berufsbild gibt, das die Gesellschaft und das Fach darüber informiert, was Soziologen eigentlich tun.

Wo sind alle die Soziologen, die seit Einführung der Diplomstudiengänge an inzwischen 15 Hochschulen der alten Bundesländer und voraussichtlich mindestens 3 Hochschulen der neuen Bundesländer ausgebildet werden? Ganz selten kommt es vor, daß einmal ein Soziologe in irgendeinem Beruf als Soziologe auffällig wird. Man weiß, daß nicht alle arbeitslosen Soziologen Kellner oder Taxifahrer werden, wie es ein alter Mythos will. Aber man weiß auch, daß Soziologen nur selten auf jenen Posten sitzen, wo Probleme erkannt und zerlegt, nach Lösungen gesucht und Fäden gezogen werden. Immerhin vermutet man, daß fast die Hälfte der Soziologen eine ihrer Qualifikation entsprechende Berufstätigkeit gefunden hat. Doch worin besteht diese Qualifikation?

Im Lehrangebot der Hochschulen treten allmählich Erkenntnisinteressen an die Stelle von Veränderungs- und Planungsinteressen. Die alten Gewißheiten werden fraglich. Weder weiß man noch genau, was wie zu verändern sei, noch weiß man, worauf man sich bei Planungen verlassen könnte. Gab es früher eine Trennung der Gesellschaft in lebensweltlich vertraute Bereiche wie die Familie, die Schule, den Sport einerseits und dem Menschen fremd gegenüberstehende Institutionen wie die Arbeit, den Betrieb, die Politik, die Wissenschaft (einschließlich der Soziologie!) andererseits, so gilt heute gegenüber jedem Erkenntnisgegenstand der Soziologie der Ausgangspunkt: Es ist unwahrscheinlich, daß es funktioniert. In der Kultursoziologie, in der Institutionenforschung und in der Organisationssoziologie, in der Familien- und Jugendsoziologie, in der Frauenforschung, in der Sozialpolitik, in der Entwicklungssoziologie und in der Wissenschaftssoziologie führt das zu durchweg neuartigen Fragestellungen.

Fast ein Drittel des Lehrangebots gilt der Methodenlehre, der allgemeinen soziologischen Theorie und der Wirtschaftssoziologie. Nach wie vor gelten die Methoden der empirischen Sozialforschung sowohl innerhalb wie außerhalb der Universität als Standardwerkzeug und Expertenwissen des Soziologen. Ebenso wichtig sind inzwischen die Kenntnisse des Soziologen im Bereich von Organisations-, Planungs- und Entscheidungsverfahren, die ihn überall dort einsatzfähig machen, wo es um Beratung, Planung, Organisation und Verwaltung geht. Reibungen in Kommunikationen, Probleme der Einschätzung, Bewältigung und Verteilung von Risiken, Umgestaltungen von Organisationen, die Einschätzung kultureller Spannungen – all dies sind Bereiche, in denen Rat und Tat des Soziologen gefragt sein können. Er hat ein Auge dafür, wie unscheinbar, allen anderen unauffällig die Anlässe sein können, aus denen Konflikte, Ungleichheiten, Unterschiede entstehen. Und er weiß, daß erst diese Konflikte, Ungleichheiten und Unterschiede jene Dynamik in die sozialen Prozesse hineinbringen, von denen eine Gesellschaft lebt.

Die eigentliche Spezialität des Soziologen ist der Umgang mit sozialer Komplexität, wo und wie auch immer sie auftritt, und nicht der Umgang mit Daten. Die Entwicklung der Zahl der Arbeitslosen ist von geringerem Interesse als etwa die Frage, wie der Arbeitslose noch mit Eheproblemen umgehen kann. Im allgemeinen ist nicht die Feststellung sozialer Gesetzmäßigkeiten das Ziel des Soziologen (denn die gibt es nicht), sondern die Offenlegung und Beschreibung mehrdeutiger, unklarer, vielfältig verwobener, sozialer Sachverhalte entweder als Problem, zu dem man, wenn man mutig genug ist, Lösungen suchen kann, oder, besser noch, als Lösung, die auf verborgene Probleme aufmerksam macht. Das Geschäft des Soziologen ist die Problemdiagnose. Und darin ist er zuweilen erfolgreicher, als es der Gesellschaft lieb sein kann.

Aber ist das von der Soziologie geweckte und wachgehaltene Erstaunen darüber, wie sich die Gesellschaft in der evolutionär höchst unwahrscheinlichen und äußerst riskanten Lage halten kann, in die sie sich selbst gebracht hat, beruflich umsetzbar? Die Soziologen, die sich über die Lehrplangestaltung Gedanken machen, überlegten, ob man das Soziologiestudium angesichts dessen, daß sich keiner der sozialwissenschaftlichen Studienabschlüsse auf dem Arbeitsmarkt eindeutig durchsetzen konnte, nach wie vor als eine berufsqualifizierende Ausbildung anbieten soll. Möglicherweise ist ja das Angebot einer Art Bildungsstudium oder eines Aufbaustudiums in Ergänzung anderer Fächer dem Charakter der Soziologie gemäßer. Manche halten die Soziologie gar für das ideale Nebenfach.

Die Soziologie muß einen Weg finden, ihr wissenschaftliches Potential voll zu entfalten. Dazu sind Diplomstudiengänge sicherlich unentbehrlich. Der Soziologiestudent muß einen Weg finden, den Mangel dessen zu kompensieren, was die Soziologen so schön Berufseinmündungschancen nennen. Es genügt in keiner Weise, sich einfach dem Gang des Studiums zu überlassen. Nicht einmal die sogenannten Praxisschwerpunkte, in denen künftige Berufe eingeübt werden, helfen wesentlich weiter. Zu oft sind Berufsfelder, die gestern noch auf den Soziologen warteten, bereits heute mit sozialwissenschaftlichem Wissen genügend versorgt, um allein weitermachen zu können.

Dem Soziologiestudenten bleibt nichts anderes übrig, als ein persönliches Risiko zu übernehmen und mehr oder weniger auf eigene Faust zu klären, was er mit dem soziologischen Wissen, das er erwerben möchte, möglicherweise tun kann. Die erste Entscheidung betrifft dann die Frage, ob man sich in einem Diplomstudiengang zu einem Vollsoziologen ausbilden läßt, um etwa in der Wirtschaft, in der Verwaltung oder im Bildungswesen tätig werden zu können, ob man die Soziologie in einem Magisterstudiengang mit anderen Fächern, die dem jeweiligen Spezialinteresse entsprechen, kombiniert oder ob man die Soziologie als ergänzendes Nebenfach zu irgendeinem Hauptfach studiert.

Die zweite Entscheidung betrifft dann die Frage, wo man genau die Soziologie, die man braucht oder kennenlernen möchte, studieren kann. Angesichts der bemerkenswerten Unterschiedlichkeit des soziologischen Lehrangebots bereits in der Bundesrepublik führt hier kein Weg an einem Vergleich der Vorlesungsverzeichnisse vorbei. Ist es noch relativ beliebig, wo man das Grundstudium absolviert, so sollte man doch spätestens im Hauptstudium den Wechsel nicht scheuen, wenn sich herausstellt, daß beispielsweise in Berlin, Frankfurt und Köln das Interesse an Methoden, in Bielefeld, Gießen und München dagegen eher das Interesse an Theorie überwiegt, daß in Hamburg insbesondere die Wirtschaftssoziologie, in Wuppertal dagegen die Familien- und Jugendsoziologie gepflegt wird.

Die Situation in den neuen Bundesländern ist gegenwärtig noch nicht genau abschätzbar. Nach den bisherigen Plänen und Absichtserklärungen soll es in Halle und Leipzig sowie an der Humboldt-Universität in Berlin wie bisher Soziologie als eigenständigen Studiengang geben. Ein Nebenfachstudium der Soziologie soll in Jena, Rostock, Greifswald möglich sein. Ferner soll die Soziologie an den Technischen Universitäten Chemnitz, Dresden und Magdeburg vertreten sein. Welche dieser Pläne realisiert werden, muß man abwarten. In bezug auf Halle etwa denkt das Landesministerium darüber nach, ob man das knappe Geld nicht lieber für zwei Rußfilter an einem Kraftwerk ausgibt als für einen soziologischen Fachbereich. Den Soziologen fällt es demgegenüber nicht immer leicht, auf die Bedeutung ihres Faches hinzuweisen. Dabei stellen sich in den neuen Bundesländern soziologische Fragen von einmaliger Bedeutung. Nicht nur sind Hintergründe und Abläufe der Ereignisse von 1989 noch weitgehend unverstanden, auch die Neuorientierung der ehemaligen DDR-Gesellschaft von einer Gesellschaft mit festen Strukturen zu einer Gesellschaft mit höchst variablen Ereignissen stellt Probleme, die nur von der Soziologie beobachtet werden können. Soziologiestudenten kann man nur empfehlen, die Entwicklung in den neuen Bundesländern mitzuverfolgen und darauf zu achten, ob Forschung und Lehre an den neuen Fachbereichen in einer Weise ausgestattet werden, die ihren Studieninteressen entgegenkommt.

Das sind nur Beispiele. Es wird im einzelnen nicht schwerfallen, anhand der Frage, welche Dozenten an welchen Universitäten lehren und an welchen Hochschulen es entsprechende Forschungsschwerpunkte gibt, eine Wahl zu treffen. Gegenwärtig erspart es die Soziologie ihren Studenten nicht, die Verantwortung für das, was sie tun, selbst zu übernehmen. Und man kann nicht einmal behaupten, daß sich dahinter bereits ein Ausbildungsziel verbirgt.

Wenn man diese Verantwortung zu übernehmen bereit ist, ist es fast gleichgültig, ob die eigenen Vorlieben eher methodischer oder theoretischer, eher mathematischer oder ästhetischer, eher philosophischer oder sachlicher Art sind. Vielleicht sollte man als Soziologe eine Schwäche dafür haben, Unklarheiten nicht immer gleich mit Entscheidungsstärke zu beantworten. Sonst gewinnt man kein Gefühl für Komplexität. Und schließlich ist noch so etwas wie ein böser Blick erforderlich: Wenn man den Ökonomen nachsagen konnte, daß sie kühles Blut gegenüber der Differenz von Arm und Reich bewahren mußten, so müssen die Soziologen kühles Blut gegenüber der Differenz von Glück und Unglück bewahren. Die Soziologie ist nichts für Betroffene.

Sport

Auf die Plätze, fertig, arbeitslos?

Von Ulrich Fey

Auf die Plätze, fertig, arbeitslos. So deprimierend lautet fast immer das Startkommando für Sportlehrer, die sich durch Studium und Referendariat gekämpft haben. Im Jahre 1980 wurden insgesamt 33 000 Lehrer in den öffentlichen Schuldienst eingestellt, 1986 waren es gerade noch 7000. Bis 1992 soll allein die Zahl der arbeitslosen Sportlehrer auf 33 000 steigen. Erst dann erhofft man sich eine geringe Entlastung. Was also tun, wenn das Herz nicht an Paragraphen, Bilanzen oder statischen Berechnungen hängt, sondern am Laufen, Schwimmen oder Spielen? „Ich rate auch heute noch jedem, das zu studieren, woran er ein überwiegendes Interesse hat, also auch Sport", sagt Professor Arnd Krüger vom Institut für Sportwissenschaften in Göttingen.

Das Berufsfeld Sport ist beileibe nicht auf die Schule beschränkt. Der professionelle Homo ludens hat heute in vielen anderen Sparten eine Chance. Professor Krüger sagt sogar: „Eine Stelle, mit der man seinen Lebensunterhalt verdienen kann, gibt es heute für jeden. Fraglich ist nur in vielen Fällen die Qualität der Bezahlung." Der Sport ist heute ein weites Feld. Von den Kniebeugen nach Altvater Jahns Sitte bis zum Bodybuilding an der gasdruckgefederten Kraftmaschine in Disco-Ambiente ist der Sport zu einem fast unüberschaubaren Phänomen mit vielen Verästelungen angewachsen. Wer Sport studieren will, sollte (sich) nicht auf den brüchigen Ast des Lehrerberufes setzen. In der Wirtschaft liegen die Chancen. Hier lohnt sich der Einsatz. Doch nur mit entsprechendem Training, sprich qualifizierter Ausbildung, gibt es Aussichten, zum Ziel zu gelangen. Wie groß diese Aussichten sind, haben Klaus Heinemann und Manfred Schubert untersucht („Honoriert der Arbeitsmarkt sportwissenschaftliche Qualifikationen?" in: Zeitschrift Sportwissenschaft, 1989, Heft 1, Seite 70–91).

Die Deutsche Sporthochschule Köln, der Ausbildungsplatz Nummer eins im Sport in der Bundesrepublik, hat auf die veränderten Anforderungen des Marktes reagiert. Eine modifizierte Studienordnung soll in zwei Jahren in Kraft treten. Denn der Sportlehrer für die Schule ist nicht mehr gefragt, hier gibt es Überkapazitäten. Der Ausbildungsgang Diplomsportlehrer dagegen ist überlastet. Zur Zeit ist das Diplomstudium noch geteilt. Bei Teil A liegt der Schwerpunkt auf zwei selbst zu wählenden Sportarten, bei B bei Rehabilitation und Behindertensport. Diese Teile werden künftig in das allgemeine, achtsemestrige Diplomstudium integriert. Entscheidende Qualifikationen werden dann in einem zweisemestrigen Zusatzstudium vermittelt. Auch Studenten mit Examen für das Lehramt an der Sekundarstufe II steht diese Zusatzqualifikation offen. Nur sind für sie vier Semester Zusatzstudium erforderlich.

Da marktwirtschaftliches Denken im Sport immer wichtiger wird, Profis nicht nur auf dem Sportplatz, sondern auch in den Büros gefragt sind, wird in Köln (in Hagen) das Zusatzstudium Sportökonomie angeboten. Fragen der Betriebswirtschaft, des Steuer- und Verbandsrechts stehen auf dem Stundenplan. Ähnlich ist der Diplomstudiengang zum Sportökonomen (acht Semester) der Universität Bayreuth inhaltlich strukturiert. Als erste deutsche Universität bietet Bayreuth seit dem Wintersemester 1985/86 diese Ausbildung an. Da der Andrang die Kapazitäten und Marktchancen übersteigt, beschränkt gemeinsam mit einer praktischen Aufnahmeprüfung ein Numerus clausus die Zahl der Studienanfänger.

Der ständig wachsende Markt Wirtschaft und Sport bietet auch klassisch ausgebildeten Sportlehrern eine Chance. An der Universität Trier kann man sich in zwei Jahren zum Sportlehrer mit dem Schwerpunkt Verwaltung und Freizeit ausbilden lassen. Gemeinsam mit der Führungs- und Verwaltungsakademie Berlin des Deutschen Sportbundes offeriert die Fortbildungsakademie der Wirtschaft in Köln die Zusatzqualifikation Wirtschaftssportreferent. Ein Jahr werden hier – vom Arbeitsamt gefördert – je 20 examinierte Sportlehrer in Management, Marketing und Gesundheitsvorsorge geschult. Drei Monate Praktikum sind innerhalb der Ausbildung Pflicht. Die Aussichten auf eine Anstellung wie die Verdienstmöglichkeiten sind gut. Seit Beginn der Lehrgänge 1987 sind fast alle Teilnehmer vermittelt worden. Mögliche Arbeitgeber für alle in Sport wie Wirtschaft geschulten Fachleute können Vereine und Verbände sein, mitunter auch kommerzielle Einrichtungen – vorausgesetzt, sie sind groß genug, einem hauptamtlichen Manager genügend Arbeit zu bieten. Wer aber vormittags im Büro als Manager und nachmittags auf dem Platz beispielsweise als Tennislehrer eingesetzt werden kann, ist für viele Vereine interessant.

Trainingslehre hat innerhalb des Sportstudiums zwar eine lange Tradition, doch einen umfassend ausgebildeten Trainer gab es lange Zeit nicht. Erst seit 1973 kümmert sich die Deutsche Trainerakademie in Köln um die Versorgung mit Diplomtrainern. Außerdem können sich Interessenten in München schon lange zum Fachsportlehrer für Schwimmen, Eis-, Ski- und Skilanglauf, Tennis und als Berg- und Skiführer sowie in Köln zum Fußball-Lehrer ausbilden lassen. Als weitere Fachsportlehrer-Ausbildungen sind in der Bundesrepublik noch möglich: Fechten, Drachenflug, Golf, Gymnastik, Reiten, Tauchen, Tanzen und Windsurfen.

Einen Abschluß an einer wissenschaftlichen Hochschule für das Training mit Hochleistungssportlern will die Deutsche Sporthochschule in absehbarer Zeit anbieten. Im Zusatzstudium Trainingswissenschaft werden Fragen von der Planung über die Steuerung bis zur Analytik auf höchstem wissenschaftlichen Niveau behandelt. Der Bedarf an qualifizierten Spitzentrainern sei hoch, glauben die Studienplaner in Köln. „Geld ist auch genügend vorhanden, nur fehlt es an eindeutigen Richtlinien, diese Gelder zu verteilen", sagt Professor Joachim Meester, der Rektor der Sporthochschule.

Die besten Chancen für Berufsanfänger im Sport bestehen (noch) auf dem Gebiet der Rehabilitation. Schon heute finden 70 bis 80 Prozent der Absolventen der Sporthochschule Köln einen Arbeitsplatz. Mit dem neuen Zusatzstudium will man, so die Professorin Christiane Stang-Voss, in Köln der gewachsenen Bedeutung der Rehabilitation Rechnung tragen. Ob Infarkt-, Diabetes- oder Krebspatienten – für viele kann Sport ein Therapeutikum sein. Das gilt ebenso für Menschen in anderen Randgruppen, seien sie behindert, suchtkrank, im Gefängnis oder einfach nur alt. Diese Sportlehrer mit dem Schwerpunkt Rehabilitation sollen nicht als Konkurrenten der Krankengymnasten oder medizinischen Bademeister auftreten, sondern als Ergänzung. „Auf die unmittelbare Nachbehandlung einer Krankheit folgt in der Regel zu wenig", sagt Professor Meester. Hier liege die Chance der Sporttherapeuten, hier gebe es aber auch bei den Krankenkassen und der Öffentlichkeit viel Überzeugungsarbeit zu leisten.

Auch auf diesem Feld kann der schon examinierte Sportlehrer eine zusätzliche Qualifikation finden. Wie schon bei der Ausbildung zum Wirtschaftssportreferenten gibt es seit 1990 bei der Fortbildungsakademie der Wirtschaft in Köln (gemeinsam mit dem Deutschen Verband für Gesundheitssport und Sporttherapie) das Angebot, sich zum Sporttherapeuten ausbilden zu lassen. Die Schulung – vom Arbeitsamt gefördert – nimmt für je 20 examinierte Sportlehrer ein Jahr in Anspruch. Ganz neu ist an der Kölner Akademie eine neue einjährige Fortbildung zum „Sport- und Gesundheitsberater für Senioren", die sich an Sportlehrer mit und ohne Diplom wendet.

Ein viersemestriges Aufbaustudium mit dem Titel „Sport im Bereich Prävention und Rehabilitation" bietet seit vergangenem Jahr die Universität Heidelberg an. Das erste Angebot dieser Art in der Bundesrepublik wendet sich an diplomierte Sportlehrer, die sich klinische Erfahrungen in der Medizin verschaffen wollen. Ein ganz spezielles Aufbaustudium ist seit 1983 an der Universität Marburg die Motologie. In vier Semestern werden Sportpädagogen in Themen wie motorischer Entwicklung/Behinderung und Diagnostik von Bewegungsauffälligkeiten unterrichtet. Die Arbeitsgebiete für Diplom-Motologen umfassen Sonderschulen ebenso wie Kinderheime oder die Psychiatrie. Die Berufsaussichten für die allerdings beschränkte Zahl von Absolventen sind günstig.

Am üppigsten, aber auch am unkontrolliertesten ist in den vergangenen Jahren der Freizeitsport in Surfschulen, Gymnastik-Studios oder Fitneß-Centern gewachsen. Und ein Ende des Wachstums ist derzeit noch nicht absehbar, wenngleich die Geschwindigkeit sich verringert hat. Bisher arbeiten in Sport-Studios häufig Teilzeitarbeitskräfte, die oft auch noch schlecht ausgebildet sind. Außerdem scheinen sogar die Vereine die Herausforderung der kommerziellen Unternehmen anzunehmen. So hat die Hamburger Turnerschaft von 1816, der älteste Turnverein der Welt, schon 1987 ein Fitneß-Studio eingerichtet. Ein Zusatzstudium für Freizeit und Fitneß bietet die Sporthochschule Köln vorerst nicht an, da es derzeit noch keinen Lehrstuhl für Freizeitsport gibt und zusätzliche Stellen auf längere Zeit nicht bewilligt werden. Doch für Freizeit- oder Abenteuersport kann man sich in Köln auch heute schon umfassend vorbereiten.

Damit auch zukünftige Animateure bei Touristik-Unternehmen sich mit speziellen Fertigkeiten bewerben können, läßt sich in Köln Tauchen, Segeln, Schießen, Reiten, Golfspielen, ja sogar Klettern erlernen. Ganz offen werden diese Sportlehrer in Konkurrenz zu den Fachsportlehrern treten. Aber zumindest dieser Markt scheint so stark zu wachsen, daß für alle Fachkräfte ein Unterkommen gewährleistet ist. Das BAT-Freizeit-Forschungsinstitut in Hamburg rechnet in der Zukunft mit rund zehn Millionen Kluburlaubern pro Jahr. Allerdings stehen den guten Beschäftigungsmöglichkeiten ein anspruchsvoller Berufsalltag und unterschiedliche Bezahlung gegenüber. Rund 18 Stunden täglicher Arbeitszeit, mit dem Zwang, ständig fröhlich und ansprechbar zu sein, sind die Schattenseiten dieses sonnigen Jobs.

Neben der Sporthochschule Köln gibt es noch eine Vielzahl von Universitäten, die Sportlehrer für den freien Markt ausbilden, sei es in Diplom- oder in Magisterstudiengängen. Viele Hochschulen versuchen (wie auch in Köln), dem Bedarf an Sportjournalisten gerecht zu werden. Als besonders qualifiziert wird das Studium Sport/Publizistik an den Hochschulen in Göttingen, Hamburg und an der Freien Universität Berlin angesehen.

Die Arbeitsfelder im Sport sind riesig, aber nicht einfach zu bestellen. Doch der Sportlehrer von heute braucht nicht mehr zwischen Arbeitslosigkeit und Professionalisierung zu schwanken, wie es der Hamburger Professor Klaus Heinemann genannt hat (empfehlenswerte Lektüre: Haag/Heinemann, Berufsfeld Sport, Schorndorf 1987). Wichtig ist neben der speziellen Ausbildung für den freien Markt das Ausbauen eigener Verbindungen zu Vereinen und Verbänden. Und viel Phantasie. Es gibt einige Fälle, in denen findige Sportlehrer eine Marktlücke bei einem öffentlichen oder privaten Träger entdeckt und sich so selbst einen Arbeitsplatz geschaffen haben. Der Sportlehrer hat eine Zukunft. Auf dem freien Markt. Auf die Plätze, fertig, los.

Theaterwissenschaft

Ein Gespür für das Szenische, ein Blick für die Bilderwelt

Von Hans-Thies Lehmann

Theaterwissenschaft, so lautete ein böses Wort, hat zwei geborene Feinde: das Theater und die Wissenschaft. Doch immer weniger stimmt das Klischee von der Anekdotenwissenschaft, theorielos, antiquarisch gesonnen, ein unglücklicher Seitensproß zunächst der Altphilologie, dann der Germanistik. Theoriedebatten sowie die Öffnung zur Praxis, zu Gegenwartstheater, Film und Medien veränderten das Gesicht des Fachs in dem Maß, wie die fugendichte Abschottung des Akademischen gegenüber der Realität seines Gegenstands durchlässig wurde. Andere Länder hatten auf der, weithin imaginären, Standesschranke zwischen akademischer Weihe hier und niederer Praxis oder Kritik dort ohnehin nicht bestanden, die schon im Begriff Theaterwissenschaft mitschwingt. „Theatre studies", „études théâtrales" kreuzen problemlos zwischen beiden Feldern, dasselbe zeigen Begriffe wie „literary criticism" und „critique littéraire" an. Der allgemein geforderte „Praxisbezug" macht nun auch in der deutschen Theater-Wissenschaft belebenden Einfluß geltend. Nimmt man die neue Offenheit für Theorie hinzu, so kann man sagen: Theaterwissenschaft ist mit ihren Feinden jedenfalls in Friedensverhandlungen eingetreten.

Auch wenn der unmittelbare Nutzen des Fachs für Theaterberufe umstritten bleibt, so muß man von seinem Studium mithin nicht mehr abraten. Theaterwissenschaft heute bietet im günstigen Fall die Möglichkeit zu einer theoretisch vertieften und historisch belehrten kritischen Erfahrung theatraler Erscheinungen. Aber soll man deshalb auch schon zu einem Studium zuraten? Nur dem, so lautet die alte und neue Antwort, der meint, es partout nicht lassen zu können. Schlecht beraten wäre auch heute, wer sichere Berufsaussichten obenanstellt, mit einem Studium gerade des Theaters. Schon seiner eminenten „Gegenwärtigkeit" halber ist Theater als Studiengegenstand schlechterdings undenkbar ohne ein hohes Maß von – in Zustimmung wie Ablehnung – begeisterter Engagiertheit. Das „Engagement" kommt, wenn überhaupt, später. Und viele hochfliegende Träume bleiben natürlich auf der Strecke. Mancher, der auszog, die Theaterkunst zu erneuern, wird sich als Kritiker dessen wiederfinden, was andere hervorbrachten, oder auch als Lehrer, als Vermittler der Ideen, die andere in Umlauf setzen. Trotzdem schafft ein Studium des Theaters der Möglichkeit nach ein besonders großes Reservoir an Interessen, Genuß- und Kritikfähigkeit.

Keineswegs fehlt es gänzlich an reellen Berufschancen. Nicht nur im Theater, auch im pädagogischen und didaktischen Feld werden immer mehr Menschen gesucht, die die Phänomene szenischer Darstellung verständlich zu machen in der Lage sind und im Idealfall das eigene Ausprobieren anzuleiten verstehen. Kaum ist es ein Zufall, daß Theater seit einiger Zeit eine unerwartete „Konjunktur" erfährt – verschiebt sich doch vor unseren Augen der Begriff von Kultur insgesamt eher weg vom ehrwürdigen Begriff der Bildung und hin zum Ideal des eigenen, womöglich gemeinsamen Tuns. Objektiv wie subjektiv wächst das Bedürfnis nach aktiver Teilhabe statt passivem Konsum – mit Tanz und Musik, mit Kamera und eigenem Spiel. Im Kontrast zur fortschreitend isolierten Rezeption kultureller „Fertigprodukte" bietet gerade Theater besonders vielfältige Chancen der Aktivität. Es vereint intellektuelle mit sinnlicher Erfahrung, technisch-praktisches Tun mit künstlerischem. Theater – das ist noch immer ein Kosmos im kleinen, wo von technischer und handwerklicher über organisatorische bis zu körperlich-sportlicher Begabung schier jede menschliche Qualität Bestätigung findet.

Ob jemand sich nun als künftiger Regisseur oder Dramaturg sieht, als Kritiker oder Lektor, ob es ihn ins kulturelle Management zieht, in die Lehre oder ins Archiv – den Theaterfreunden dient ein Studium der Theaterwissenschaft, in dem analytische Erkenntnis mit der praktischen Erfahrung des Theatermachens und mit der Diskussion gegenwärtiger ästhetischer Standards und Tendenzen verbunden ist. Die Kreuzung aus Musik, Tanz, Literatur, Bild und Spiel im Theaterprozeß verlangt eine Fähigkeit zur Wahrnehmung des szenischen Vorgangs, die sich von literarischer Kompetenz unterscheidet und die vermittelt, geübt, gelernt sein will. Eine solche, in unserer Kultur der Visualität stets mehr benötigte Ausbildung kann sich freilich nicht traditionalistisch auf das Theater als Sparte beschränken. Nicht nur werden die Grenzen zwischen den Künsten durchlässig (Tanztheater, Performance, elektronisches Theater, inszenierte Bilder, „paratheatralische" Aktivitäten), vor allem befindet sich Theater in einer von Film und Medien beherrschten Landschaft. Mit ihr hat es sich fortwährend auseinanderzusetzen. Wer Theater studiert, sollte also beispielsweise auch etwas darüber wissen, was im Kino „läuft" und wie die Medien die Wahrnehmung verändern.

Die meisten Universitäten haben inzwischen erkannt, daß schon der Qualität der akademischen Ausbildung zuliebe das Studium des Theaters nach zwei Seiten geöffnet werden muß: zur Erfahrung der Praxis; zum Film und seinen Darstellungsmöglichkeiten sowie zu den alten und neuen Medien. Wo Neugründungen und Umstrukturierungen in Gang gekommen sind, in Gießen, Hamburg, Bochum, Frankfurt oder Mainz, denkt man daher über die Verbindung der Theaterwissenschaft mit Praxis einerseits, mit Film/Medien andererseits nach.

Gewiß, ein Theaterwissenschaftler absolviert keine Regieschule, er muß so wenig ein begnadeter Regisseur sein wie ein Germanist ein bedeutender Schriftsteller. Trotzdem gilt, daß kein Musikwissenschaftler denkbar wäre, den nicht musikalische Erfahrung mit seinem Fach verbindet und daß auch der eher philologisch arbeitende Kunstwissenschaftler eine gewisse Kenntnis des „Metiers" benötigt. Zumal aber der Theaterwissenschaftler ist unvorstellbar ohne einen aus Erfahrung geschulten Theaterblick, ohne Gespür für die Prozesse, durch welche eine Aufführung zustande kommt – weder als Dramaturg noch in der Bildungsarbeit, nicht als Kritiker und auch nicht als Organisator eines Festivals kann er dieses Element praktischer Erfahrung entbehren. Wer, unabgeschreckt von durchaus unsicheren und schwer planbaren Berufsaussichten, ein Studium der Theaterwissenschaften aufnehmen will, der sollte sich die Frage nach dem Studienort unter den Kriterien Gegenwartsbezug, Praxis, Verbindung mit Film und Medien stellen, außerdem natürlich prüfen, wie es um die Theaterlandschaft des Studienortes bestellt ist. Auch im Zeitalter der Video-Aufzeichnung kann nichts die prägenden Eindrücke großer Theaterabende ersetzen. Ein nicht zu knapp bemessenes Reisekonto wird der Student des Theaters ohnehin einkalkulieren, um wichtige Aufführungen zu sehen. Und er sollte nicht nur an das Theater denken, sondern ebenso an die „Szene" aus Kino, Videokunst, Galerien und Museen. Auch dann findet unser Interessent, daß im klassischen Theaterland Deutschland eine durchaus ansehnliche Auswahl an Studienmöglichkeiten existiert.

Am weitesten im Praxisbezug geht das in Gießen seit einigen Jahren mit Erfolg praktizierte Konzept eines Diplomstudienganges „Angewandte Theaterwissenschaft". Es vereint ein anspruchsvolles Bausteinprogramm aus theaterwissenschaftlichen und, vor allem, philologischen, aber auch kunst- und musikwissenschaftlichen Veranstaltungen mit der Möglichkeit für die Studenten, sich in szenischen Projekten auf eigener Probebühne auszuprobieren. Ein entscheidender Faktor ist hier, daß Theaterkünstler von Rang durch zeitlich befristete Gastprofessuren die Möglichkeit haben, mit den Studenten zu arbeiten und so den dringend benötigten Kontakt mit verschiedenen Ausprägungen gegenwärtiger Theaterkunst sichern.

In Bochum nahm ein Studiengang Theater-, Film- und Fernsehwissenschaft die Arbeit auf, bei dem ebenfalls enge Kooperation mit dem Theater zum Programm gehört. Die älteren Institute in Berlin, München und anderswo haben Film und Fernsehspiel meist in ihr Programm aufgenommen, auch in Köln ist die Verbindung dieser Studiengegenstände gegeben. Oft genug wird zu wählen sein zwischen einer großen interessanten Stadt (samt überlaufener Universität) und einem vielleicht kleinen, aber persönlicheren Studienort.

An der Frankfurter Universität befindet sich ein neues Hauptfach Theater-, Film- und Medienwissenschaft im Aufbau. Auch hier stehen die Verbindung von Theater mit Film/Medien sowie der Praxisbezug im Vordergrund. Ab Wintersemester 1992/93 wird man also auch hier in einer zentral gelegenen und kulturell aktiven Großstadt in einer Art Bausteinsystem mit eigenem Praxisangebot Theater im Verein mit Film/Medien studieren können. Es scheint, daß nicht nur das oft totgesagte Theater, sondern auch sein Studium sich in unserer Kultur der „Licht-Spiele" gut behauptet.

Tiermedizin

Die moderne Massentierhaltung kennt keine Romantik mehr

Von Annelies Furtmayr-Schuh

Die Uhr zeigte fast Mitternacht. Tierarzt Christian Held hatte gerade bei einer Kuh den Kaiserschnitt begonnen, als ein Sturm die Stromleitung zerriß und im Stall das Licht ausfiel. Der blutverschmierte Veterinär ließ kurzerhand die fünf Kinder des Allgäuer Bauern wecken und drückte jedem eine brennende Kerze in die Hand. Im Nachthemd standen die kleinen Lichtträger um die Kuh herum und leuchteten dem Tierarzt, der somit das Kälbchen gesund zur Welt bringen konnte.

Angeregt durch solcherart Tierarzt-Romantik beginnen die allermeisten Studenten das Studium der Veterinärmedizin. Sie sehen ihr Berufsziel, meist bis zum neunten Semester, dem letzten Studiensemester vor dem Praktikum, in der Groß- oder Kleintierpraxis. Erst das dreimonatige Praktikum, das wahlweise bei einem Kollegen auf dem Land, in der Tierklinik und/oder in einem tiermedizinischen Institut absolviert werden kann, ernüchtert viele der angehenden Veterinäre. Günter Pschorn, der Präsident der Bayerischen Landestierärztekammer und Vizepräsident der Deutschen Tierärzteschaft e.V., empfiehlt deshalb den Abiturienten, sich bereits vor Beginn eines Tiermedizinstudiums gründlich und umfassend zu informieren.

Der Andrang zum Studium ist groß. Während im Wintersemester 1974/75 in der Bundesrepublik insgesamt 2991 Studenten Tiermedizin studierten, waren es im Wintersemester 1990/91 fast doppelt so viele – 5704 Studenten. Die hohen Studentenzahlen führen dazu, daß bis zum Jahr 1995 rund 4000 Veterinäre die Hochschule verlassen werden, wohingegen im selben Zeitraum aus Altersgründen nur 1500 aus dem Berufsleben ausscheiden. In den östlichen Bundesländern sind an die 4500 Tierärzte tätig (genaue Zahlen liegen derzeit noch nicht vor). Dort wurden in der Zeit der alten DDR Tierärzte weit über den tatsächlichen Bedarf hinaus ausgebildet, und die ausschließlich staatlich geführten Tierarztpraxen waren überbesetzt.

Zu dem schärfer werdenden Konkurrenzkampf der Tierärzte kommt seit einigen Jahren ein Wandel in der Landwirtschaft hinzu, wodurch viele bislang vom Tierarzt ausgeübte Tätigkeiten wie bestimmte Impfungen und Arzneimittelbehandlungen vom Landwirt selbst oder wie die Besamungen von Technikern übernommen werden.

Bislang hat ein Tiermedizinstudent seinen Beruf noch nicht verfehlt, wenn er erkennt, „das tue ich mir nicht an – den Dienst rund um die Uhr sowie samstags, sonntags und an Feiertagen durch den Stall zu kriechen, um mir den kotbeschmierten Wedel um die Ohren schlagen zu lassen, während die Freizeitgesellschaft in der Sonne liegt". Das äußerst breitgefächerte Studium der Tierheilkunde befähigt den approbierten Tierarzt zur Ausübung von mehr als 30 Berufen, für die er auch einen Fachtierarzt-Titel erwerben kann – etwa für Versuchstierkunde, Pharmakologie und Toxikologie, Lebensmittelhygiene oder Tierernährung. So sind lediglich die Hälfte aller Tierärzte als Praktiker in der Groß- und Kleintierpraxis tätig.

Das „vielfältige und spannende" Tiermedizinstudium, in dessen zehnsemestrigem Verlauf der Student 33 Prüfungen und zahlreiche Testate bewältigen muß, ist seit einigen Jahren ein hartes Numerus-clausus-Fach. Für einen Studienplatz melden sich drei bis vier Bewerber. Erst ein Zulassungstest oder für 15 Prozent der Studienplätze ein Auswahlgespräch mit Vertretern der Hochschule öffnet das Tor zu den tiermedizinischen Fakultäten. Die befinden sich in der alten Bundesrepublik an vier Hochschulen – in Berlin, Hannover, Gießen und München. Hinzugekommen sind Leipzig und Ost-Berlin, wobei die beiden Berliner Fakultäten – an der Freien Universität und an der Humboldt Universität – gerade dabei sind sich zu vereinigen. Seit dem Wintersemester 1991/92 gibt es nurmehr eine tierärztliche Fakultät in Berlin, und zwar an der Humboldt-Universität. Während die TiHo (Tierärztliche Hochschule) Hannover wegen ihrer offenen Kliniken geschätzt wird, in denen die Studenten frühzeitig Gelegenheit haben, Patienten zu behandeln, glänzt Berlin neuerdings mit einem Großtierambulatorium, das die Berliner Fakultät für die Praktika ihrer Studenten auf den grünen Wiesen südlich von Hamburg eingerichtet hat. In München, an dessen tiermedizinischer Fakultät die schärfsten Prüfer sitzen sollen, läßt sich die Wissenschaft von den Tierseuchen und Infektionskrankheiten so umfassend wie an keiner anderen Hochschule studieren.

Für das Tiermedizinstudium in anderen Staaten der Europäischen Gemeinschaft (EG) stehen seit kurzem die Schlagbäume offen. Unternehmungslustige deutsche Veterinärmedizinstudenten können so zum Beispiel von der patientennahen Klinikausbildung in Frankreich profitieren. Dort behandeln und operieren Studenten bereits im dritten Studienjahr gemeinsam mit Kommilitonen des vierten Studienjahres und unter Aufsicht eines Assistenten Hunde und Katzen. An den deutschen Hochschulen dürfen Studenten mit vergleichbarem Ausbildungsstand meistens bei Operationen nur zuschauen und bereits „verarztete" Vierbeiner nachuntersuchen.

Allerdings bereitet der unterschiedliche zeitliche Ablauf des klinischen Studienabschnitts in einzelnen EG-Ländern erhebliche Schwierigkeiten, wenn das Auslandsstudium samt Zwischenprüfungen in Deutschland anerkannt werden soll. Die vorklinischen Fächer bis zum Physikum hingegen

sind innerhalb der EG gleich verteilt und werden von den Prüfungsauguren ohne weiteres anerkannt. Ebenso gilt die Approbation – die Bestallung zum Tierarzt – anderer EG-Länder ohne Abstriche auch bei uns.

Während ein Auslandsstudium bei den Studenten weniger beliebt ist, verbringen sie eher ihre Praktikantenzeit jenseits der Landesgrenzen – in der Schweiz, in Österreich oder Großbritannien. Einige wagen den Sprung über den Ozean und praktizieren bei Kollegen in Südafrika oder Australien. Die meisten jedoch bleiben im Lande und knüpfen während des sechswöchigen Praktikums, das nach dem ersten Prüfungsteil zum Staatsexamen, also nach dem sechsten Semester absolviert wird und während der drei Praktikumsmonate, die dem zweiten Examensteil, also dem achten Semester folgen, Beziehungen an, die für den späteren Berufsbeginn oder die Promotion wertvoll sein können. Denn Promotionsplätze sind wegen der hohen Studentendichte Mangelware geworden. Für ihre Doktorarbeit weichen die Jungveterinäre an außeruniversitäre Institute aus, etwa an Bundesforschungsanstalten und Hygieneinstitute, zur Bundeswehr oder zu internationalen Einrichtungen wie der Weltgesundheitsorganisation WHO, Welternährungsorganisation FAO oder der Europäischen Gemeinschaft.

Zu einem Überhang an Tiermedizinern trägt jedoch nicht nur die steigende Zahl der Studienabgänger bei. Vielmehr entließen die Universitäten zunehmend Veterinäre, die nicht für den aktuellen Bedarf in der Landwirtschaft ausgebildet seien, erklärt Kammerpräsident Pschorn. Sich am Bauernhof alten Stils orientierend, wo Hühner gackern, Schweine grunzen und

Pferde wiehern, liegt der Schwerpunkt der Ausbildung auch heute noch in der Klinik – also auf der Behandlung des Einzeltieres. Doch der moderne Bauernhof ist gekennzeichnet durch die Massentierhaltung. Damit „produziert“ der Landwirt Rinder, Schweine, Hühner oder Milch. Für die dabei auftretenden „Zivilisationskrankheiten“, von den Fachleuten Faktorenseuchen genannt, benötigt der Tierarzt ein spezielles Rüstzeug – etwa Kenntnisse in der Tierhaltung und im landwirtschaftlichen Bestandsmanagement, aber auch in landwirtschaftlicher Biotechnologie. Diese umfaßt Techniken wie die Übertragung von Embryonen wertvoller Tiere in Ammenmütter oder Verfahren zur Steuerung der Fruchtbarkeit der Herde. Die Studienfächer, die auf solche Aufgaben vorbereiten, haben in der derzeitigen Veterinärausbildung einen schlechten Stellenwert oder existieren überhaupt noch nicht.

Wie die Ausbildung junger Tierärzte zeitgemäßer werden könnte, beschäftigt derzeit eine Studienreformkommission, der Vertreter der Deutschen Tierärzteschaft, der veterinärmedizinischen Fakultäten sowie der Studentenschaft angehören. Die Ausbildungsqualität soll nicht mehr länger einer Massenproduktion an Tierärzten geopfert werden. Vielmehr soll die Zahl der Studenten in einem sinnvollen Verhältnis zu der Zahl der zu behandelnden Tiere, also der Patienten stehen, wie das in der humanmedizinischen Ausbildung bereits erreicht worden ist. Dazu wird die Approbationsordnung geändert werden müssen. Darüber hinaus soll der Ausbildungsgang mehr nach Schwerpunkten gegliedert werden. Das Bewußtsein der angehenden Veterinäre soll bereits in den vorklinischen Semestern für neue tierärztliche Aufgaben, die außerhalb der heilenden Tätigkeit liegen, geschärft werden. Das ist um so wichtiger, als der Tierarztberuf stark von der Entwicklung in der Landwirtschaft abhängt. Und hier wird in Zukunft die Nutztierhaltung zurückgehen und damit der Bedarf an Großtierpraktikern.

Umweltschutz

Verworrene Wege zu den „grünen Berufen“

Von Caroline Möhring

Um es gleich vorweg zu sagen: „Umwelt“ kann man nicht studieren. Und das könnte dann eigentlich auch schon der Schlußsatz sein – was soll man schon sagen über ein Studienfach, das es nicht gibt? Es gibt freilich auch Gründe, nicht ganz so schnell zum Schluß zu kommen. Schließlich gibt es ein ständig weiter wachsendes Interesse an unserer gefährdeten Umwelt, den vielfachen Wunsch, etwas für sie zu tun – und auch Möglichkeiten dazu und Wege dorthin.

Es sind sogar sehr viele, sehr unterschiedliche Wege – und das kommt nicht von ungefähr. Denn was wäre umfassender als der Begriff Umwelt, was komplexer als ebendiese Welt um uns herum? Letztlich bemüht sich jede der Naturwissenschaften seit jeher und auf ihre Weise, einen bestimmten Ausschnitt davon zu verstehen, und immer deutlicher wird derweil, daß auch jede Form menschlichen Handelns mehr oder weniger starke Auswirkungen hat auf die Welt, in der wir leben. Vor allem solche ungewollten und lange vernachlässigten Folgen menschlicher Aktivitäten sind Anlaß für die heutigen Sorgen. Weil sich dieses Bewußtsein immer stärker durchsetzt (und mitunter vielleicht auch, weil es durchaus in Mode gekommen ist) beschäftigt man sich inzwischen an der Mehrzahl der Universitäten in vielen der traditionellen Fachbereiche auch mit der Umwelt und ihrem Schutz.

Interdisziplinäres Denken und Handeln ist die wohl wichtigste Voraussetzung dafür, der Blick über die klassischen Grenzen der Biologie, Chemie oder Geologie, des Maschinenbaus oder der Energietechnik hinweg. Wer sich und seine Arbeitskraft der Umwelt widmen will, muß sich dennoch zunächst einmal entscheiden, von welcher Seite er sich dem Thema nähern möchte. Ob man als Biologe den Zustand der Nordsee überwacht oder Naturschutzgebiete betreut, als Chemiker umweltverträgliche Werkstoffe entwickelt oder die Ursachen des Ozonlochs erforscht, als Landwirt die Erosion bekämpft oder schädlingsresistente Pflanzen züchtet, sich als Techniker um eine langfristig funktionsfähige Kanalisation oder um abgasarme Motoren bemüht – der Umwelt kommt es in jedem Fall zugute. In jedem Fall ist aber auch eine solide Ausbildung gefragt; selbst so edle und ehrenwerte Motive wie die Liebe zur Natur tragen allein in der Regel nicht weit.

Was Universitäten und Fachhochschulen dazu anbieten, hat das Umweltbundesamt im „Studienführer Umweltschutz“ zusammengestellt. Seit der ersten Auflage im Jahr 1977 ist sein Umfang rasant gewachsen; die vierte Auflage aus dem Jahr 1988 hat mehr als 700 Seiten – noch ohne neuere Einrichtungen wie den ersten Lehrstuhl für wissenschaftlichen Naturschutz an der Universität Marburg oder den ersten Lehrauftrag für Tourismus und Ökologie an der Fachhochschule München. Ein solcher Führer veraltet derzeit schnell. Er gibt jedoch so umfassend wie möglich Auskunft über die breite Palette jener Studiengänge, die sich explizit auch mit der Umwelt beschäftigen – vom Bauingenieurwesen an der Technischen Hochschule Aachen bis zur Volkswirtschaftslehre an der Universität Tübingen. Dazwischen sind Fächer wie Biologie in Braunschweig, Forstwirtschaft in Göttingen oder Geographie mit der Richtung Landschaftsökologie in Münster verzeichnet, insgesamt 102 Studiengänge an fast 50 Universitäten. 20 Möglichkeiten eines spezialisierten Aufbaustudiums kommen hinzu. Außerdem bieten 51 Fachhochschulen 78 umweltbezogene Studiengänge und fünf Aufbaustudiengänge an.

In einem immer wieder aktualisierten Anhang informiert der Studienführer des Umweltbundesamtes über neuere Angebote – und auch über umweltbezogene Studiengänge in den neuen Bundesländern. Die Möglichkeiten dort sind allerdings noch keineswegs vollständig erfaßt, wandeln sich zudem noch stark im Auf- und Umbau der Hochschulen. Ein neuer Schwerpunkt der Umweltforschung wird für die Region mit den heftigsten Umweltbelastungen Deutschlands geplant. Das Umweltforschungszentrum, das in Leipzig entstehen soll, wird zwar nicht direkt zur Ausbildung von Studenten beitragen, aber mit den Universitäten Halle-Merseburg und Leipzig zusammenarbeiten.

Die vielfältigen Bemühungen um den Schutz der Umwelt werden oftmals in drei Richtungen unterteilt: den technischen, den planerischen und den ökologisch ausgerichteten Umweltschutz. Letzteres mag manch einem als erstes in den Sinn kommen, wenn er an die Umwelt denkt. Ist Ökologie, die Lehre vom Haushalt der Natur, doch noch am ehesten auch die Wissenschaft von der Umwelt. Sie versucht zunächst völlig zweckfrei, die Regeln des Lebens und Zusammenlebens auf dieser Erde zu erkunden und macht es so erst möglich, Störungen und Veränderungen zu erkennen und zu bewerten.

Als Teilgebiet der Biologie entstanden, wird Ökologie heute an vielen biologischen Fakultäten gelehrt. (Auskunft darüber gibt auch der Studienführer „Ökologie“ der Gesellschaft für Ökologie, Weihenstephan, 8050 Freising 12.) Sie beschränkt sich indes nicht auf die Biologie; von Bedeutung sind auch Fächer wie Bodenkunde oder Klimatologie. Daneben erleben klassische Disziplinen der Biologie, die zeitweilig von moderneren Fachrichtungen wie Physiologie, Genetik oder Biochemie weitgehend verdrängt waren, durch sie eine Renaissance. Die Systematik etwa zählt unbedingt dazu – ohne

Kenntnis der Organismen und ihrer Formenvielfalt läßt sich Ökologie kaum sinnvoll betreiben. Wer sich für das Leben in all seinen Spielarten begeistern kann, für den bleibt die Biologie sicher ein faszinierendes Studium. Es hat allerdings einen Nachteil: Es ist keineswegs selbstverständlich, daß man solches Wissen später auch sinn- und geldbringend anwenden kann. Vergleichbares gilt für ökologische Ausbildungen an Fakultäten für Geographie oder Geologie. Der Mangel an Praxisbezug entpuppt sich auf dem Arbeitsmarkt oft als Handikap.

Rat und Hilfe bei der Suche nach dem richtigen Beruf im Umweltschutz bietet deshalb auch der Verband Deutscher Geoökologen (Hauptgeschäftsstelle, Alexanderstraße 9, 8580 Bayreuth) an. Die Geoökologie versteht sich als die am breitesten angelegte Disziplin der Umweltwissenschaften, die schon im Grundstudium mehrere Fachrichtungen gleichwertig einbezieht, der Verband aber will als Bindeglied zwischen Wissenschaft und Praxis dienen.

Mitunter suchen klassische Fakultäten auch selbst schon stärker den Bezug zur Praxis. In Marburg zum Beispiel können sich Studenten der Biologie jetzt auf „Wissenschaftlichen Naturschutz" spezialisieren und werden dabei auch mit technischen und juristischen Gesichtspunkten, mit Aspekten der Planung und der Verwaltung vertraut gemacht. Mit solchen praxisnahen Fragen beschäftigen sich sonst vor allem die Studiengänge der Landespflege, die von sieben Fachhochschulen und den Universitäten Halle, Hannover, München und Berlin angeboten werden. Die Ausbildung ist breit gefächert, das Angebot reicht von Klimatologie und Vegetationskunde über Vermessungskunde, Baubetriebslehre und Ästhetik bis Verkehrsplanung und Raumwirtschaftstheorie. Breit gefächert sind auch die möglichen Tätigkeiten im öffentlichen Dienst oder freiberuflich: Landschaftsplanung, städtebauliche Planung, Planung für Straßenbau, Wasserbau oder Flurbereinigung sowie der amtliche Naturschutz zählen dazu – der planerische Umweltschutz. Das Angebot ist freilich nur breit, aber nicht groß oder doch nicht groß genug. Auch Landespflege ist wie Agrarwissenschaft, Gartenbau und Forstwirtschaft einer der sogenannten „grünen Berufe", die seit jeher mit Natur und Umwelt umgehen, jetzt aber zu den Sorgenkindern der Arbeitsämter zählen. Denn mit dem steigenden Umweltbewußtsein ist seit den siebziger Jahren die Zahl der Studenten an diesen Fakultäten stark gestiegen, die Zahl der Arbeitsplätze aber kaum. Zwar nimmt man an, daß „die Aufgaben des Umweltschutzes in allen Bereichen an Bedeutung gewinnen" werden, doch auf dem Arbeitsmarkt macht sich das bislang noch kaum bemerkbar.

Es sei denn, man entscheidet sich für den technischen Umweltschutz. Luft und Wasser, Lärm und Abfall sind seine Domänen. Dabei geht es um die Entwicklung emissionsarmer und energiesparender Verfahren, um die Rückhaltung von Gift- und Schadstoffen, die Kontrolle noch unvermeidlicher Emissionen, die sichere Lagerung oder unbedenkliche Beseitigung von Abfällen. Bauingenieure und Maschinenbauer, Chemiker und Verfahrenstechniker können sich inzwischen an vielen Hochschulen schon während des Studiums mit Fragen des Umweltschutzes befassen. Einen eigenständigen Studiengang „Technischer Umweltschutz“ aber bietet schon seit einigen Jahren die Technische Universität Berlin. Nach dem Vordiplom hat man die Wahl zwischen den vier Schwerpunkten Abfallwirtschaft, Luftreinhaltung, Schallschutz oder Wasserreinhaltung. Mit dem Examen wird man dann nach zehn Semestern zum Diplom-Ingenieur der Umweltschutztechnik gekürt. Wie bei so vielen technischen Berufen gelten die Aussichten derzeit als gut bis sehr gut. Arbeitsplätze finden sich bei Bund, Ländern und Gemeinden, in der Industrie, in Ingenieurbüros oder in der Wissenschaft.

Andernorts kann man sich erst nach einem traditionellen Studium der Naturwissenschaften oder der Technik auf den Schutz der Umwelt spezialisieren. Ein Aufbaustudium Umweltschutztechnik gibt es zum Beispiel seit sechs Jahren an der Technischen Universität München. In zwei Semestern werden dort sowohl Kenntnisse über wichtige technische Verfahren und Analysemethoden als auch ein Grundwissen in Biologie, Geologie, Recht und Planungswesen vermittelt.

Auch an den stärker praxisorientierten Fachhochschulen stehen Fragen des Umweltschutzes vielfach schon während des Studiums, mitunter aber erst danach auf dem Programm. Und auch von ihnen bietet nur eine einzige, nämlich die Fachhochschule des Landes Rheinland-Pfalz in Bingen, einen eigenen Studiengang Umweltschutz an. Laut Lehrplan werden dort technische und ökologische Aspekte des Umweltschutzes gleichrangig behandelt. Nach zwölf Monaten Praktikum, sechs Semestern Studium und einem Prüfungssemester wird man mit dem Titel „Dipl.-Ing. (FH) Umweltschutz“ in den Beruf entlassen. Rund 60 Prozent der Absolventen finden eine Stelle im öffentlichen Dienst, der Rest in der gewerblichen Wirtschaft. Arbeitslosigkeit gibt es hier kaum. Auch wenn es um die Umwelt geht, gilt offenbar mit den üblichen Einschränkungen einer jeden Verallgemeinerung: Je stärker praxisbezogen und technisch ausgerichtet die Ausbildung, um so größer sind die Chancen auf dem Arbeitsmarkt.

Vermessungstechnik

Mit Präzision die Erde neu vermessen

Von Hans-Martin Barthold

Während sich die Politiker noch darüber streiten, ob die Hochgeschwindigkeitstrasse der Bundesbahn zwischen Köln und Frankfurt besser rechts- oder linksrheinisch verlaufen sollte, bereiten sich die Vermessungsingenieure bereits intensiv auf ihren Einsatz in diesem spektakulären Großprojekt vor. Zu welchen brillanten Ingenieurleistungen sie fähig sind, kann jeder Intercity-Fahrgast auf der jüngst freigegebenen Strecke Hannover–Würzburg selbst in Augenschein nehmen. Doch bis dahin war es ein weiter Weg. Die ersten vermessungstechnischen Arbeiten dafür reichen in die frühen achtziger Jahre zurück.

Noch viel weiter zurück reichen indes die wissenschaftlich exakt nachweisbaren Anfänge vermessungstechnischer Aktivitäten der Menschheit überhaupt. Die Europäer waren, wie so oft, vergleichsweise spät dran. Für sie gewann das Vermessungswesen erst zu Zeiten der großen geographischen Entdeckungen im 15. und 16. Jahrhundert Bedeutung. Doch schon im 4. Jahrtausend vor der Zeitrechnung entstanden in Babylonien vermessungstechnische und kartographische Darstellungen in Form geritzter Tontafeln. Die Assyrer zwei Jahrtausende später verfügten bereits über sogenannte Itinerarien (Reisehandbücher).

Die sich im vorigen Jahrhundert vollziehende Mathematisierung der Geodäsie (Vermessungskunde), für die so berühmte Namen wie Legrendre, Laplace und vor allem Gauß stehen, bestimmt das Studium bis heute, was für Fachhochschulen und Universitäten gleichermaßen gilt. 40 Prozent der Semesterwochenstunden des Grundstudiums bis zum Vordiplom verteilen sich auf solche Fächer wie Mathematik, darstellende Geometrie, Trigonometrie, analytische Geometrie, geodätisches Rechnen, Matrizenalgebra, numerische Mathematik sowie Ausgleichsrechnung. Die Physik sollte daneben keineswegs vergessen werden. Dies zu wissen und zu beachten, ist jeder künftige Student gut beraten. Mathematik lediglich als „Abdecker“ in der gymnasialen Oberstufe berücksichtigt zu haben, scheint unter solchen Voraussetzungen wenig verheißungsvoll.

Nach dem Vordiplom treten dann die anwendungsbezogenen Fächer stärker in den Vordergrund, in denen aber erneut viel vermessungsrelevante Mathematik enthalten ist. Es handelt sich im wesentlichen um die Vermessungskunde, die Photogrammetrie, Kartentechnik, -gestaltung, Kartennetzentwürfe, die astronomische, physikalische und Satellitengeodäsie, schließlich auch die Gravimetrie. Neben diesen gewissermaßen für alle Studierenden verbindlichen Fächern kann dann innerhalb des Vermessungswesens zwischen verschiedenen Vertiefungsrichtungen gewählt werden. Mit der Entscheidung für astronomische und physikalische Geodäsie, Photogrammetrie, Kartographie, Ingenieurvermessung oder Planung, Bodenordnung und -bewertung erfolgt allerdings noch keine Spezialisierung auf spätere Berufsfelder. Exemplarisches wissenschaftliches Lernen innerhalb eines abgrenzbaren, anwendungsorientierten Themenbereiches ist das Ziel. Darin – und auch dies ist wichtig zu wissen – drückt sich deutlich der seit jeher bestehende Servicecharakter des Vermessungswesens aus. Die Aufgaben und vorgegebenen Ziele kommen wesentlich aus anderen Berufsbereichen. Und nicht immer erhält der Vermessungsingenieur von dort die gebührende Anerkennung. Es geht das geflügelte Wort um, der Geometer oder Geodät gehöre zu jenen Personen, die auf einer Baustelle immer nur im Wege stehen. Exkursionen, an Fachhochschulen zum Teil ganze Praxissemester (eins beziehungsweise zwei) sollen deshalb dem Studenten Gelegenheit geben, praktische Vermessungserfahrung vor Ort sammeln zu können.

Wenngleich das Bild vom Vermessungsingenieur als wettergegerbtem Naturburschen, der tagein, tagaus mit geschulterter Meßlatte durch das Gelände stapft, Winkel vermißt und Entfernungen berechnet, ins Reich der Legenden gehört, muß er aber auch diesem Teil seiner Aufgaben körperlich gewachsen sein. Für den Einsatz im Tunnel- und Stollenbau ist beispielsweise sogar Drucklufttauglichkeit unabdingbar, da diese in der Regel mit einer Luftschleuse abgeriegelt sind und unter Überdruck gestellt werden, um dadurch eindringendes Grundwasser fernzuhalten. Ausdauer, Fleiß, äußerste Genauigkeit, zeichnerisches Talent, gutes und vor allem volles Farbsehvermögen sollten sich dazugesellen. Überzeugungskraft vervollständigt die Liste der von einem Vermessungsingenieur geforderten Tugenden. Ein um jedes Wort verlegener Geometer, der kritischen Bürgern Sinn und Zweck einer geplanten Baumaßnahme zu erläutern hat, ist kaum vorstellbar.

Doch noch ist den erfolgreichen Diplom-Prüflingen der Zugang zu ihren vier großen Aufgabenbereichen verwehrt: der Vermessung im engeren Sinn, dem Kartenwesen, dem Nachweis der Liegenschaften als Datensammlung aller Eigentumsnachweise an Grund und Boden sowie den generellen Flächenplanungen. Überall gehört die geometrische Datenverarbeitung mittlerweile zum Arbeitsalltag. Gut drei Viertel (Zahlenangaben liegen derzeit nur für die alten Bundesländer vor) aller 16000 Vermessungsingenieure – das Verhältnis von Universitäts- zu Fachhochschulabsolventen beträgt etwa zwei zu drei – sind mit der Wahrnehmung hoheitlicher (also urkundlicher) vermessungstechnischer Aufgaben betraut, überwiegend als „öffentlich Bedien-

stete“ oder als freiberufliche oder angestellte „öffentlich bestellte Vermessungsingenieure“. Die letzten führen auf privatwirtschaftlicher Grundlage Vermessungsaufgaben im Auftrag der Ministerien, Landesvermessungsämter, Katasterbehörden und Liegenschaftsämter oder sonstiger Bundesverwaltungen mit eigenen Vermessungsabteilungen (Bundesbahn, Bundeswehr, Forst-, Finanzverwaltung) durch. Deswegen schließt sich an das Studium eine zweite, überwiegend praktisch und verwaltungsrechtlich ausgerichtete Ausbildungsphase, der Vorbereitungsdienst, mit weiteren Prüfungen an. Für Universitätsabsolventen beträgt deren Dauer in der Regel zwei, für Fachhochschulabsolventen ein oder eineinhalb Jahre.

Die Aufgabenzuordnung im öffentlichen Vermessungswesen unterscheidet sich von Bundesland zu Bundesland. Bayern kennt den öffentlich bestellten Vermessungsingenieur überhaupt nicht. In allen anderen Bundesländern endet dessen Zuständigkeit an den jeweiligen Landesgrenzen, in Baden-Württemberg erstreckt sie sich sogar nur auf zwei von sechs Regierungsbezirken. Ohnehin dürfen die öffentlich bestellten 730 Ingenieure der alten Bundesrepublik, deren Zahl sich in den letzten zehn Jahren fast verdoppelt hat, lediglich Katasterfortführungsmessungen und Abmarkungsarbeiten durchführen, bleiben die Erhaltung der Dreiecks- und Höhennetze, die topographische Landesaufnahme und Herausgabe der topographischen Kartenwerke, die Erneuerung der Katasterkarten, die Katasterneuvermessung sowie das Feststellen und Abmarken der Landesgrenzen den beamteten Vermessungsingenieuren vorbehalten.

Doch gibt es als weitere mögliche Arbeitgeber die beratenden Ingenieure für Vermessungswesen, zumeist auf enge Sektoren hochspezialisierte Vertreter ihres Faches, aber auch konventionelle Ingenieur- und Planungsbüros, Luftbildunternehmen, Baufirmen, Firmen für Lagerstättenforschung und Versorgungsunternehmen. Die Vielfalt der Vermessungsaufgaben dort, von der Erdmassenberechnung bis zu den breitgefächerten Aufgaben in der Ingenieurvermessung – bei tonnenschweren Maschinen und Anlagen ist oft eine Paßgenauigkeit von Millimetern gefordert –, bietet interessante Arbeitsplätze, wenn auch in begrenzter Zahl. Auslandseinsätze bei Explorationsfirmen sind keine Seltenheit, gute Fremdsprachenkenntnisse deshalb immer gern gesehen.

Die Studenten- und Absolventenzahlen sind über die letzten Jahre stark rückläufig. So gibt es nirgends mehr Zulassungsbeschränkungen. 1988 beendeten knapp 200 Universitäts- und 570 Fachhochschulabsolventen nach durchschnittlich 11,7 (Universitäts-) und 8 (Fachhochschul-)Semestern mit Erfolg ihr Studium. Die Zahl der gegenwärtigen Studienanfänger war an Universitäten etwa gleich groß, an Fachhochschulen deutlich geringer (380). Der Frauenanteil lag zwischen 20 und 25 Prozent. Berücksichtig man die in diesem Fach nicht eben geringen Abbrecherquoten, dann werden in den nächsten Jahren deutlich weniger Vermessungsingenieure auf den Arbeitsmarkt drängen. Ob dies allein schon ausreichen wird, gute Arbeitsmarktaussichten prognostizieren zu dürfen, bleibt indessen fraglich. Die Bundesanstalt für Arbeit in Nürnberg zählte 1990 nur 130 offene Stellen, aber viermal so viele Bewerber.

Nahe verwandte Studienalternativen wie das Markscheidewesen (das Vermessungswesen unter Tage), die Kartographie (nur an Fachhochschulen) oder die Hydrographie (das Vermessungswesen auf See, nur Fachhochschule Hamburg) dürften arbeitsmarktmäßig auf keine fetteren Weiden führen. Dann wohl schon eher das weiter entfernte Bauingenieurwesen. Die Bauindustrie beklagt derzeit einen spürbaren Fachkräftemangel. Und zu vermessen gibt es auch dort eine Menge. Private wie öffentliche Bauherrn können davon ein Lied singen – oft allerdings nicht frei von Dissonanzen.

Volkskunde

Vom Brauchtum und Liedgut zu den Problemen der Freizeitgesellschaft

Von Reinhard Olt

Johann Gottfried Herder trat eine Lawine los. Seine „Stimmen der Völker in Liedern" (erste Teile 1778 publiziert) dürfen gemeinhin als „Initialzündung" der Hinwendung der gelehrten Welt zum „Schaffen des Volkes" gelten. Herders Nachahmer, von seinem Elan beflügelt, begannen, nach und nach die „Volksgesänge" zusammenzutragen und einem breiteren Publikum zugänglich zu machen, dem damit der Spiegel vorgehalten wurde. Zu den am meisten verbreiteten und auch heute immer wieder neu aufgelegten Sammlungen der Zeit zählt „Des Knaben Wunderhorn", von Achim von Arnim und Clemens Brentano zusammengestellte und 1806–1808 veröffentlichte „alte und neue Lieder". Die Liedpublizistik als Ausfluß der Beschäftigung mit dem „Volkstümlichen" beherrschte das 19. Jahrhundert; im 20. hat sie sich zweier Kriege wegen stark mit Soldatenliedern beschäftigt, nach 1945 mit Schlagern und – besonders im Gefolge der Anti-Atomkraft-Bewegung – mit „Protestsongs" sowie dem neuentstandenen „Liedgut sozialer Bewegungen".

Doch es blieb nicht bei der Betrachtung des Liedes. Wer als „aufgeklärter" Wissenschaftler das „Wesen des Volkes" ergründen wollte, mußte sich gleichwohl anderen seiner „Lebensäußerungen" zuwenden. Worin zeigte sich das Wesen des Volkes? In einer Fülle von Zeugnissen seines Daseins: Glaube, Sitten, Bräuchen, Riten, in Wohnung, Kleidung, Nahrung, Beschäftigung, Erziehung und vielem anderem mehr. Kurzum: Im Mittelpunkt der Auseinandersetzung mit „dem Volke", dem wer sich darum kümmerte ja angehörte, stand fortan das Interesse, alles zu sammeln, aufzuzeichnen und analysierend zu beschreiben, was Menschen als „Gliedern des Volkes" von Geburt an bis hin zu ihrem Tode bestimmte. Diese Betätigung führte diejenigen, die sich darum bemühten, auf ein schier unerschöpfliches Feld solcher „Lebensäußerungen". Diese sind literarischer, also schriftlich niedergelegter, mündlich überlieferter und sächlicher Art.

Dem Schaffen des Volkes widmete sich von ihren Anfängen an die Germanistik an den Universitäten im deutschsprachigen Raum. Sie begründet, sich zu einer alle Regungen des „Volkslebens" umspannenden universitären und schulischen „Leitwissenschaft" entwickelt zu haben – dieses Verdienst gebührt den Brüdern Grimm. Jacob und Wilhelm Grimm legten bis Mitte des vorigen Jahrhunderts denn auch den Grundstein der germanischen Philologie, aus der bis zu den zwanziger Jahren unseres Jahrhunderts Literaturwissenschaft,

Sprachwissenschaft und eben „Volkskunde“ als eigenständige Disziplinen hervorgingen, ohne jedoch ihre innere Zusammengehörigkeit zu verlieren.

Während sich Literatur- und Sprachwissenschaftler zuvörderst um den schriftlichen Niederschlag der „Äußerungen des Volkes“ und einzelner seiner Glieder bemühten, ließen sich die Vertreter der Volkskunde mehr auf das mündlich Überlieferte ein und ergründeten dessen Entstehungs- und Verbreitungsprozesse. So nimmt es nicht wunder, daß Stoffe früherer Alltagsliteratur, die eben in breiteren Bevölkerungsschichten Eingang gefunden haben, wie etwa Märchen, Sagen, Volkserzählungen, Legenden, Schwänke, Volksschauspiele, Witze, Rätsel, Lieder, Sprichwörter, der Bänkelsang und die populäre Flugblattpublizistik von jeher zu den zentralen Gegenständen der Volkskunde gehören.

Zur Domäne der Volkskunde als akademischer Forschungs- und Lehrdisziplin hat sich nach ihrer auch institutionell verankerten Loslösung von der traditionellen Germanistik die Beschäftigung mit der „gegenständlichen Volkskultur“ entwickelt. Dazu gehört „Arbeit“ (im weitesten Sinne), dazu zählen Siedeln, Bauen und Wohnen, Essen, Trinken, Kleidung, Volksmedizin, Volkskunst, Ikonographie, Fertigungsweisen handwerklichen Produzierens und Vertreibens; dazu zählt vor allem aber der große Komplex der Brauchtumsforschung. Hierbei geht es in erster Linie um Aspekte des Volksglaubens, um Formen des Zusammenlebens in Gruppen und Vereinen, um Feste und vieles andere mehr. Kurzum, dieser Zweig der Volkskunde ist bemüht, den Menschen als Gemeinschaftswesen zu beschreiben und zu erklären – sozusagen von der Wiege bis zur Bahre.

Die Volkskunde hat als Fach, wie die Germanistik auch, wissenschaftliche Tiefen erlebt, deren eine nicht verschwiegen werden darf. Zahlreiche ihrer Vertreter, auch namhafte, haben sich leichtfertig und ohne Not der nationalsozialistischen Volkstumsideologie von der „rassisch reinen Volksgemeinschaft“ hingegeben. Was sich unter den Begriff „Volk“ ohne Mühe subsumieren ließ, all das, was diese Wissenschaft vertrat, ist allzu bereitwillig den Zielen einer Bewegung geopfert worden, welche das „deutsche Volk“ und dessen „Wesen“ verabsolutierte und andere, als minderwertig erachtete Völker unter ihre Herrschaft zwingen wollte. Volkskundler haben sich dem Dritten Reich dienstbar gemacht, als es darum ging, den Wert des eigenen Volkes, den seiner Lebensäußerungen und -leistungen zu überhöhen und über den seiner Nachbarn in Europa und der Welt zu stellen. Die Germanomanie der NS-Ideologen traf denn auch besonders dort auf fruchtbaren Boden, wo sich das Fach „popularisiert“ hatte: in den zahllosen volkskundlichen und heimatgeschichtlichen Vereinigungen.

Derartiges mußte zwangsläufig zur Identitätskrise des Universitätsfaches nach 1945 führen. Die Krise traf es, wie die Germanistik, Ende der sechziger

Jahre, als in den Geisteswissenschaften eine Aufbruchstimmung zu anderen Ufern um sich griff: Die Fronde der Studenten und Assistenten richtete sich gegen eine Professorenschaft, unter deren Talaren sie „Muff aus tausend Jahren" wähnten. Die Kritik richtete sich demnach gegen Fachvertreter, die nach 1945 angeblich „bruchlos" weitergemacht, somit aber vor allem gegen Inhalte des Faches, die sich der Gewaltherrschaft gegenüber als besonders anfällig erwiesen hatten. Das führte gleichsam zu „massenhaftem" Bruch unter den akademischen Filiationen, also zwischen Doktoranden und Doktorvätern, zwischen Habilitanden und Habilitationsvätern. Nach Jahren des Streits hat das Fach – auch unter der Vervielfachung seiner Studenten und Dozenten – eine „Neuorientierung" durchgemacht, die es zweifellos von jener Germanomanie während des Dritten Reiches meilenweit entfernte.

Mit dem Fall des – selbst auferlegten – Germanozentrismus, mit der Abkehr vom „Bauernturm als Blutquell des Volkes und der Nation", fiel zwangsläufig, eben auch als Folge der Identitäts- und Sinnkrise Ende der sechziger Jahre, die Bezeichnung der Disziplin selbst. Viele ehedem volkskundlichen Institute wurden umbenannt, beispielsweise in „Institut für europäische Ethnologie und Kulturanthropologie". In Süddeutschland, in der Schweiz und in Österreich zumeist hat man eine derartige Benennungskosmetik nicht für nötig gehalten. Daß darunter die traditionsreichen und traditionell ausgerichteten, den modernen Untersuchungsgegenständen sich aber nicht verschließenden Institute an Attraktivität verloren hätten, konnte nicht festgestellt werden. Im Gegenteil: Überdurchschnittlich erfolgreiche Absolventen eines breit angelegten, acht- bis zehnsemestrigen Volkskundestudiums Kieler, Bonner, Göttinger, Mainzer, Würzburger, Tübinger, Freiburger,

Zürcher oder Innsbrucker Provenienz haben bislang noch immer eine der nicht gerade üppig etatisierten Stellen in der öffentlichen Verwaltung des volkskulturellen Erbes besetzen können.

Studieren kann man Volkskunde – oder Europäische Ethnologie oder Kulturanthropologie – im Haupt- oder im Nebenfach an nahezu allen Universitäten im deutschsprachigen Raum; bisher ausgenommen waren davon die Universitäten der gewesenen DDR. Doch dies wird sich gewiß ändern, obschon nicht an allen Hochschulen der neuen Bundesländer das Fach (wieder) eingeführt werden bräuchte. Doch dort, wo die Volkskunde einen guten Namen hatte, bevor sie sich unter dem NS-Regime verformte oder unter der nachfolgenden SED-Gewaltherrschaft abgeschafft wurde – wozu brauchte man „Volkskunde", wenn der wissenschaftliche Marxismus festlegte, was für „das Volk" gut zu sein hatte? –, sollte sie wieder entstehen: in Leipzig, in Berlin und in Greifswald. Die Ausrichtung der Institute, die entweder eigenständig sind, der Germanistik angehören oder in gesellschaftswissenschaftliche Fachbereiche eingebettet sind, orientiert sich auch daran, ob die Disziplin etwa zum Fächerkanon für Grund-, Haupt- und Realschullehrer zählt (etwa in Augsburg und Erlangen-Nürnberg, aber auch in Bamberg oder Würzburg), oder ob es „nur" magister-, promotions- und habilitationsfähiges Hauptfach ist, wie an den meisten Hochschulen zwischen Kiel und Klagenfurt (ausgenommen Berlin, Gießen und Heidelberg, wo es nicht vertreten ist).

Mit der Verlagerung der Forschungsschwerpunkte von den mehr traditionellen Gegenständen (Brauch, Glaube, Lied, Erzählen) hin zu „Freizeit", „Vereinswesen", „Minoritäten", „Soziale Randgruppen", „Jugend- und Kindermärchen", „Medien", „Erwachsenenbildung" und vielem anderem mehr hat sich das Fach zweifellos geöffnet und Absolventen mehr Möglichkeiten für den Broterwerb geboten. So hat in den letzten Jahren eine zunehmende Zahl von Absolventen eine Beschäftigung in Medien mit lokaler und regionaler Berichterstattung gefunden; zugleich trat das Fach damit aber auch in Konkurrenz zu sozialwissenschaftlich orientierten und geprägten Fächern wie Soziologie und Politikwissenschaft, deren Domäne auf diesen Feldern schwer zu brechen ist, auch nicht mit vielleicht neuen Forschungs- und Betrachtungsansätzen.

Volkswirtschaftslehre

Ein schwieriger Markt für die Nationalökonomie

Von Konrad Mrusek

Die Studentenzahlen zeigen es bei genauer Analyse schon seit Jahren sehr deutlich: Die ältere der beiden wirtschaftswissenschaftlichen „Schwestern“, die Volkswirtschaftslehre (VWL), ist nicht mehr so attraktiv. Der Nachwuchs strömt zur jüngeren Wissenschaft, zur gut siebzig Jahre alten Betriebswirtschaftslehre (BWL). Dieses Studium ist überlaufen, ein Numerus clausus muß die Plätze zuteilen. Wer hier leer ausgeht, der versucht es zunächst in einer Warteschleife als Volkswirt. Doch auch dieser „Umweg“ ist inzwischen derart verstopft, daß in der Nationalökonomie die Studienplätze von der Dortmunder Zentralstelle auf die Hochschulen verteilt werden müssen. Wegen des großen Andrangs bei ihren BWL-Kollegen müssen die Professoren der Nationalökonomie zwar noch nicht um Studenten buhlen, doch es ist absehbar, daß in späteren Jahren, wenn die Abiturienten-Jahrgänge erheblich kleiner werden, nicht nur die Universitäten untereinander in Wettbewerb treten werden, sondern auch die volkswirtschaftlichen Fakultäten um Nachwuchsakademiker werben müssen.

Die Wissenschaft ist zwar keine Schönheitskonkurrenz, aber sie ist auch ein Wettstreit um akademische Reputation und um berufliche Chancen. Betriebswirte haben schon länger auf dem Arbeitsmarkt die eindeutig besseren Aussichten. Es ist also kein Wunder, daß immer mehr junge Leute Manager werden wollen, statt geisteswissenschaftlichem oder juristischem Studium die Betriebswirtschaftslehre gewählt wird. Die Volkswirte trifft nicht nur das Manko eines wenig ergiebigen Arbeitsmarktes, auch die öffentliche Aufmerksamkeit dieses traditionsreichen Faches scheint geringer zu sein als in den siebziger Jahren.

In der Blüte des Keynesianismus und der wirtschaftspolitischen „Feinsteuerung“ konnten sich Volkswirte als Volksbeglücker und virtuose Interventionisten gerieren; die Marxismus-Renaissance Ende der sechziger Jahre führte viele junge Leute zur Nationalökonomie. Der intellektuelle Reiz der Volkswirtschaftslehre ist nach wie vor groß, doch das Image scheint blasser geworden zu sein. Wenn Monetaristen und Neoklassiker einen wirtschaftspolitisch möglichst enthaltsamen Staat fordern, dann mögen sich viele fragen, wozu man dann noch Volkswirtschaftslehre studieren solle.

Für die Volkswirtschafts-Professoren, die früher mit einer gewissen Herablassung die wissenschaftlichen Anstrengungen der Betriebswirte kommentierten, ist das eine neue Situation. Die Ursachenforschung über die geringere Attraktivität des Volkswirtschafts-Studiums ist indes noch nicht weit gediehen. Man fragt sich etwa, ob neue Studienprofile eine Abhilfe bieten könnten, zum Beispiel die stärkere Einbeziehung von Jura, Politikwissenschaft und Organisationstheorie. Für die Betriebswirtschaftslehre, die vor der Einführung des Numerus clausus mit einer Studentenüberlast fertig werden mußte, wurden mehr Lehrstühle und Assistenten-Stellen geschaffen. Der Saarbrücker Nationalökonom Olaf Sievert hält die Wanderung zum Schwesterfach für eine normale Marktreaktion: Der größere Anteil dispositiver Tätigkeiten, der auf dem Arbeitsmarkt verlangt werde, begünstige die Betriebswirtschaftslehre. Joachim Starbatty aus Tübingen sieht dagegen nur einen geringen Zusammenhang zwischen Studienwahl und der politischen Attraktivität volkswirtschaftlicher Theorien. Die Verwertbarkeit des Studiums für den Beruf dominiere zur Zeit.

Das tatsächliche Interesse an der Volkswirtschaft ist wegen der vielen Umweg-Studenten zur Zeit nur schwer zu ermitteln. Wegen des Ortsverteilungs-Verfahrens bei der Betriebswirtschaft hatten sich schon früher etliche Anfänger zunächst für die Nationalökonomie angemeldet, wenn ihre Ortspräferenz nicht erfüllbar war. An vielen Universitäten ist das Grundstudium nahezu identisch, so daß ein späterer Wechsel erleichtert wird. Mit dem Numerus clausus in der BWL hat sich die Zahl der VWL-Studienbewerber im Wintersemester 1991/1992 auf 7900 fast verdoppelt; doch es gab nur 3500 Plätze. Wie viele sich letztlich einschreiben, ist schwer vorherzusagen, doch in den Fakultäten muß man wegen des Andrangs der Betriebswirte auch eng zusammenrücken.

Die Attraktion des „Manager-Studiums" wird in den Zahlen sehr deutlich: Zwischen den Wintersemestern 1980/81 und 1991/92 hat sich die Zahl der Studienbewerber im Hauptfach Betriebswirtschaftslehre von 6600 auf über 20000 verdreifacht. Studiengänge zum Diplom-Ökonom (einer Kombinationsausbildung) und die Fachhochschulen sind dabei nicht berücksichtigt.

Die Kette von Wahlentscheidungen unter Risiko, die eines der wichtigsten Kennzeichen wirtschaftlichen Handelns ist, ist für angehende Ökonomen kaum kürzer geworden. Wer seinen Neigungen und nicht so sehr den Berufsaussichten folgen will, der braucht Mut, wird aber mit einer vielfältigen Ausbildung entschädigt. Grundsätzlich ist die Nationalökonomie eine mehr theoretische Wissenschaft, erfordert mehr Abstraktionsvermögen und eine selbständigere Reflexionsneigung als die Betriebswirtschaftslehre. Das zeigt schon ein flüchtiger Blick in die bekanntesten Lehrbücher, etwa „den" Woll (VWL) oder „den" Wöhe (BWL). Bei den mathematischen Ansprüchen gibt es kaum noch Unterschiede. Dagegen erfordert die umfangreiche angelsächsische Literatur in der Nationalökonomie sicherlich mehr Englischkenntnisse. Auch kann historisches Interesse bei Volkswirten von großem Nutzen sein; denn sowohl die klassische Nationalökonomie von Smith und Ricardo als auch die Theorie von Keynes lassen sich nur dann richtig verstehen, wenn der Student die jeweilige geschichtliche Situation, wenigstens in Umrissen, kennt. Doch trotz aller Unterschiede trennen Volks- und Betriebswirte keineswegs wissenschaftliche Welten; nicht nur das Grundstudium ist ähnlich, auch in den fortgeschrittenen Semestern lassen sich Verknüpfungen herstellen.

Auch der Arbeitsmarkt ist keineswegs so scharf getrennt, wie ein Blick in die Stellenanzeigen lehrt. Oft werden Stellen von Unternehmen sowohl für Betriebs- als auch für Volkswirte ausgeschrieben. Dennoch ist das Vorurteil zählebig, die Arbeit von Volkswirten sei nur in Industrie- und Handelskammern, Forschungsinstituten oder Verbänden gefragt. Immer mehr Banken und Unternehmen leisten sich volkswirtschaftliche Abteilungen, Nationalökonomen findet man in der Marktforschung, in Marketing-Abteilungen, in Werbung und Medien, überall also dort, wo eine makroökonomische Ausbildung hilfreich ist.

Nach den Ergebnissen des Mikrozensus gab es 1989 etwa 340 000 erwerbstätige Wirtschaftswissenschaftler, davon 74 000 Volkswirte. Der Großteil entfällt auf Betriebswirte mit Fachhochschulabschluß (137 000) und mit Hochschulabschluß (130 000). Von den Volkswirten arbeiten etwa ein Viertel in der Industrie; jeweils 13 Prozent findet man bei Banken und Versicherungen sowie in Wissenschaft und Bildung. Nur 7,2 Prozent sind bei den Gebietskörperschaften beschäftigt.

Obwohl der Akademisierungsprozeß in der Wirtschaft anhält, wird das Ausmaß des Wettbewerbs um die Arbeitsplätze deutlich, wenn man die Zahl der beschäftigten Wirtschaftswissenschaftler mit der der Studenten vergleicht. Im Wintersemester 1990/91 studierten nach Angaben von Joerg E. Staufenbiel („Die wirtschaftswissenschaftlichen Fakultäten") insgesamt 246 000 junge Leute an Universitäten oder Fachhochschulen Wirtschaftswissenschaften. Die Absolventen haben sich seit Beginn der achtziger Jahre auf jährlich fast 20 000 verdoppelt, so daß die Beschäftigten sich relativ stark verjüngten; über ein Drittel ist heute weniger als 35 Jahre alt.

Nach Angaben der Zentralstelle für Arbeitsvermittlung in Frankfurt ist der Markt für Nationalökonomen weiterhin schwierig. Auf eine offene Stelle kamen Ende 1990 35 Bewerber. Etwa 2100 Volkswirte waren arbeitslos gemeldet. Da in den „klassischen" Tätigkeitsfeldern geringe Chancen bestehen, müssen sich viele umorientieren in kaufmännische Bereiche wie etwa das Marketing oder das Finanz- und Rechnungswesen. Daher ist es im Studium sinnvoll, entsprechende Veranstaltungen zu besuchen. Auch die Empfehlung, sich mit Datenverarbeitung zu befassen und Fremdsprachen zu lernen, zählt inzwischen zum Kanon jedes Berufsberaters.

Prognosen über Entwicklungen in der Beschäftigung sind genauso mit Vorsicht zu genießen wie Vorhersagen über die Studentenzahlen. Das haben etliche frühere „Szenarien" hinlänglich bewiesen, die die Realität gründlich verfehlten. In welchem Ausmaß zum Beispiel die deutsche Vereinigung so manche Prognose früherer Jahre entwertet, ist noch nicht zu übersehen. Sicher ist, daß die Nachfrage nach Volkswirten größer werden könnte, bis in den neuen Bundesländern selbst die Abiturientenquote steigt und die Zahl der Absolventen sich erhöht. Der Andrang von Wirtschaftswissenschafts-Studenten aus dem Osten sei schon deutlich spürbar, heißt es bei der Dortmunder Zentralstelle. BWL steht als Studienziel an der Spitze. Die Universitäten in den neuen Ländern sind mit ihren Wirtschafts-Fakultäten noch nicht in das Zulassungsverfahren einbezogen. Da gibt es noch Sonderregelungen, und teilweise sind die Fachbereiche auch noch in einer Umstrukturierung.

Wirtschaftsingenieur

Ein gutgefedertes Sprungbrett in das Management

Von Hiltraud Böhm

Anfangsgehälter von 60 000 bis 70 000 Mark im Jahr, Durchschnittseinkommen nach sieben bis zehn Berufsjahren bei 120 000 Mark, Einsatzmöglichkeiten in nahezu allen Bereichen von Industrie, Handel, Dienstleistungen und öffentlicher Verwaltung, sehr leichter Aufstieg in Führungspositionen und obendrein die besten Chancen auf dem Arbeitsmarkt: Der Beruf des Wirtschaftsingenieurs hat viele Vorzüge. Aber ohne Fleiß kein Preis. Das Studium stellt außerordentlich hohe Anforderungen, und später wird den doppelt Qualifizierten auch nichts geschenkt.

„Die Berufsaussichten sind sehr günstig", erklärt Professor Dr. Helmut Baumgarten, Vorsitzender des Berufsverbandes und Ordinarius für Logistik an der Technischen Universität Berlin. Hier werden Wirtschaftsingenieure schon seit 1927 ausgebildet, und zwar in Simultan-Studiengängen, die in Hochschulkreisen als erste interdisziplinäre Studiengänge zunächst sehr umstritten waren. Ingenieur- und wirtschaftswissenschaftliche Kenntnisse werden dabei gleichzeitig erworben und nicht, wie bei den Aufbaustudiengängen, nacheinander. Der Wissenschaftsrat wandte noch 1960 ein, die Vereinigung von zwei Disziplinen, die auf sehr verschiedenen Voraussetzungen beruhten und beide nur verkürzt gelehrt und eingeübt werden könnten, vermittele nicht die erforderliche methodische Sicherheit und selbständige Beherrschung des Stoffes, die Kennzeichen eines akademischen Studiums seien.

Beide Ausbildungswege sind heute längst als gleichwertig anerkannt, die Absolventen gleichermaßen begehrt, wobei den Simultanstudenten nachgesagt wird, sie seien durch den ständigen Wechsel der Fächer und Sachgebiete noch besser auf die Anforderungen der modernen Arbeitswelt eingestellt. Eine Stunde Thermodynamik, dann Finanzwesen, danach Physik und gleich darauf Buchführung – ein Student des Wirtschaftsingenieurwesens muß umschalten können. Baumgarten: „Die simultane Auseinandersetzung mit mehreren Disziplinen erfordert ein hohes Maß an Leistungsbereitschaft, Problemoffenheit und geistiger Flexibilität."

Nach Meinung von Dr. Hans-Christian Pfohl, Ordinarius am Institut für Betriebswirtschaftslehre der Technischen Hochschule Darmstadt und dort zuständig für das Fachgebiet Unternehmensführung, stellt dieses Studium erhöhte Anforderungen an Intelligenz, Arbeitseinsatz und flexibles Denken.

Arbeitsmotivation und Streßfähigkeit sind für Pfohl typische Eigenschaften eines erfolgreichen Absolventen. Entsprechend hoch sind die Ausfallquoten. In Darmstadt erreicht nur die Hälfte aller Anfänger das Studienziel, und das bei einem Numerus clausus von 1,7 in den Fachrichtungen Maschinenbau und Elektrotechnik. Bei der Wirtschaftsinformatik, die in Darmstadt einen eigenen Fachbereich bildet, liegt die Einstiegslatte noch etwas höher: 1,6. Um die rund 1500 Studienplätze an den neun deutschen Hochschulen, die Wirtschaftsingenieure integriert ausbilden, haben sich im Wintersemester 1991/92 5700 Interessenten beworben, in Darmstadt konkurrieren 1564 Bewerber um 335 Studienplätze, in Karlsruhe, wo die Schwerpunkte auf Unternehmensplanung und Versicherung liegen, kamen noch mehr Bewerber auf einen Studienplatz.

Anzahl, Art und Ausprägung der Studiengänge sind ebenso vielfältig wie die späteren Einsatzmöglichkeiten und beruflichen Anforderungen. Darmstadt ist nach Berlin die traditionsreichste Ausbildungsstätte; die Technische Hochschule bietet seit 1948 integrierte Studiengänge für die Fachrichtung Maschinenbau, seit 1972 für die Fachrichtung Elektrotechnik an. Karlsruhe, Hamburg und Kaiserslautern folgten. Jüngste im Bunde sind die Universität/Gesamthochschule Paderborn mit den Fachrichtungen Fertigungstechnik und Automatisierungstechnik und die Gesamthochschule Siegen. Am breitesten gefächert ist das Sortiment der Technischen Universität Berlin: Maschinenwesen, Bauingenieurwesen, Elektrotechnik und Technische Chemie, jeweils kombiniert mit Wirtschaftswissenschaften, Rechtswissenschaft und Intergrationsfächern wie Elektronische Datenverarbeitung, Statistik oder Systemanalyse. Die Regelstudienzeit schwankt an diesen Hochschulen zwischen 8 und 10 Semestern, tatsächlich liegt die durchschnittliche Studiendauer bei 13 und mehr Semestern. Pfohl: „Gute Leute schaffen es in 11."

Neben den Simultan-Studiengängen an insgesamt neun Hochschulen bieten fünf Hochschulen in Aachen, Bochum, Braunschweig, München und Siegen Aufbau-Studiengänge für Wirtschaftsingenieure an. Hier wird ein abgeschlossenes ingenieur- oder naturwissenschaftliches Studium durch mindestens vier Semester Wirtschaftswissenschaften ergänzt. Wirtschaftsingenieure können, ob simultan oder im Aufbaustudium zur Diplomprüfung gelangt, wahlweise in verschiedenen Fachbereichen promovieren, zum Dr.-Ing., Dr. rer. pol. oder Dr. rer. nat. Die praktische Ausbildung bezeichnen die Berliner Professoren Baumgarten und Feilhauer in einer vom Verband Deutscher Wirtschaftsingenieure herausgegebenen Broschüre als unerläßliche Vorbereitung und Ergänzung des wissenschaftlichen Studiums. Universitäten und Hochschulen verlangen Praktika von unterschiedlicher Dauer bei privaten oder öffentlichen Unternehmen, insgesamt knapp dreißig Wochen, gemischt aus technischen und kaufmännischen Tätigkeiten.

An Fachhochschulen ist die Praxis stärker in das Studium integriert. Die Regelstudienzeit von acht Semestern teilt sich in sechs Studiensemester und zwei Praxissemester. Auch bei den Fachhochschulen dominiert das Simultanstudium. Von Aalen bis Würzburg umfaßt die alphabetische Auflistung 13 Fachhochschulen, die Wirtschaftsingenieure heranbilden. Im Vergleich zu Universitäten oder Hochschulen, die ihr Profil bei aller berufsspezifischen Aufgabenstellung doch stärker an der Wissenschaft ausrichten, hebt sich das praxisorientierte Konzept der Fachhochschulen durch die frühzeitige Spezialisierung auf bestimmte Wahlpflichtfächer wie Betriebstechnik, Personalwirtschaft oder Verfahrenstechnik ab. Davon abgesehen haben sich einige Ausbildungsstätten auf ganz bestimmte Branchen oder Berufsfelder konzentriert. So kann man in Bremerhaven die Fachrichtung Transportwesen verfolgen, in Hamburg die Seefahrt, und in Stuttgart bietet die Fachhochschule für Druck Studiengänge für Wirtschaftsingenieure an, die später im Verlagswesen oder in der Werbewirtschaft tätig sein wollen.

Mit dem Aufbaustudium, das auch an Fachhochschulen möglich ist, erweitern sich Zahl und Art der Ausbildungsmöglichkeiten bis nahe an die Grenzen der beruflichen Weiterbildung. In der Regel werden Diplom-Ingenieure technischer oder mathematisch-naturwissenschaftlicher Disziplinen zu einem ergänzenden Studium der Wirtschaftswissenschaften von drei bis vier Semestern zugelassen. An der Fachhochschule für Technik in Mannheim geht es auch umgekehrt. Hier können Betriebswirte durch ein technisches Aufbaustudium von drei Semestern zu Diplom-Wirtschaftsingenieuren avancieren. An den Fachhochschulen in Berlin, Bielefeld und Bochum läßt sich das Aufbaustudium auch in Abendlehrgängen bewältigen, verteilt auf vier bis fünf Semester, in Dortmund wird es in Abendveranstaltungen angeboten, um „einem essentiellen Bedürfnis vieler im Beruf stehenden Ingenieure zu genügen". Sogar im Fernstudium ist die begehrte Doppelqualifikation zu erwerben: bei der Hochschule für Beruftstätige in Rendsburg.

Datenverarbeitung, Produktionstechnologie und Logistik gelten zur Zeit als Wachstumszonen für Wirtschaftsingenieure. Bei den Hochschulen stehen die Firmen Schlange, auf den Schwarzen Brettern häufen sich die Stellenangebote, in den Büros der Hochschulprofessoren gehen fast täglich Anfragen ein. Die meisten Absolventen sind schon vor der Prüfung vergeben. Das liegt auch daran, daß sich für Wirtschaftsingenieure immer neue Tätigkeitsfelder entwickeln. Über 80 Prozent arbeiten in der Privatwirtschaft und 53 Prozent in Industrieunternehmen. Zu den „klassischen" Einsatzgebieten gehören Organisation, Produktplanung, Marketing, Controlling sowie Forschung und Entwicklung. Aber auch in Handelsunternehmen, bei Banken und Versicherungen, Behörden und Verbänden, im Entwicklungsdienst oder in der Unternehmensberatung sind Wirtschaftsingenieure zunehmend gefragt. Das Studium gilt als direktes Sprungbrett ins Management, weshalb Söhne von Unternehmern nach den Beobachtungen von Professor Pfohl in diesen Fachbereichen auffallend häufig anzutreffen sind.

Zahnmedizin

Die Angst des Zahnarztes vor den Patienten

Von Rainer Flöhl

Wer heute Zahnarzt werden will, muß Optimist sein. Am besten sind noch jene Studenten dran, die im Familienkreis eine Praxis übernehmen können. Die wirtschaftlichen Voraussetzungen dieses Berufsstandes haben sich in den letzten Jahren in dramatischer Weise geändert. An der Spitze der Ärzteeinkommen liegen die Zahnärzte – im Durchschnitt gesehen – jedenfalls nicht mehr. Die Jahreseinkommen werden mit 200 000 Mark angegeben. Die Zahl der an den Hochschulen ausgebildeten Zahnärzte liegt noch immer weit über dem Bedarf. Die Weltgesundheitsorganisation hält ein Verhältnis von einem Zahnarzt auf 1500 Einwohner für optimal. In der Bundesrepublik ist dieser Wert bereits erreicht; in der Ausbildung befinden sich aber weitere 12 000 Studenten. Die Möglichkeiten, außerhalb der freien Praxis unterzukommen, etwa bei Behörden, Verbänden oder im öffentlichen Gesundheitswesen, sind beschränkt. Die Hochschullaufbahn ist wenig attraktiv, wenngleich sich die Verhältnisse durch die Verschlechterung der Perspektiven in der freien Praxis verbessert haben. Der Zwang der gesetzlichen Krankenkassen zu sparen, wird den Zuwachs an Honorar auch bei den Zahnärzten künftig in engen Grenzen halten. Die Praxiskosten dürften daher stärker steigen als die Einnahmen.

So verwundert es nicht, innerhalb der Verbände auf Bestrebungen zu stoßen, aus der gesetzlichen Krankenversicherung auszutreten. Viele Zahnärzte wollen keine Kassenpatienten mehr. Sie wollen die Kostenerstattung statt des jetzt geltenden Sachleistungsprinzips. Diese Initiativen sind Beleg für die Unzufriedenheit und den Unmut über die wirtschaftliche Lage unter den rund 30 000 hierzulande in freier Praxis tätigen Zahnärzten. Der „immaterielle" Wert einer Praxis (Goodwill) beim Verkauf sinkt deshalb immer weiter.

Zwischen 1984 und 1989 ist er von 156 000 auf 95 000 Mark gefallen. Das Gehaltsniveau angestellter Zahnärzte nimmt ebenfalls ab.

Angesichts dieser Situation ist es nicht verwunderlich, daß der Andrang zum Studium der Zahnmedizin nachläßt. Nach wie vor besteht zwar ein Numerus clausus, doch auf einen Studienplatz kamen zuletzt nur noch 2,5 Bewerber. Zieht man die „Altlasten" ab, also jene Kandidaten, die schon länger auf einen Studienplatz warten, sind es sogar nur 1,3. Früher lag das Verhältnis zwischen Angebot und Nachfrage bei 1:7. Die Abiturienten reagieren also durchaus auf den Markt.

Die Mängel und Versäumnisse beim Studium der Zahnmedizin dürften für diese Zurückhaltung kaum verantwortlich sein. Sie werden erst offenkundig, wenn die Wahl bereits getroffen ist. Handwerkliches Geschick, körperliche Belastbarkeit, gutes Sehvermögen und Geduld sollten vorhanden sein, sind aber allein noch keine Garantie für ein erfolgreiches Studium. Die Kritik kommt daher mehr von den Studenten in den klinischen Semestern, vor allem aber von berufspolitisch engagierten Zahnärzten und teilweise sogar von Hochschullehrern. Das Studium, das 10 Semester dauert – hinzu kommt ein Examenssemester –, ist völlig verschult. Die Veranstaltungen mit Anwesenheitspflicht überschreiten oft mehr als 40 Stunden pro Woche. Angebot und Nachfrage für zusätzliche freiwillige Lehrveranstaltungen sind daher gering. Die Zahl der Studenten ist zudem für die vorhandenen Plätze viel zu hoch, um die Ausbildung sinnvoll durchzuführen. Es fehlen ausreichend erfahrene Assistenten, vor allem aber auch Patienten. So kommt es vor, daß fertige Zahnärzte die Universität verlassen, die noch nie einen Zahn gezogen oder eine Prothese eingepaßt haben.

Doch die Kritik am Studium ist vielfach grundsätzlicher Natur. Die Ausbildung sei nicht nur unzulänglich, sondern auch falsch, ist häufig zu hören. Es handele sich um eine Ausbildung zum Bohren. Das Zahntechnische dominiert zweifellos. In der Bundesrepublik ist alles auf Reparatur ausgerichtet: auf Füllungen, Zahnersatz und Prothesen. Die Prävention, die Förderung der Mundgesundheit, kommt viel zu kurz. Der Zahnarzt behandelt Zähne statt Menschen. Deshalb wird eine Verlagerung der Schwerpunkte des Studiums vom prothetisch-technischen zum prophylaktisch-konservierenden befürwortet. Aber die Hochschullehrer und das für die Ausbildung zuständige Bundesgesundheitsministerium tun sich schwer mit solchen Reformen. Zwar sind Visionen vom bald arbeitslosen Zahnarzt, wie sie Vertreter der Weltgesundheitsorganisation verbreiten, sicherlich nicht realistisch. Trotz aller Anstrengungen, das Verhalten der Bevölkerung zu verändern und sie zu besserer Mundpflege anzuhalten, wird es weiterhin kranke Zähne geben. Die Reparaturen werden also auch künftig nötig sein. Ebenso Zahnärzte, die einwandfreie Füllungen und Prothesen anzufertigen vermögen.

Doch andererseits ist auch wahr, daß die Prävention vor allem in der Bundesrepublik intensiviert werden muß. Das Bundesarbeitsministerium und die Kassen haben hier jetzt die Initiative ergriffen. Die Berufsverbände haben inzwischen erkannt, daß hier zusätzliche Leistungen erbracht werden können. Aber die Befähigung dafür fehlt den Zahnärzten eigentlich, selbst jenen, die gerade von der Hochschule kommen. So wird die Zahnmedizin nicht um Reformen des Curriculums herumkommen. Eine solche Umgestaltung sollte zudem zu einer Straffung und Verkürzung des vorklinischen

Studiums führen. Außerdem sollten die Studenten früher an richtige Patienten herankommen. Viel zu lange beschäftigen sie sich mit Gipszähnen und Phantomköpfen. So wächst die Angst vor den Patienten, die eher unbekannte Wesen bleiben. Der „stumme" Arzt ist in der Zahnmedizin noch häufiger anzutreffen als in der Humanmedizin. Gerade die Prävention verlangt vom Zahnarzt aber viel Kommunikation; er muß die psychische und soziale Situation des einzelnen Patienten erkennen und ihn individuell beraten. Dies gilt insbesondere für die Behandlung von Kindern, älteren Menschen und Behinderten, was in der Ausbildung noch nicht genügend berücksichtigt wird.

Deshalb tauchen immer wieder Forderungen auf, das Studium auch zu erweitern. Es sollte nicht nur manuelle Fähigkeiten vermitteln, sondern auch die für ärztliches Handeln notwendigen sozialen, ethischen und menschlichen Qualifikationen. Manche Kritiker meinen, diese würden den Studenten durch die derzeitige Ausbildung geradezu abgewöhnt. Letztlich geht es also darum, dem Zahnarzt nicht nur zur „Berufsfähigkeit", sondern auch zur „Praxisfähigkeit" zu verhelfen. Er soll zusätzlich in Psychologie und Sozialmedizin ausgebildet werden, in Ergonomie (was sich wegen der starken körperlichen Belastung empfiehlt) und sogar in Betriebswirtschaftslehre. Gerade in Zeiten angespannter wirtschaftlicher Lage ist die rationelle Organisation der Praxis von entscheidender Bedeutung.

Diese Forderungen entsprechen durchaus der Doppelrolle des Zahnarztes als freier Unternehmer einerseits und als Arzt mit gesundheitspolitischer Verantwortung andererseits. Wie soll der Zahnarzt sonst im Konflikt zwischen betriebswirtschaftlichen Notwendigkeiten und zwischen ethischen Normen bestehen? Der Konkurrenzdruck kann den Zahnarzt leicht dazu verleiten, ethische Prinzipien zu vernachlässigen. Manche haben sich schon der Naturheilkunde zugewandt und fahnden mit alternativen Meßsonden nach Streuherden und Allergien. Der Slogan „Je schlechter ein Zahnarzt arbeitet, um so besser verdient er" kommt nicht von ungefähr. So sorgen sich viele Zahnmediziner zunehmend um die Qualität der Versorgung. Die Kontrolle der Qualität muß daher auch von den Berufsverbänden und den Kassenzahnärztlichen Vereinigungen intensiver betrieben werden. Wie es scheint, bahnt sich auch hier ein Wandel an.

Nirgends sonst sind die Aufwendungen für die zahnmedizinische Versorgung so hoch wie in der Bundesrepublik. Die Qualität war, bislang jedenfalls, nicht die schlechteste. Was den Erhaltungszustand der Zähne bei den über 65 Jahre alten Menschen betrifft, gehört Deutschland mit der Schweiz und Schweden zur Spitzengruppe. Ob dies so bleibt, hängt auch vom Verhalten der Zahnärzte ab. Defizite in der Ausbildung wird es immer geben. Sie aufzufangen, ist Aufgabe der Berufsverbände, der Standesorganisationen und der

Kassenzahnärztlichen Vereinigungen. Die Universitäten sind noch immer Stätten von Forschung und Lehre und keine Berufsfachschulen, selbst wenn die Zahnmedizin diesen schon bedenklich nahe kommt.

Das Studium in Brandenburg und Berlin

Von der Kaderschmiede zur wissenschaftlichen Universität

Von Kerstin Schwenn

Zu DDR-Zeiten war im Land Brandenburg keine einzige Universität angesiedelt. Zwar gab es die Hochschule für Recht und Verwaltung in Potsdam-Babelsberg, Kaderschmiede für den Führungsnachwuchs in Staat und Partei, eine Pädagogische Hochschule und die Hochschule für Bauwesen in Cottbus. Aber mit dem höchsten akademischen Status waren diese Einrichtungen nicht versehen. Im Juli 1991 hat die brandenburgische Landesregierung drei Hochschulen gegründet: die Universität Potsdam, die Technische Universität Cottbus und die Europa-Universität Viadrina in Frankfurt/Oder. Alle drei sollen kleine Universitäten bleiben: Etwa 10000 Studenten sollen einmal in Potsdam, und 5000 bis 8000 in Cottbus Platz finden. In Frankfurt, das zwischen 1506 und 1811 schon einmal Universitätsstadt war, werden noch deutlich weniger Studierende zugelassen werden.

Die Europa-Universität an der deutsch-polnischen Grenze, die mit dem Studienbetrieb frühestens zum Wintersemester 1992/93 beginnen wird, ist als „Perle" der brandenburgischen Hochschullandschaft gedacht. Die Gründer wünschen sich eine „europäische Begegnungsstätte" mit Studenten und Professoren aus aller Welt. Die Wirtschafts- und Rechtswissenschaften sollen den Schwerpunkt darstellen. Daneben wird mindestens eine Fremdsprache Pflichtfach sein, um auf diese Weise Spezialisten für verschiedene Ländergruppen heranzubilden. Schon wegen der räumlichen Nähe sollen die osteuropäischen Länder besondere Beachtung finden. Im Gründungsausschuß, den der Bochumer Rechtsprofessor Knut Ipsen leitet, sitzen neben deutschen Wissenschaftlern zwei Polen, ein Amerikaner, ein Engländer, ein Franzose und ein Schwede.

In die Universitäten Potsdam und Cottbus, die schon im Herbst 1991 neue Studenten aufgenommen haben, werden diejenigen alten Einrichtungen integriert, in denen die Vorlesungen fortgesetzt wurden. So wurden zum Beispiel etwa 500 „Vor-Wende-Jurastudenten" übernommen. In diesem Fachbereich ist allerdings der alte DDR-Lehrkörper schon ausgetauscht worden. Seit Anfang des Jahres 1991 stehen ausschließlich Dozenten aus dem Westen am Pult. Auch die Lehrerausbildung, früher der Pädagogischen Hochschule vorbehalten, wird in die neue Universität überführt.

Der Schwerpunkt der fachlichen Ausrichtung wird in Potsdam neben der Lehrer- und Juristenausbildung auf den Studiengängen Politik, Wirtschaft und Informatik liegen. Für die Ausbildung in naturwissenschaftlichen Fächern sollen einige Einrichtungen der Akadamie der Wissenschaften übernommen werden. Die größten fachlichen und personellen Veränderungen wird es in den Geisteswissenschaften (Soziologie, Psychologie, Pädagogik) geben. Alle Fachbereiche sollen klein bleiben, die Entwicklung zu einer Mammutuniversität soll vermieden werden. Bei den Juristen will die Universität etwa 200 Studenten je Semester zulassen.

Eine Besonderheit in Potsdam ist die traditionsreiche Hochschule für Film und Fernsehen in Babelsberg, die alle Ausbildungen vom Kameramann bis zum Regisseur anbietet. Der Wissenschaftsrat hat Brandenburg außerdem die Schaffung von vier Fachhochschulen in Potsdam, Cottbus, Eberswalde und Wildau empfohlen. Welche Fächer dort gelehrt werden, soll bis Jahresende 1991 entschieden sein.

Wer sich in seinem Studium auf einen technischen Beruf vorbereiten will, wird sich nach Cottbus orientieren, das schon zu DDR-Zeiten eine technische Fachhochschule beherbergte. Schwerpunkte bilden die Ingenieurwissenschaften, besonders das Bauingenieurwesen, außerdem Mathematik, Natur- und Sozialwissenschaften sowie Umwelttechnik. Der Wissenschaftsrat hat dem Standort in der Lausitz jedoch auferlegt, das wissenschaftliche Konzept eng mit den Technischen Universitäten in Berlin und Dresden abzustimmen und Kapazitäten zu verlagern. In der Gründungskommission für die Cottbuser Hochschule sitzt deshalb auch ein Vertreter der TU Berlin.

Das Fach Medizin wird an keiner brandenburgischen Universität angeboten. Die Einrichtung dieses Fachbereichs erschien zu teuer: Ein Medizin-Studienplatz kostet in der Regel ein Vielfaches eines Studienplatzes in den Geisteswissenschaften. Künftige Ärzte müssen also zum Studium nach Berlin, Dresden oder eine andere Universitätsstadt umziehen.

Auch in Berlin, wo sich Freie Universität (FU), Technische Universität (TU) und die Ostberliner Humboldt-Universität (HU) um die Pfründe streiten, werden die Kapazitäten neu verteilt. Im Sommersemester 1992 wird der Fachbereich Agrarwissenschaft der TU Berlin mit der Ostberliner Fakultät fusioniert werden. Auch Tiermedizin wird dann voraussichtlich nur noch an der Humboldt-Universität gelehrt. Das Fach Lebensmitteltechnologie soll von der HU zur Westberliner FU verlagert werden.

Alle anderen Fakultäten der Humboldt-Universität – abgesehen von den „abgewickelten" Fächern – bestehen zunächst weiter. Gestoppt worden ist die Abwicklung in den Fächern Rechts-, Wirtschafts- und Erziehungswissenschaften sowie Geschichte und Philosophie. Außer in den Erziehungswissenschaften werden auch im Wintersemester 1991/92 Studenten für diese Fachrichtungen zugelassen.

Nach den bisherigen Plänen soll die Kapazität der HU auf etwa 19000

Studenten begrenzt werden, gut 4200 Studenten sollen in jedem Jahr neu aufgenommen werden. Mit dieser Zahl liegt die HU ungefähr bei derselben Kapazität wie die TU Berlin. Sie ist offiziell für 20 000 Studenten eingerichtet, tatsächlich studieren dort zur Zeit 35 000 Frauen und Männer. Ausnahmen von der Kapazitätsverordnung „genießt" auch noch die FU Berlin, an der statt der vorgesehenen 30 000 derzeit 60 000 Studenten eingeschrieben sind.

Das Studium in Sachsen-Anhalt

Tradition an der Martin-Luther-Universität in Halle

Von Johannes Leithäuser

Ein Jahr nach der Gründung des Landes Sachsen-Anhalt ist die Zukunft seiner Hochschulen erst zum Teil geklärt. Das Land ist aus den DDR-Bezirken Magdeburg und Halle entstanden; die wissenschaftlichen Institutionen konzentrieren sich im Süden. Neben der traditionsreichen Martin-Luther-Universität Halle zählen dazu eine Pädagogische und eine Kunsthochschule in Halle, Technische Hochschulen in Merseburg und Köthen sowie eine Agrarhochschule in Bernburg. Im Norden des Landes ist bislang Magdeburg der einzige Hochschulstandort, es verfügt über eine Technische Universität, eine Medizinische Akademie und – wie Halle – über eine Pädagogische Hochschule. Auch in Sachsen-Anhalt hat es zum Jahresbeginn 1991 „Abwicklungen" gegeben, sie bezogen sich auf einzelne Fachbereiche. Grundsätzliche Entscheidungen über die Zukunft einiger Hochschulen stehen jedoch noch aus. Eine Hochschulstrukturkommission arbeitet im Auftrag des Wissenschaftsministeriums an einem Konzept. Es orientiert sich zum einen an dem Bedarf, der für Akademiker aus bestimmten Fächern in den kommenden Jahren bestehen wird, also etwa für Juristen und Wirtschaftswissenschaftler. Zum anderen sollen sich die regionalen Besonderheiten des Landes im Wissenschaftskonzept spiegeln. In Magdeburg, zu DDR-Zeiten mit dem Titel „Stadt des Schwermaschinenbaus" versehen, dominieren technische Studiengänge, in der Chemieregion Halle soll ein Forschungszentrum entstehen, das sich mit Umweltfragen befaßt.

Fest steht bislang, daß die Universität Halle und die Technische Universität Magdeburg ihre Studienangebote erweitern und daß mindestens vier Fachhochschulen im Land gegründet werden. Zwei von ihnen nehmen den Studienbetrieb schon zum Wintersemester auf, die gesetzliche Grundlage dazu muß freilich im Landtag erst noch beraten werden: Die Fachhochschule Magdeburg bietet in den Fächern Bauingenieurwesen, Wasser- und Abfallwirtschaft, Maschinenbau und Elektrotechnik fürs erste jeweils fünfzig Studienplätze. In Wernigerode sind 80 Plätze für den Studiengang Betriebswirtschaft vorgesehen. Die Gründungsbeauftragten der beiden Hochschulen sind aus dem Nachbarland Niedersachsen gewonnen worden. Es sind die Professoren Kaschade (Magdeburg) und Kuckertz (Wernigerode), die bislang an der FH Braunschweig/Wolfenbüttel tätig waren. Der Lehrbetrieb wird anfangs allein von Gastdozenten sichergestellt werden müssen. Der

Gründungsrektor der Magdeburger FH schätzt, daß bis zur Besetzung aller vorgesehenen Lehrstühle „mindestens zwei Jahre“ vergehen werden.

Die weiteren Pläne des Landes beziehen sich auf eine „Fachhochschule Anhalt“ an den Standorten Dessau, Bernburg und Köthen, in die Studienrichtungen der Hochschulen integriert werden könnten, die jeweils dort am Ort schon bestehen. In Bernburg beträfe dies beispielsweise Agrarwissenschaften und einen Informatik-Studiengang, in Köthen Naturwissenschaften und technische Fächer. Eine vierte Fachhochschule soll im kommenden Jahr im Raum Halle entstehen. Deren Standort und Fächerkanon sind noch nicht definitiv bestimmt, sie hängen nicht zuletzt vom Schicksal der Technischen Hochschule Merseburg ab. Sie soll ihre Studiengänge Chemie, Werkstoff- und Verfahrenstechnik an die Universität Halle abgeben, die verbleibenden Fächer Mathematik und Physik könnten dann als Grundstück einer Fachhochschule dienen. Dagegen regt sich in Merseburg Widerstand. Rektor und Senat der Technischen Hochschule sähen den derzeitgen Fächerkanon mindestens gerne erhalten, sie plädieren dafür, der Hochschule den Status einer Technischen Universität zu geben und bemühen sich um die Einrichtung neuer Studienangebote. Ein Institut für Unternehmensführung ist vor Monaten gegründet worden, als Dekan wurde der Hamburger Wirtschaftswissenschaftler Vieweg bestellt.

Der Grund für die geplante Umverteilung von Merseburg nach Halle liegt im Versprechen der Landesregierung, Halle zu einem Wissenschaftszentrum zu entwickeln, dessen glanzvoller neuer Schwerpunkt unter anderem die Forschungseinrichtungen und Studiengänge sein sollen, die angewandte Technologien für den Umweltschutz vermitteln. Auch die Ansiedlung eines Max-Planck-Institutes ist dazu geplant. Bislang bleibt die Universität jedoch noch vordringlich mit dem Wiederaufbau ihrer abgewickelten Fachbereiche beschäftigt; zudem hat, wie an den anderen Hochschulen des Landes auch, die „Evaluierung" von Professoren und Dozenten eingesetzt. Die Kommissionen, die die persönliche Integrität und die fachliche Qualifikationen der Hochschullehrer überprüfen müssen, sind jetzt bestimmt worden, nachdem die Landesregierung das dazu notwendige Gesetz nach einigem Hin und Her durch den Landtag gebracht hat.

In Halle hat unter anderem mittlerweile der Prorektor für Naturwissenschaften seinen Rücktritt erklärt, der Prorektor für Geisteswissenschaften bestritt dagegen Wochen alle Vorwürfe, er habe einst dem Staatssicherheitsdienst Informationen geliefert. Ein entsprechender Verdacht richtete sich bislang auch gegen zwei weitere Fachbereichsleiter. Wie die personelle Ausstattung in den Studiengängen am Ende der Evaluierung aussehen wird, ist noch lange nicht endgültig abzusehen. Eine hohe Fluktuation unter den Hochschullehrern hat es schon vor dem Beginn der gesetzlichen Evaluierung gegeben. Seit dem Sommer des letzten Jahres verließen knapp 50 Professoren und Dozenten die Universität, die doppelte Zahl kam im Rahmen von Gastverträgen aus den westlichen Ländern zur Aushilfe an die Hochschule. Die Gründungsdekane der abgewickelten Fachbereiche, die neu aufgebaut werden, stammen ohne Ausnahme aus den westlichen Ländern. Es sind der Rechtswissenschaftler Schreiber aus Göttingen, der Bochumer Wirtschaftswissenschaftler Schmitt-Rink und der Hamburger Politologe Hartwich, der den Fachbereich Philosophie aufbaut, zu dem die Politikwissenschaft gehört.

Die Studenten müssen sich im Wintersemester 1991/92 immer noch mit provisorischen Verhältnissen abfinden, da die Besetzung der Lehrstühle auch in den nichtabgewickelten Fächern erst endgültig geklärt werden kann, wenn die Überprüfung der Hochschullehrer beendet ist. Zur Zeit sind in Sachsen-Anhalt rund 18 000 Studenten eingeschrieben. Trotz der unbefriedigenden Studienbedingungen hält sich die Abwanderung an westliche Hochschulen bislang in Grenzen, wofür eine allgemeine Scheu vor den anderen Lebensumständen, aber auch finanzielle Gründe verantwortlich sind.

Das Studium in Mecklenburg-Vorpommern

Jura ist besonders beliebt

von Johannes Leithäuser

Mecklenburg-Vorpommern hat die geringste Bevölkerungszahl unter den neuen Ländern, ist aber bei seiner Wiedergründung im vergangen Herbst 1990 mit wissenschaftlichen Einrichtungen am umfangreichsten ausgestattet gewesen. Zwei traditionsreiche Universitäten, Rostock und Greifswald, zählten dazu, zwei Pädagogische Hochschulen, eine Technische Hochschule und eine für Schiffahrt. Für das kleine Land ergaben sich daraus mehrere Konsequenzen. Neben dem allgemeinen Zwang, die Hochschulen umzustrukturieren und das Personal zu überprüfen, stand die Notwendigkeit zum Sparen. Nachdem Abwicklungen zum Jahresbeginn 1991 nur sehr begrenzt eingesetzt wurden, faßte die Landesregierung im Juni einen Beschluß zur Neuordnung des Hochschulwesens, der nur noch für drei der sechs Hochschulen eine Zukunft enthielt. Die beiden Pädagogischen Hochschulen und die Warnemünder Seefahrts-Hochschule wurden den Universitäten eingegliedert. Die Wismarer Technische Hochschule soll einstweilen bestehen bleiben, allerdings werden zwei neue Fachhochschulen in Neubrandenburg und Stralsund errichtet.

Unbeschadet dieser Grundsatzentscheidung kann der Zwang zur Sparsamkeit die weiterbestehenden Universitäten in nächster Zeit noch in ihrer Fächervielfalt treffen. So war beispielsweise zunächst davon abgesehen worden, in Rostock und Greifswald je einen juristischen Fachbereich einzurichten. Die Entscheidung wurde jedoch noch im Frühjahr korrigiert; inzwischen hat sich Jura als beliebtester Studienwunsch unter den Anfängern zum Wintersemester 1991/92 erwiesen, beide Universitäten haben einen internen Numerus clausus errichten müssen. In Greifswald zitterten Universitätsleitung und Magistrat monatelang um den Fortbestand der medizinischen Fakultät, nachdem Gerüchte aufkamen, das Land habe sich entschlossen, die Mediziner-Ausbildung allein auf Rostock zu konzentrieren. Die Regierung sah sich schließlich veranlaßt, ausdrücklich den Fortbestand der Medizin in Greifswald zu bestätigen. Eine Folge des Sparzwanges trifft die vorpommersche Universität dennoch: von der Einrichtung des Studienfaches Betriebswirtschaftslehre zum kommenden Wintersemester wird in dem erwähnten Kabinettsbeschluß abgesehen, obwohl die Vorbereitungen an der Universität schon umfangreich gediehen waren und einige Studenten an dem Fachbereich in Gründung bereits ein Semester hinter sich gebracht hatten.

Auch die üblichen Personalprobleme an den ostdeutschen Hochschulen müssen in Greifswald und Rostock noch durchgestanden werden. Zwar verfügte Mecklenburg-Vorpommern als erstes der neuen Länder über ein Hochschulerneuerungsgesetz, doch zog sich die Konstituierung der Kommissionen, die das Personal überprüfen sollen, über Monate hin. Aus der persönlichen und fachlichen Überprüfung des Personals ergeben sich übrigens wiederum finanzielle Konsequenzen: Am Ende der Überprüfung muß geregelt werden, wie welche Stelle in das Besoldungssystem des bundesdeutschen Hochschulrahmengesetzes eingeordnet wird. Die Greifswalder Gruppe des Deutschen Hochschulverbandes befürchtet beispielsweise, daß nicht für alle überprüften Professoren eine entsprechende Planstelle vorhanden sein wird, und plädiert dafür, außerordentliche C2-Professuren einzurichten. Ähnliche Schwierigkeiten gibt es im akademischen Mittelbau.

Den Forderungen stehen knapp gerechnete Pläne des Kultusministeriums gegenüber, die im Sommer 1991 folgende Eckdaten enthielten: Am Ende des vergangenen Jahres verfügten die Hochschulen im Land bei 11 000 Studenten über insgesamt 6200 Stellen, nicht gerechnet die Studienplätze und das Personal der medizinischen Fakultäten. Künftig sollen die Hochschulen 25 000 Studienplätze anbieten, die Zahl der Stellen soll auf 4100 reduziert werden. Der Kultusminister in Schwerin wird es schwer haben, diese Sparziele einzuhalten, zumal die Hochschulen prominente Fürsprecher mobilisieren können, die aus ihren Reihen inzwischen den Weg in die Politik genommen haben. Dazu zählen der Bundesbildungsminister Ortleb, einst Mathematikprofessor an der Rostocker Universität, Bundesverkehrsminister Krause, früher Dozent für Informatik an der benachbarten Technischen Hochschule Wismar und nicht zuletzt der mecklenburg-vorpommersche Ministerpräsident Gomolka, der bis 1990 in Greifswald als Geographie-Dozent tätig war.

Die Eingliederung der Pädagogischen Hochschulen bietet den Universitäten jedoch in jedem Fall auch eine Erweiterung des Fächerkanons um die üblichen Lehramts-Studiengänge. Ein besonderer regionaler Schwerpunkt soll in Greifswald etabliert werden. Im Blick auf die Nähe zum Baltikum und zu anderen Anrainern an der Ostsee werden Studiengänge Baltistik, Finnougristik und Nordische Sprachen vorbereitet. Auch Polnisch als Lehramtsstudiengang steht auf der Liste der Planungen; Russisch als Lehramtsfach und Slawistik als Magister-Studiengang sind bereits vorhanden. Unter dem Dach der Rostocker Universität werden dagegen die musischen Studienfächer zunächst unterkommen, die bislang als Außenstellen der Berliner Musik- und Theaterhochschulen in Rostock und Schwerin bestanden haben. Es wird ein Institut für Musik und Theater gegründet, das später einmal Grundstock einer eigenen Hochschule werden könnte, falls die Finanzen des Landes das jemals zulassen. In Rostock soll zudem ein Zentrum entstehen, das den äußerst schwierigen Strukturwandel in der Landwirtschaft wissenschaftlich begleitet, der für Mecklenburg-Vorpommern große Bedeutung hat. Die bisherige agrarwissenschaftliche Fakultät bietet dazu künftig Studiengänge in Agrarökonomie und -ökologie an.

Direkten Nutzen für die wirtschaftliche Entwicklung des Landes soll eine Technische Hochschule bieten, in die bestehende Studiengänge der Rostokker Universität und der derzeitigen TH Wismar integriert werden könnten. Bis zur endgültigen Entscheidung über Standort und Studienangebot werden noch Monate vergehen, das Ingenieurstudium an dieser neu konzpierten Hochschule soll zum Sommersemester 1993 beginnen. Unterdessen werden an der Rostocker Universität weiterhin Maschinenbau und Elektrotechnik, in Wismar neben diesen beiden Fächern auch Bauingenieurwesen angeboten. Die beiden Fachhochschulen, die zum Wintersemester 1991/92 den Betrieb aufnehmen, bieten außer den genannten Fächern einen Studiengang Sozialwesen (Neubrandenburg), Innenarchitektur, Industriedesign und Wirtschaft (Stralsund und Heiligendamm). Als Dozenten für die beiden neuen Hochschulen sind zunächst vor allem einheimische Wissenschaftler mit Zeitverträgen gewonnen worden.

Das Studium in Thüringen und Sachsen

Flucht aus den überfüllten Hörsälen im Westen

Von Johann Michael Möller

Zwei Besonderheiten der Hochschullandschaft der ehemaligen DDR fallen noch heute ins Auge: die hohe Konzentration der universitären Einrichtungen im Süden und damit in den neuen Bundesländern Sachsen und Thüringen und eine außerordentliche Spezialisierung der akademischen Ausbildung, innerhalb der die Ingenieurwissenschaften ein deutliches Übergewicht besaßen. Studierten in der früheren DDR nur vier Prozent der Studenten Sprach- und Kulturwissenschaften gegenüber 16 Prozent in der alten Bundesrepublik, so entfiel in der DDR fast ein Drittel der Studenten auf die Ingenieurwissenschaften im Vergleich zu einem Fünftel im Westen. Für die Bildungspolitik in den neuen Bundesländern ist das ein schweres Erbe. Sie steht nicht nur vor der Aufgabe, ein zentralisiertes und politisch deformiertes Hochschulwesen nach föderalen und demokratischen Prinzipien neu zu organisieren; sie muß sich darüber hinaus auch gezielt um jene Fächer kümmern, die unter den Bedingungen des alten Systems besonders gelitten haben: die historischen Disziplinen, die Jurisprudenz oder die Wirtschaftswissenschaften. Dort sind durch Abwicklung und Evaluierung die tiefsten Einschnitte in das alte Hochschulwesen zu verzeichnen, und vielfach ist ein vollkommener Neuaufbau der betroffenen Fächer notwendig geworden, was natürlich seine Zeit braucht. Rund 6,5 Milliarden DM werden nach Schätzungen des Wissenschaftsrates für die Neuordnung der ostdeutschen Hochschullandschaft in den nächsten fünf Jahren notwendig sein, wobei wiederum der größte Posten zwangsläufig auf die technischen Wissenschaften und deren Laboreinrichtungen entfällt.

Diese Situation kann nicht ohne Einfluß auf die Bereitschaft der Studenten bleiben, an ostdeutschen Universitäten zu studieren. Während bei den Geisteswissenschaften von einem geregelten Lehrbetrieb noch kaum die Rede sein kann, weisen die technischen Wissenschaften, aber auch die Medizin oder die Architektur bereits einen unerwarteten Zulauf von Studenten aus den alten Bundesländern auf. In der im Westen immer schon anerkannten Ausbildung an manchen Einrichtungen der alten DDR, wie etwa der Technischen Hochschule Ilmenau oder der Bergakademie Freiberg, sehen viele Studenten offenbar inzwischen die Chance, dem überfüllten Lehrbetrieb in den alten Bundesländern zu entkommen. So nimmt man mittlerweile sogar die beengten Lebensumstände in den DDR-Studentenheimen in Kauf, in denen man sich die Unterkunft in der Regel mit anderen Kommilitonen teilen muß, um ein Studium im Osten zu beginnen, das sich nach wie vor durch eine straffere Ausbildung und ein günstigeres Lehrer-Studenten-Verhältnis auszeichnet. Mit einer bei knapp fünf Jahren liegenden Studiendauer und einer bisherigen Erfolgsquote von achtzig Prozent schneidet etwa die Technische Universität Chemnitz wesentlich günstiger ab als vergleichbare Einrichtungen in den Altbundesländern. Nicht an einer Massenuniversität, sondern in der Gemeinschaft von Seminargruppen lernen zu wollen, wird deshalb immer mehr als Grund für die Entscheidung zugunsten einer ostdeutschen Universität angegeben.

Dazu kommt, daß es etwa an der Technischen Universität Chemnitz noch keine Zulassungsbeschränkungen gibt und so begehrte Studienplätze wie Informatik oder Betriebswirtschaftslehre nicht durch die Dortmunder Zentralstelle, sondern von der Universität selber vergeben werden. Die Studien- und Prüfungsordnungen sind mit denen der Altbundesländer inzwischen weitgehend vergleichbar, und die fachspezifische Einengung der früheren Hochschulbildung scheint dort weitgehend überwunden zu sein. Schließlich dürften auch die niedrigeren Lebenshaltungskosten eine Rolle spielen. So wird der Bafög-Regelsatz im Osten mit 500 DM im Monat angesetzt, und die Rückzahlung der Mietzuschläge beträgt nur ein Viertel gegenüber den Altbundesländern.

Das alles führt an den ostdeutschen Universitäten offenbar zu einem regen Zulauf. So mußte die Hochschule für Architektur und Bauwesen (HAB) in Weimar etwa zu Beginn des Wintersemesters 1991/92 fast genau so viele Bewerber abweisen, wie sie überhaupt aufnehmen konnte. Die besondere Attraktivität dieser mit der Bauhausgeschichte engstens verbundenen Akademie liegt allerdings in der auch im Westen einmaligen Integration aller Bereiche der gebauten Umwelt. So kann man in Weimar neben den klassischen Fächern Architektur und Bauingenieurwesen auch Raumplanung, Informatik und Baustoffkunde studieren, wobei man sich nach der Wende wieder stärker an einem ganzheitlichen, an die Bauhaustradition anknüpfenden Verständnis architektonischer Gestaltung der menschlichen Lebenswelt zu orientieren versucht. So hat man sich auch entschieden gegen die Empfehlungen des Wissenschaftsrates zur Wehr gesetzt, die Studiengänge Baustoffverfahrenstechnik und Raumplanung abzuschaffen. Wie wenige andere Hochschulen hat die HAB ihre innere Selbsterneuerung entschlossen vorangetrieben und bietet heute das Bild einer von politischen Altlasten weitgehend bereinigten, traditionsbewußten Bauakademie dar.

Auch die einzige altehrwürdige Landesuniversität, die Thüringen besitzt, die Friedrich-Schiller-Universität in Jena, gehörte zu den Vorreitern der inneren Selbstreinigung der DDR-Hochschulen. Nicht nur die neugewählte Universitätsleitung, auch eine Reihe von Professoren setzten sich bald nach der Wende an die Spitze des Erneuerungsprozesses und haben in Jena ein aufgeschlossenes geistiges Klima entstehen lassen, in dem die einstige Bedeutung dieser Universität für die gelehrte Welt in Europa wieder sichtbar wird. Jena war als Ausgangspunkt der „Schwerter zu Pflugscharen-Bewegung" schon unter dem SED-Regime ein Ort der intellektuellen Opposition gewesen, woran das heutige akademische Leben allerdings kaum noch erinnert. Auch in Jena ist die fachliche Einengung und Verschulung des alten DDR-Studiums noch keineswegs ganz überwunden, und der Neuaufbau der Geisteswissenschaften steckt erst in den Anfängen. Eine besondere Bedeutung hatte in der Zeiss-Stadt Jena von jeher die industrienahe angewandte Forschung, und im Zusammenhang mit den ehrgeizigen Plänen des neuen Zeiss-Chefs Lothar Späth wird die Hochtechnologieforschung dort auch künftig eine herausragende Rolle spielen.

Fast noch günstiger sieht die Situation an der Technischen Hochschule Ilmenau aus, deren Abschlüsse im Westen anerkannt waren und die eine Reihe von Querschnittsdisziplinen wie Biomedizintechnik oder Neuroinformatik hervorgebracht hat, die Thüringens Ruf als einer der modernsten Forschungs- und Produktionsstandorte der alten DDR begründen. Durch die Praxisnähe vieler Gründungsprofessoren, die meist auch als Betriebsleiter erfolgreich waren, erinnert die Technische Hochschule Ilmenau im Grunde mehr an den Typus der modernen Fachhochschule, wie er sich in Baden-Württemberg herausgebildet hat und dort zu einem entscheidenden Faktor der süddeutschen High-Tech-Industrie geworden ist. Die Gründung von drei Fachhochschulen ist in Thüringen noch im Herbst 1992 vorgesehen und wird das ingenieurwissenschaftliche Profil der thüringischen Wissenschaftslandschaft wohl weiter verstärken, während man an die eher geisteswissenschaftlich orientierte Neugründung der Erfurter Universität nur zögernd herangeht. Eine der Keimzellen der Neugründung, die Medizinische Akademie, hat eine sehr unterschiedliche Beurteilung erfahren. Während einzelnen Bereichen wie der Stomatologie höchstes Niveau bescheinigt wird, gilt ihr Standard auf anderen Gebieten als völlig unzureichend. Die Pädagogische Hochschule in Erfurt hat hingegen den Übergang zum gegliederten Schulwesen in Thüringen noch nicht gemeistert. So hat sie zwar die Grundschullehrerausbildung an sich gezogen, aber die Lehramtstudenten für die Regelschule bevorzugen in ihrer Mehrheit offenbar die Universität in Jena.

Die Hochschulsituation in Sachsen erscheint im Vergleich dazu uneinheitlicher, was nicht nur daran liegt, daß der Freistaat über den weitaus größten Anteil der universitären Einrichtungen der alten DDR verfügt, sondern auch am Entschluß der Landesregierung, grundsätzlich alle Lehrstühle neu auszuschreiben. Damit erscheint zwar die tiefgreifende Erneuerung der sächsischen Hochschulen gewährleistet, aber um den Preis, daß deren eigene Anstrengungen zur Selbsterneuerung zumindest in Frage gestellt sind. Mit der Karl-Marx-Universität in Leipzig besitzt Sachsen die nach der Berliner Humboldt-Universität wohl politisch am meisten belastete Hochschuleinrichtung des vergangenen Systems. Daß die Leipziger Mathematiker und Physiker dessenungeachtet einen hohen Ruf genießen, ändert trotzdem wenig daran, daß die politische Indoktrination in Leipzig besonders weit gegangen ist. Von dort kam deshalb auch besonders heftiger Widerstand gegen die Hochschulpolitik der neuen Landesregierung. Während sich die Geisteswissenschaften an der Karl-Marx-Universität, darunter auch der durch das alte Regime besonders in Verruf geratene Studiengang Journalistik, noch im Stadium der völligen Neuorganisation befinden und nur noch partiell auf frühere Forschungen zurückgreifen können, wie etwa das historisch-etymologische Wörterbuch des Sorbischen, konnte man in den Naturwissenschaften an bestehende Forschungsschwerpunkte anknüpfen. So hat sich die Leipziger Medizin besonders in der biologisch-medizinischen Grundlagenforschung wie der Enzymologie, der Biomembranforschung und den Neurowissenschaften hervorgetan oder die Physik auf dem Gebiet der Halbleiter- und Polymerforschung.

Charakteristisch für die sächsische Hochschullandschaft ist auch eine Reihe von singulären Einrichtungen mit einer besonderen Forschungstradition, wie die Handelshochschule in Leipzig, die Hochschule für Verkehrswesen Friedrich List in Dresden oder die Bergakademie in Freiberg. Während die Leipziger Handelshochschule an ihre bald hundertjährige Tradition als Geburtsstätte der Betriebswirtschaftslehre in Deutschland anzuknüpfen versucht, sieht sich die 1952 gegründete Hochschule für Verkehrswesen, an der vor allem Fahrzeug- und Verkehrswegebau, Leit- und Sicherheitstechnik sowie die Betriebsorganisation der verschiedenen Verkehrsmittel gelehrt wird, vor einer Renaissance der von ihr vertretenen Wissenschaftsgebiete. Wie unterschiedlich die verschiedenen Hochschuleinrichtungen in Sachsen auf die neuen Anforderungen nach der Wende reagierten, kann man an der Dresdner Hochschule für bildende Künste sehen, die sich noch immer in einer schwierigen Situation der Strukturveränderungen befindet, während sich etwa die Bergakademie in Freiberg in erstaunlich kurzer Zeit mit den neuen Verhältnissen zurechtgefunden und sich ein selbstbewußtes Erscheinungsbild gegeben hat. Wie schnell solche Einrichtungen freilich über die neuen Bundesländer hinaus sich einen Platz im Bildungsangebot der ganzen Bundesrepublik erobern, wird entscheidend davon abhängen, ob es ihnen gelingt, in der Ausstattung mit westdeutschen Einrichtungen gleichzuziehen, ohne ihre jeweiligen Besonderheiten dem Trend zur Massenuniversität zu opfern, der in den alten Bundesländern zu einer weitgehenden Nivellierung geführt hat.

Anhang

1. Entscheidung:

Das spannendste am Studium ist immer noch die Sache selbst. Wer keine Leidenschaft zur Sache, keine Neugier auf Wissenschaft entwickelt, die Fächer nur unter pragmatischen oder Karrieregesichtspunkten wählt, sollte es besser bleiben lassen. Nicht jeder muß studieren. Es gibt gute Gründe, sich nach dem Abitur (für Zeiten oder für immer) dagegen zu entscheiden. Diese Entscheidung braucht weder die Karriere noch eine sinnvolle Arbeit, noch ein gutes Gehalt zu behindern. Entscheidungen wollen getroffen sein. Sie wollen aber auch vorbereitet sein durch Gespräch und Rat von Eltern, Freunden, Erziehern und professionellen Beratern. Einschlägig in Frage kommen dafür vor allem die Berufsberatungsstellen für Abiturienten und Hochschüler bei den Arbeitsämtern wie auch die Zentralen Studienberatungsstellen der Universitäten und Fachhochschulen. Als unersetzliches Handbuch hat sich das von der Bund-Länder-Kommission herausgegebene Handbuch „Studien- und Berufswahl" erwiesen. Der Band wird jährlich neu aufgelegt und erscheint im Verlag Karl Heinrich Bock, 5340 Bad Honnef 1. Dort werden auch fast alle Fragen der Studien- und Berufsentscheidung behandelt, eine Übersicht über Studienfächer und Wahlmöglichkeiten an allen Universitäten und Fachschulen geboten und weiterführende Adressen dokumentiert. Hilfe zur Wahl wollen auch die monatlich von der Bundesanstalt für Arbeit herausgegebenen Magazine „Uni" (seit 1991 in wesentlich verbesserter Gestalt) und „Abi" geben, die in den Schulen verteilt werden oder aber bestellt werden können beim Verlag Transmedia, Postfach 103227, 6800 Mannheim. Schließlich sei verwiesen auf die „Blätter zur Berufskunde", in denen einzelne Studienfächer vorgestellt werden. Auch diese sind bei den Arbeitsämtern erhältlich.

2. Bewerbung:

In Fächern, in denen Zulassungsbeschränkungen bestehen, ist über den Nachweis der Zugangsberechtigung hinaus eine besondere Zulassung erforderlich. Zuständig ist hier die „Zentralstelle für die Vergabe von Studienplätzen" (ZVS), Sonnenstraße 171, 4600 Dortmund. Bewerbungsschluß ist jeweils der 15. Juli für das Wintersemester und der 15. Januar für das Sommersemester.

3. Finanzierung und Stipendien:

Neben der Förderung nach dem Bundesausbildungsförderungsgesetz (darüber informieren die Bafög-Ämter der Hochschulen; weitere Informationen auch vom Bundesministerium für Bildung und Wissenschaft in Bonn) gibt es eine ganze Reihe weiterer Förderungsmöglichkeiten. Zu nennen sind die Begabtenförderungswerke: Studienstiftung des Deutschen Volkes, Mirbachstraße 7, 5300 Bonn 2; Friedrich-Ebert-Stiftung, Godesberger Allee 149, 5300 Bonn 2; Konrad-Adenauer-Stiftung, Rathausallee 12, 5205 St. Augustin; Friedrich-Naumann-Stiftung, Im Dol 2, 1000 Berlin 33; Hanns-Seidel-Stiftung, Lazarettstraße 19, 8000 München 19; Hans-Böckler-Stiftung, Bertha-von-Suttner-Platz 3, 4000 Düsseldorf 1; Evangelisches Studienwerk Villigst, Haus Villigst, 5840 Schwerte; Cusanuswerk, Baumschulallee 5, 5300 Bonn 1. Die einzelnen Stiftungen haben aber je besondere Auswahl- und Aufnahmevoraussetzungen. Darüber informieren die Vertrauensdozenten der Stiftungen an allen Hochschulen; ihre Adressen finden sich in den Vorlesungsverzeichnissen. Weitere Informationen enthält die Broschüre: Die Begabtenförderungswerke in der Bundesrepublik Deutschland – Arbeit und Ziele. Herausgegeben vom Bundesministerium für Bildung und Wissenschaft, Postfach 20 01 08, 5300 Bonn 2.

4. Auslandsaufenthalte:

Internationale Erfahrung wird nicht nur von vielen Arbeitgebern honoriert; ein Semester oder ein Jahr im Ausland wird zuallererst einen persönlichen Gewinn bedeuten. Auch hier gilt es freilich, gut zu planen, nicht jedes Auslandsstudium ist in jedem Studienabschnitt sinnvoll. Verwiesen sei auf die Studienberatung der einzelnen Fachbereiche und die Akademischen Auslandsämter der Hochschulen. Über Fördermöglichkeiten und Programme informiert der Deutsche Akademische Austauschdienst (DAAD), Kennedyallee 50, 5300 Bonn 2. Dort sind auch nähere Informationen über die Erasmus-Austauschprogramme der Europäischen Gemeinschaft erhältlich. Weitere Informationen bietet das von der Kommission der Europäischen Gemeinschaft herausgegebene Studentenhandbuch: Studieren in Europa, 6. Ausgabe 1990. Erschienen im Bundesanzeiger-Verlag, Breite Straße, 5000 Köln 1. Spezielle Auskünfte über den deutsch-französischen Austausch erhält man beim Deutsch-Französischen Jugendwerk, Rhöndorfer Straße 23, 5340 Bad Honnef 1.

5. Praktika:

Was für das Auslandsstudium gilt, gilt im selben Maße für praktische Erfahrungen während des Studiums. Nicht nur Arbeitgeber freuen sich über solche Aktivitäten. Wie soll einer eine Berufsentscheidung nach 14 Semestern Studium fällen, wenn er nicht in sein späteres Arbeitsfeld hineingeschnuppert hat und möglicherweise dort auch erfahren hat, für solche Aufgaben der Falsche zu sein. Auch der vielgenannte Praxisschock kann abgefedert werden durch Famulaturen in Krankenhäusern, durch Industriepraktika oder Kurzaufenthalte in Anwaltskanzleien oder Zeitungsredaktionen. In vielen Fachhochschulstudiengängen ist ein Praxissemester ohnehin obligatorisch. Für Mediziner gibt es den Westdeutschen Famulantenaustausch, Godesberger Allee 54, 5300 Bonn 2, für Ingenieurwissenschaftler die „Iaste“, Kennedyallee 50, 5300 Bonn 2, für Wirtschaftswissenschaftler „Aiesec“, Hohenzollernring 54, 5000 Köln 1 und für Praktika in Entwicklungsländern die Deutsche Gesellschaft für Technische Zusammenarbeit, GTZ, Dag-Hammerskjöld-Weg 1, 6236 Eschborn.

6. Studium und Beruf

Immer mehr Unternehmen akquirieren ihren Nachwuchs bereits auf dem Campus, zumindest wenn man eines der begehrten Fächer der Ingenieur- oder Wirtschaftswissenschaften studiert. Viele studentische Organisationen organisieren auch sogenannte „Karrierebörsen“, Messen also, bei denen Unternehmen informieren und mit Studenten ins Gespräch kommen. Besonders rührig sind die lokalen Kommitees von Aiesec und Iaste (Anschrift siehe oben). Wenn die Berufsentscheidung konkret wird, empfiehlt sich auch die Lektüre des Stellenmarktes der regionalen und überregionalen Tages- und Wochenzeitungen und ein Blick auf die Image-Anzeigen der Unternehmen. Hilfe zur Entscheidungsfindung geben auch die am Wochenende erscheinenden redaktionellen Berufsseiten der überregionalen Tageszeitungen, heißen sie nun „Beruf und Chance“ (F.A.Z.), „Bildung und Beruf“ (Süddeutsche Zeitung), „Karriere“ (Handelsblatt/Wirtschaftswoche) oder „Berufswelt“ (Welt).

Weiterführende Informationen findet sich in: Reinhard Bader u. a., Studenten im Schatten des Arbeitsmarktes. Studienwahl, Studium und Berufentscheidung zwischen Wunschtraum und Realitätssinn, Campus-Verlag Frankfurt, 1987, und Hans Joachim von Plüskow, Studium und Karriere. Mosaik-Verlag, München 1990.

Literatur

Amerikanistik: Finkenstaedt, Thomas / Stoll, Rita (Hrsg.): Englische Philologie (Anglistik/Amerikanistik). Hinweise für Abiturienten, Studienorte, Fächerverbindungen, in: Augsburger Schriften Band 37, Augsburg 1987, zu beziehen: über Lehrstuhl für englische Sprachwissenschaften, Universität Augsburg, Universitätsstraße 10, 8900 Augsburg.

Anglistik: Finkenstaedt, Thomas / Stoll, Rita (Hrsg.): Englische Philologie (Anglistik/Amerikanistik). Hinweise für Abiturienten, Studienorte, Fächerverbindungen, in: Augsburger Schriften Band 37, Augsburg 1987, zu beziehen: über Lehrstuhl für englische Sprachwissenschaften, Universität Augsburg, Universitätsstraße 10, 8900 Augsburg.

Breuer, Rolf / Schöwerling, Rainer: Das Studium der Anglistik. Technik und Inhalte, Beck-Verlag, München 1980(2).

Archäologie: Beyer, Heinz-Jürgen: Kunst- und Altertumswissenschaften. Archäologie, Geschichte, Klassische Philologie, Kunstgeschichte, Musikwissenschaft, Theaterwissenschaft, Völkerkunde, Vor- und Frühgeschichte, Lexika Verlag, München 1986.

Niemeyer, Hans-Georg: Einführung in die Archäologie, Wissenschaftliche Buchgesellschaft, Darmstadt 1987(2).

Architektur: Bund Deutscher Architekten (Hrsg.): Architektur. Informationsschrift für Studienanfänger, Redaktion: Carl Steckeweh, Monika Krämer, Bonn 1986(5), zu beziehen: über Herausgeber, Ippendorfer Allee 14b, 5300 Bonn 1.

Fohrbeck, Karla / Wiesandt, Andreas: Beruf Architekt. Eine zusammenfassende Darstellung und Interpretation der Berufswirklichkeit und Berufsgeschichte von Architekten, Verlag Gerd Hatje, Stuttgart 1984.

Bauingenieurwissenschaft: Leonhardt, C. u. F.: Der Bauingenieur und seine Aufgaben, Deutsche Verlags-Anstalt, Stuttgart 1981.

Betriebswirtschaftslehre: Augenstein, Heinz / Mellin-Lieber, Verena: Studienführer Wirtschaftswissenschaften, Lexika Verlag, München 1989(2).

Müllender, Bernd: Das Studium der Wirtschaftswissenschaften. Tips für das erfolgreiche Studium, Hayit Verlag, Köln 1987.

Staufenbiel Joerg E. / Koetz, Axel G.: Die wirtschaftswissenschaftlichen Fakultäten. Studiengänge und Berufsfelder für Wirtschaftswissenschaftler und Wirtschaftsingenieure, iba-Institut, Köln 1989(6).

Bibliothekswissenschaft: Gaus, Wilhelm: Berufe im Archiv-, Bibliotheks-, Informations- und Dokumentationswesen. Ein Wegweiser zur Ausbildung, Springer Verlag, Berlin/Heidelberg/New York/London/Paris/Tokio 1986.

Krieg, Werner: Einführung in die Bibliothekskunde. 2. Aufl. besorgt von Rudolf Jung, Darmstadt 1990.

Verein Deutscher Bibliothekare (Hrsg.): Das Berufsbild des wissenschaftlichen Bibliothekars, in: Zeitschrift für Bibliothekswesen und Bibliographie, 31. Jg., 1984, S. 131–150.

Verein der Diplom-Bibliothekare an wissenschaftlichen Bibliotheken (Hrsg.): Der Diplom-Bibliothekar an wissenschaftlichen Bibliotheken. Ein Berufsbild im Wandel, Berlin 1985, zu beziehen: über Herausgeber, Bundesallee 184–185, 1000 Berlin 31.

Biologie: *Hauswaldt Peter / Mahler, Ralf: Studienführer Mathematik/Naturwissenschaften, Lexika Verlag, München 1988.*

Grimme, H. / Knirsch, J.: Biologie. Einführung in Studium und Beruf, Verlag K. H. Bock, Bad Honnef 1986(2).

Krohn, Jochen: Studienführer Umweltwissenschaften, München, Lexika-Verlag 1988.

Chemie: *Gesellschaft Deutscher Chemiker (Hrsg.): Studienführer Chemie, Verlag Chemie, Weinheim, 1989(2).*

Fonds der Chemischen Industrie zur Förderung der Chemie und der Biologischen Chemie im Verband der Chemischen Industrie (Hrsg.): Magazin für Studien- und Berufsanfänger, Frankfurt 1989, zu beziehen: über Herausgeber, Karlstraße 21, 6000 Frankfurt 1.

Fonds der Chemischen Industrie zur Förderung der Chemie und der Biologischen Chemie im Verband der Chemischen Industrie (Hrsg.): Fragen und Antworten zu Ausbildung und Beruf des Chemikers, Frankfurt 1988, zu beziehen: über Herausgeber, Anschrift w. o.

Elektrotechnik: *Mahler, Ralf: Studienführer Ingenieurwissenschaften, Lexika Verlag, München 1990(2).*

Henning, Klaus / Staufenbiel, Joerg E.: Berufsplanung für Ingenieure. Trainee-Programme und Stellenangebote für Jungingenieure, iba-Institut, Köln 1989(4).

Zentralverband Elektrotechnik- und Elektroindustrie (Hrsg.): Blick in die Zukunft. Der Weg zum Elektroingenieur, Frankfurt 1987, zu beziehen: über Herausgeber, Stresemannallee 19, 6000 Frankfurt/Main 70.

Evangelische Theologie: *Kirchenamt der Evangelischen Kirche in Deutschland (Hrsg.): Studium der evangelischen Theologie zur Vorbereitung auf den Pfarrerberuf. Übersicht über die Studienmöglichkeiten im Bereich der Evangelischen Kirche in Deutschland, in: EKD-Texte Nr. 28, Hannover 1989, zu beziehen: über Herausgeber, Herrenhäuser Straße 12, 3000 Hannover 21.*

Freie bildende Kunst: *Jung, Michael: Kunst & Design. Studienführer, Lexika Verlag, München 1990.*

Kunsthochschulführer. Das Studium von Kunst, Architektur, Design und Kunsterziehung in der Bundesrepublik Deutschland, Campus Verlag, Frankfurt 1987.

Gentechnik: *Hobom, B.: Möglichkeiten, Perspektiven und Grenzen der Gentechnologie, in: Reiter, J./Theile, U.: Genetik und Moral, Mainz 1985.*

Winkler, Ulrich (Hrsg.): Trends der modernen Biologie in der Bundesrepublik Deutschland, Wissenschaftliche Verlagsanstalt Stuttgart, Stuttgart 1986.

Geographie: *Hauswaldt, Peter / Mahler, Ralf: Studienführer Mathematik/Naturwissenschaften, Lexika Verlag, München 1988.*

Verband für Angewandte Geographie (Hrsg.): Der Geograph und sein Markt, Bochum 1985, zu beziehen: über Herausgeber, Postfach 10 05 07, 4630 Bochum.

Germanistik: *Kilian, Volker / Popp, Wolfgang / Spiro-Rietz, Claudia: Studienführer Germanistik, Lexika Verlag, München 1986.*

Härle, Gerhard: Studienführer Germanistik, Lexika Verlag, München 1990.

Geschichte: *Beyer, Heinz-Jürgen: Studienführer Kunst- und Altertumswissenschaften, Lexika Verlag, München 1986.*

Stewart, Gerdi / Seiler-König, Eva: Berufsfindung und Tätigkeitsfelder von Hi-

storikern, Bayerisches Staatsinstitut für Hochschulforschung und Hochschulplanung, München 1983.

Hispanistik: Beyer, Heinz-Jürgen / Gallasch, Christa: Studienführer Romanische Philologie (Franz./Ital./Spanisch/Portugiesisch), Lexika Verlag 1980.

Informatik: Brauer / Haacke / Hoffmann / Münch: Studien- und Forschungsführer Informatik, Springer-Verlag, Berlin/Hamburg 1984(5).

Twiehaus, Hans Jürgen / Dostal, Werner: Computer-Berufe. Berufe und Bildung in der Datenverarbeitung, Droemer Knaur Verlag, München 1985.

Japanologie: Studienführer durch die Japanologien im deutschsprachigen Raum. Hrsg von der Fachschaft Japanologie an der FH Berlin, 1988.

Katholische Theologie: Sekretariat der Deutschen Bischofskonferenz (Hrsg.): Rahmenordnung für die Priesterausbildung, Bonn 1978.

Koch / Wohlmut: Leitfaden Theologie, Benzinger-Verlag, Einsiedeln 1975.

Klassische Philologie: Beyer, Heinz-Jürgen: Studienführer Kunst- und Altertumswissenschaften, Lexika Verlag, München 1986.

Komparatistik: Beyer, Heinz-Jürgen: Studienführer Sprach- und Literaturwissenschaften, Lexika Verlag, München 1987.

Kunstgeschichte: Bauer, Herman: Kunsthistorik. Eine kritische Einführung in das Studium der Kunstgeschichte, Verlag C. H. Beck, München 1979(2).

Maschinenbau-Ingenieur: Studienführer Maschinenbau und Verfahrenstechnik. Herausgegeben vom Fakultätentag Maschinenbau und Verfahrenstechnik und der Westdeutschen Rektorenkonferenz, Bonn 1988.

Mathematik: Hauswaldt, Peter / Mahler, Ralf: Studienführer Mathematik/Naturwissenschaften, Lexika Verlag, München 1991(2).

Schmitz, N. (Hrsg.): Zur Berufspraxis von Diplom-Mathematikern, Gesellschaft zur Förderung der Mathematischen Statistik, Münster 1985.

Medizin: Hoge, Siegfried / Fricke, Detlev / Peters, Thomas: Studienführer Medizin. Humanmedizin, Tiermedizin, Zahnmedizin, Lexika Verlag, München 1991(2).

Musikwissenschaften: Kraus, Egon: Musikstudium in der Bundesrepublik. Musik, Musikerziehung, Musikwissenschaft. Schott-Verlag, Mainz 1990(2).

Pädagogik: Hommerich, Chr.: Der Diplom-Pädagoge – ein ungeliebtes Kind der Bildungsreform, Campus Verlag, Frankfurt 1984.

Nieke, W.: Der Diplom-Pädagoge, Verlag Beltz, Weinheim 1978.

Schön, Bernhard (Hrsg.): Die Zukunft der sozialen Berufe. Arbeitsmarkt, Ausbildung, Alternativen, Brandes und Apsel Verlag, Frankfurt/M. 1986.

Pharmazie: Abteilung für Information und Öffentlichkeitsarbeit der Bundesvereinigung Deutscher Apothekerverbände ABDA (Hrsg.): Das Berufsbild des Apothekers, in: Apothekenreport Nr. 31, Werbe- und Vertriebsgesellschaft Deutscher Apotheker mbH, Frankfurt 1987.

Brauer, Klaus G.: Apotheker in der Pharmaindustrie. Die Apotheke der Welt – und ihre Apotheker, Deutscher Apotheker Verlag, Stuttgart 1986.

Physik: Hauswaldt, Peter / Mahler, Ralf: Studienführer Mathematik/Naturwissenschaften, Lexika Verlag, München 1988.

Politikwissenschaft: Zacharias, Gerhard: Studienführer Sozialwissenschaften, Lexika Verlag, München 1986.

Psychologie: Wilhelm, Horst (unter Mitarbeit von Schnur, Heino): Studienführer Psychologie. Mit einer ausführlichen Dokumentation der Ausbildungseinrichtungen in der Bundesrepublik Deutschland, in Österreich und der Schweiz, Lexika Verlag, München 1989.

Frisch, Marion: Studium der Psychologie. Alles Wissenswerte zum Studium – Aktuelles zum Arbeitsmarkt, Hayit Verlag, Köln 1988.

Rechtswissenschaft: Krüger, Sigrun: Studienführer Rechtswissenschaft, Lexika Verlag, München 1988.

Romanistik: Beyer, Heinz-Jürgen / Gallasch, Christa: Romanische Philologie (Franz./Ital./Spanisch/Portugiesisch), Lexika Verlag, München 1980.

Christ, Herbert (Hrsg.): Romanistik: Arbeitsfelder und Berufliche Praxis. Gießener Beiträge zur Fremdsprachendidaktik, Gunter Narr-Verlag, Tübingen 1986.

Slawistik: Kessler, W.: Das Studium der Slawistik und Russistik, Paderborn 1973.

Soziologie: Zacharias, Gerhard: Studienführer Sozialwissenschaften, Lexika Verlag, München 1991(2).

Grün, K.: Sozialwissenschaftler in der Grauzone des Arbeitsmarktes, AJZ-Verlag, Bielefeld 1985.

Matthes, Joachim: Einführung in das Studium der Soziologie, Westdeutscher Verlag, Opladen 1981(3).

Sport: Haag, H. / Heinemann, K. (Hrsg.): Berufsfeld Sport, Hofmann Verlag, Schorndorf 1987.

Heim, Rüdiger / Lichtenauer, Peter (Hrsg.): Neue Berufsfelder und Ausbildungswege im Sport. Bericht über die Projektwoche des Fachbereichs Sportwissenschaft der Universität Münster, in: Münsteraner Schriften zur Körperkultur Band 1, LIT Verlag, Münster 1987.

Theaterwissenschaften: Theaterzeitschrift, Heft 8/1984: Schwerpunkt Theaterwissenschaft, zu beziehen: über Theaterzeitschrift, Großbeerenstraße 13A, 1000 Berlin 61.

Tiermedizin: Hoge, Siegfried / Fricke, Detlev / Peters, Thomas: Studienführer Medizin. Humanmedizin, Tiermedizin, Zahnmedizin, Lexika Verlag, München 1987.

Staudacher, G.: Berufsbild Tiermedizin, Vetmedica Verlagsgesellschaft mbH, Trierer Straße 837, 5100 Aachen.

Pfleiderer, Cornelia: Biowissenschaft in der Bundesrepublik. Deutscher Akademischer Austauschdienst, Bonn 1988(3).

Vermessungstechnik: Bundeskonferenz der Fachbereiche Vermessungswesen an Fach- und Gesamthochschulen (Hrsg.): Studienführer Vermessungswesen, Karlsruhe 1984.

Deutscher Verein für Vermessungswesen e. V. (Hrsg.): Vermessungs- und Liegenschaftswesen. Beschreibung der Tätigkeitsfelder, o.O.u.J. zu beziehen: über Herausgeber, Ferdinand-Sauerbruch-Straße 5, 5400 Koblenz.

Volkskunde: Bausinger, Hermann (Im Auftrag der Deutschen Gesellschaft für Volkskunde): Berufsleitfaden Volkskunde. Mitteilungen der Deutschen Gesellschaft für Volkskunde e. V. – Beiheft 2 –, Tübingen 1980.

Wirtschaftsingenieur: Baumgarten H. / Feilhauer, K.: Berufsbild des Wirtschaftsingenieurs, Berlin 1986(6), zu beziehen: über Verband Deutscher Wirtschaftsingenieure, Straße des 17. Juni 135, 1000 Berlin 12.

Baumgarten, H. / Feilhauer, K.: Stellung und Leistungsprofil des Wirtschaftsingenieurs in der Praxis, in: Der Technologie-Manager, 35. Jg., Heft 1, März 1986.

Zahnmedizin: Lazzer, Dieter de: Studienführer Medizin und Zahnmedizin. Zulassung und Studium. Stuttgart, Kohlhammer-Verlag 1988.

Die Deutsche Bibliothek – CIP-Einheitsaufnahme

Schnorbus, Axel:
Studieren in Deutschland: Zulassungsbedingungen,
Studiensituation, Karriereaussichten / Axel Schnorbus;
Rainer Hank – 2., aktualisierte und erw. Aufl. –
Frankfurt am Main: Societäts-Verl., 1991
ISBN 3-7973-0505-2
NE: Hank, Rainer: